노기자의
창업 트렌드

각자도생 시대 **창업전문기자**가 전하는 생존비법

노기자의
창업 트렌드

| 노승욱 지음 |

매일경제신문사

추천사

　현대 사회는 정보와 지식의 시대다. 누가 가장 핵심적인 정보와 지식을 갖고 있느냐에 따라 성공과 실패가 엇갈린다. 때문에 각 분야 수많은 전문가들이 업계 종사자들을 위한 전문서를 펴낸다. 그런데 유독 창업 시장에선 현장의 생생하고 유익한 정보를 담은 책이 드물다. 변호사나 창업 컨설턴트가 가맹사업법이나 일부 점포의 상담 사례 위주로 설명한 책들이 고작일 뿐이다. 이런 상황에서 창업 시장을 5년여 간 취재해온 〈매경이코노미〉 노승욱 기자가 창업 트렌드에 관한 책을 쓴다는 소식에 무척이나 반가운 마음이 들었다.

　노승욱 기자와의 만남은 2년 전으로 거슬러 올라간다. 어느 와인 시음회에서 우연히 만났는데, 잠시 대화해보니 외식업과 창업 분야에 남다른 관심을 갖고 있었다. 진취적이고 긍정적인 태도로 사회 현상을 바라보면서도 그 안에 날카로운 비판의식도 갖추고 있었다. 그간 노승욱 기자가 써온 기사와 라디오 방송 내용을 중심으로 책을 쓴다면 외식업을 하거나 꿈꾸는 사람들에게 꼭 필요한 책이 될 것이란 생각을 했다.

　책을 읽으며 외식경영학을 전공한 교수로서 여러 번 가슴이 뛰었다. 전문가도 가슴을 뛰게 하는 건, 그만큼 발로 뛰며 취재한 노력의 흔적이 고스란히 담겨 있기 때문일 것이다. 현직 자영업자나 창업을 준비 중인 독자들에게도 이 책은 많은 도움이 될 것으로 믿는다. 트렌드에 따라 뜨고 지는 업종, 성공한 다점포 점주들 사례 분석, 주요 프랜차이즈 대표들이 들려주는 생생한 경영 전략 등을 잘 참고한다면 험난한 자영업 시장에서 생존하고 나아가 성공할 수 있는 길을 찾게 될 것이다.

고재윤 경희대 호텔관광대학 외식경영학과 교수

들어가는 글

　내 기억에 어머니는 지금까지 열다섯 번 가게를 옮겼다. 내가 33년을 살아오며 본 것만 그렇다. 내가 태어나기 전까지 더하면 열여섯 번일지 열일곱 번일지 모르겠다. 알려면 알 수 있지만 여쭙지 않았다. 좋은 기억은 아니니까. 대부분은 식당이었고 중간에 1년 남짓 아동복 가게를 했다. 고된 식당일이 안쓰러워 아버지가 몰래 계약한 가게였다. 내가 열두 살 때였는데 아버지, 어머니, 누나, 나 네 식구가 새벽 동대문 평화시장으로 옷을 떼러 다니던 기억이 난다.

　어머니는 늘 내게 장사가 잘되는 것처럼 얘기했다. 단 한 번도 근심하는 모습을 안 보였다. 어리고 순진했던 나는 '곧 부자가 되겠지' 하며 그대로 믿었다. 며칠에 한 번씩 15만~20만 원 정도를 모르는 사람에게 송금하고 오라는 어머니 심부름을 하면서도 그게 '일수'인지 몰랐다. 20여 년간 경기도 성남에서 동네를 옮겨가며 식당을 하던 어머니는 급기야 외가가 있는 구미로 또 수원으로 가게를 옮겼다. 1년 정도 서울에 가게를 차린 적도 있었지만 이내 접고 시집간 누나 곁으로 옮겼다. 지금은 그럭저럭 장사가 잘된다는데 모를 일이다. 언제나 내겐 그리 얘기하는 걸.

　계산해보면 창업 후 생존 기간이 평균 2.2년이다. 어머니는 3년을 못 버티고 식당 문을 닫았다. 창업비용도 3,000만 원을 넘은 적이 손가락에 꼽는다. 비단 내 어머니만의 얘기는 아닐 것이다. 통계를 보면 국내 자영업자 태반이 이와 비슷하단다.

운명의 장난일까. 〈매경이코노미〉에 입사한 지 2년 만에 생각지도 않던 창업 기사를 쓰게 됐다. 당시 나는 창업 외에도 IT와 증권을 함께 출입했다. 그런데 취재를 하면서 '증권과 창업은 시장 성격이 달라도 너무 다르다'는 점을 알게 됐다.

증권 시장에선 상장사가 수시로 공시를 한다. 매출과 영업이익은 물론 주주 구성, 사업의 내용, 임원 학력 및 경력, 계열사 실적, 심지어 '풍문(소문)에 대한 해명'까지 아주 빽빽하게 써서 알린다. IFRS라는 국제회계기준이 있어 재무제표 역시 엄격한 기준에 맞춰 작성된다. 덕분에 주식·펀드·채권 투자자는 투자에 참고할 만한 정보가 많다. 상장사가 작성한 분기·반기·사업 보고서와 각종 공시, 증권정보업체와 애널리스트의 보고서, 기업과 시장에 대한 각종 매체의 분석 기사 등… 쏟아지는 정보 속에서 투자자는 어느 회사의 성장성이 돋보이는지 어렵지 않게 감을 잡을 수 있다.

창업시장은 정반대다. 증권 시장의 '투자자'에 해당하는 점주(예비 창업자)가 참고할 만한 정보가 너무도 부족하다. 통계청 자료에는 제조업, 도·소매업, 건설업, 금융·보험업, 음식·숙박업, 서비스업 등으로만 자영업 유형이 나뉜다. 업종이 너무 포괄적이어서 구체적인 트렌드를 알기 어렵다. 특히 도매업과 소매업, 음식업(외식업)과 숙박업은 엄연히 성격이 다른데도 묶어서 발표하니 혼란스럽다. 통계청 조사에서 음식·숙박업 창업이 전년 대비 늘었을 때 우리 국민은 식당이 많이 늘어서인지 모텔이 많이 늘어서인지 확인할 길이 없다.

그나마 유의미한 정보가 제공되는 건 프랜차이즈 창업시장이다. 공정거래위원회가 가맹본사로부터 접수 받아 매년 발표하는 정보공개서가 있다.

하지만 이마저도 1년에 한 번, 그것도 하반기에 발표해 시의성이 크게 떨어진다. 결국 국내 550만 자영업자들의 '알 권리'가 제대로 충족되지 않고 있는 것이다. 불과 3년을 못 버티고 폐업과 창업을 반복하는 자영업자 악순환의 몇 할은 이런 정보 부족 때문임이 틀림없다.

프랜차이즈 다점포율 조사는 이 같은 문제의식에서 시작됐다. 정부가 뒷짐 지고 있는 창업시장 트렌드 조사를 언론이 대신 해보자 싶었다. 가맹본사에 직접 요청해 가맹점수와 다점포수를 알아낸다면 해당 브랜드는 물론 관련 업종으로 창업하려는 예비 점주에게도 유용한 정보가 되겠지 기대했다.

2015년과 2016년 초, 국내 주요 프랜차이즈 20여 개 업종 70여 개 브랜드의 가맹점수와 다점포수, 다점포율을 조사했다. 〈매경이코노미〉가 조사한 브랜드의 가맹점수를 모두 더하면 약 7만 개에 달한다. 공정위에 등록된 국내 프랜차이즈 가맹점수가 20만 개에 좀 못 미치니(2014년 기준) 국내 프랜차이즈 시장의 3분의 1 이상을 직접 조사한 셈이다.

취재 과정은 쉽지 않았다. 다점포율이란 개념부터 생소했던 데다, 경쟁사보다 다점포율이 낮을 것을 우려한 가맹본사들이 하나같이 자료 공개를 꺼렸다. 포기하지 않고 계속 설득했다. 점주와 예비창업자에게 창업 관련 정보가 충분히 제공되지 않는 문제점을 상기시켰다. 그로 인해 '묻지마 창업'을 한 점주가 얼마 못 가 폐점하면 가맹본사도 타격이 크지 않겠냐고 따졌다. 이 과정에서 가맹본사들과 주고받은 이메일만 300여 통. 전화나 문자, 카카오톡으로 주고받은 건 셀 수도 없다.

담당 직원들은 기사 취지에 공감하면서도 책임 추궁을 우려해 계속 자료 공개를 꺼렸다. 그런 경우에는 책임 있는 의사 결정이 가능한 가맹본사 대표나 임원진을 찾아가 다시 설득했다. 끈질긴 취재 결과 끝내 자료 공개를 거부한 일부 브랜드를 제외하고는 대부분 자료를 받아낼 수 있었다.

조사 결과는 기대 이상이었다. 2015년과 2016년의 다점포율 변화는 전문가들이 분석하는 최근 프랜차이즈 시장 트렌드를 생각보다 선명하게 반영하고 있었다. 〈매경이코노미〉는 2016년 2월 '다점포 비율로 알아보는 2016 프랜차이즈 트렌드'란 제목의 커버스토리로 이 내용을 보도했다. 이 책은 이러한 조사 결과를 바탕으로 쓰였다. 여기에 내가 5년 4개월간 기자 생활을 하며 쓴 경제·창업 기사들과 기사에 담지 못한 취재 뒷이야기, 또 프랜차이즈 대표와 임·직원, 점주, 업계 전문가, 정부 관계자를 만나 들은 저마다의 목소리, 그리고 내가 33년간 어머니 곁에서 지켜본 영세 자영업자의 민낯을 모두 망라한 결과물이다. 다른 욕심은 없다. 창업을 준비 중인 분들이 이 책을 통해 조금이라도 시장 트렌드를 파악하는 데 도움이 됐으면 하는 바람이다.

나는 종종 주위에 말한다. 다시 직업을 고를 수 있다 해도 경제기자가 되고 싶다고. 언제나 시장 최일선에서 다양한 사람을 만나며 경제와 트렌드를 깊이 있게 배울 수 있다는 장점 때문이다. 이렇게 배운 것들을 앞으로도 〈매경이코노미〉 지면과 각종 매체를 통해 전할 것을 독자 여러분께 약속드린다. 처음부터 끝까지 늘 인도해주시는 하나님과 사랑하는 가족, 그리고 열거할 수 없이 많은 분들께 진심으로 감사드린다.

노승욱 매경이코노미 기자

| C O N T E N T S |

PART **01**	**뜨고 지는 업종? 다점포율에 물어봐!** ·················

PART 02

핵심 콕! 귀에 쏙! 업종별 트렌드

01

뜨고 지는 업종?
다점포율에 물어봐!

'58.4% vs '73%'
프랜차이즈로 시작해야 하는 이유

:

'대박'보다 중요한 건 '생존'

556만 3,000명.

통계청이 2015년 말 기준으로 집계한 국내 자영업자 수다. 2002년 619만 명으로 정점을 찍은 이후 꾸준히 감소하고 있다. '올 것이 왔다'는 평가다. 그동안 다른 나라들에 비해 너무 많았던 자영업자가 드디어 본격적인 구조조정 단계에 접어들었다는 것이다. 자영업자 수의 꾸준한 감소는 자영업 과잉공급 상태가 완화되고 있다는 점에서 일면 바람직하다.

문제는 그 다음이다. 장사가 안 돼 문 닫은 자영업자의 말로는 대개 '빈곤층 추락'이다. 사회복지 안전망이 아직 충분히 갖춰지지 않은 우리나라다. 이렇게 재기를 도와줄 마중물도 없는 상태에서의 폐업은 그야말로 악몽이 아닐 수 없다.

하지만 놀 수만은 없는 일이다. 퇴직할 때가 돼서, 직장을 구하기 어려워서, 또는 이런저런 이유들로 불가피하게 창업을 해야 하는 경우가 있다. 그렇다면 창업을 하되 정말 '열심히' 준비해서 창업하길 당부한다. 어떤 아이템이 요즘 잘나가는지 트렌드도 알아보고 발품도 많이 팔아야 한다. 정말 좋은 아이템이나 서비스를 발견해 제공한다면, 아무리 경기가 침체되고 가계경제가 어려워도 소비자들은 지갑을 열기 마련이다.

훌륭한 서비스가 시장을 활성화시킬 수 있음을 보여준 대표적인 예가 바로 '카카오택시'다. 2015년 4월 카카오택시가 출시되기 전 국내 콜택시 기사는 약 6만 명이었다. 그런데 2015년 12월 카카오택시에 가입한 콜택시 기사는 약 18만 명으로 무려 3배나 늘었다. 8개월 만에 벌어진 일이다. 카카오택시가 신속하고 편리한 배차 서비스를 제공하자 먼저 호출을 보내는 승객이 늘었고, 이로 인해 콜택시 기사 역시 늘어나는 선순환 구조가 형성된 덕분이다. 카카오택시는 대기업이 골목 상권에 진출해 뛰어난 서비스로 시장을 키운 모범사례로 꼽힌다.

창업도 마찬가지다. 비록 시장이 침체된 듯 보여도 소비자의 욕구를 충족시켜줄 수 있는 아이템만 잘 찾아낸다면 분명 성공할 수 있다. 단 이런 희망적인 말에 이끌려 현실을 너무 낙관하거나 스스로를 과신하지는 말자. 성공보다는 실패할 확률이 훨씬 높은 창업시장인 만큼 신중하고 또 신중해야 한다.

창업 고수도 프랜차이즈가 유리

창업을 하긴 해야겠는데 아이템에 자신이 없다면 프랜차이즈 창업을 선택하는 것도 방법이다.

프랜차이즈에 대해 얘기하면, 어떤 이들은 대뜸 부정적인 반응을 보일지 모르겠다. 가맹점주를 상대로 폭리를 취하거나 수익성을 과장해 홍보하는 등 프랜차이즈의 '갑질' 이미지가 떠올라서일 테다. 물론 그런 나쁜 가맹본사가 적잖은 게 현실이다. 나도 창업 담당 기자로서 그런 프랜차이즈를 가려내기 위해 늘 안테나를 세우고 있다. 하지만 가맹본사 일부 또는 상당수가 갑질을 한다 해서 프랜차이즈 창업이란 선택지를 아주 배제해버리는 건 결코 바람직하지 않다. 오히려 프랜차이즈의 위상은 갈수록 높아지는 분위기다. 다음 두 숫자를 보자.

58.4% vs 73%

서울에서 창업한 독립 점포와 프랜차이즈 점포의 3년 생존율이다 (2011~2014년 기준)[1].

독립 창업과 프랜차이즈 창업에 각각 100명씩 뛰어들었다면 3년 뒤에도 계속 점포를 운영 중인 점주가 전자는 58명, 후자는 73명이었단 얘기다. 프랜차이즈가 창업 생존율, 즉 안정성 면에서 독립 창업보다 상대적으로 유

---

1 〈서울시, 1,008개 골목 상권 창업위험도 빅데이터로 알려준다〉, 서울시, 2015. 12. 1.

프랜차이즈 매장이 즐비한 명동 상권 모습

리함을 보여준다.

　최근 창업시장에선 독립 점포에서 프랜차이즈 가맹점으로 창업 형태가 옮겨가는 경향이 뚜렷하게 감지된다. 자영업자 수는 꾸준히 감소하고 있는 반면 국내 프랜차이즈 가맹점수는 해마다 급성장하고 있다. 공정거래위원회에 따르면 2010년 14만 9,000여 개였던 프랜차이즈 전체 가맹점수가 2014년 19만 4,000여 개로 4년 만에 4만 5,000여 개 증가했다[2].

　과거에는 초보 창업자에게 주로 권했지만 요즘은 웬만한 창업 고수들도 프랜차이즈로 창업하는 게 유리하다고 판단된다. 이유는 다음과 같다.

---

2 공정위 가맹정보제공시스템.

≫ 가맹본사의 빵빵한 지원사격

본사와 가맹점주는 기본적으로 동업자 관계다. 가맹점주가 잘돼야 본사도 잘된다. 가맹점주가 내는 가맹비나 로열티, 물류(원재료) 대금 등이 본사의 주요 수입원이기 때문이다. 따라서 본사는 가맹점주의 지속적인 성공을 위해 일정 수준 지원을 하기 마련이다. 점포 입지 선정부터 인테리어, 제품 개발, 마케팅, 홍보, 물류 배송, 직원 서비스 교육 등을 상당 부분 본사가 대행해준다.

반면 독립 점포는 하나부터 열까지 점주가 혼자 해내야 한다. 점주에게 정말 특별한 능력이 있다면 모를까 대부분의 경우 이 모든 역할을 혼자 수행하기에는 시간과 체력, 자본이 물리적으로 부족하다. 창업 경험이 없는 초보 창업자는 물론 웬만한 창업 고수들에게도 이런 '지원사격'이 갈수록 중요해지고 있다. 경쟁이 점점 치열해지면서 제품의 '질(식당이라면 맛)'보다는 광고나 제휴 할인 같은 마케팅적 요소가 더 구매를 좌우하게 되었기 때문이다.

≫ 개인 점주보다 뛰어난 전문성

전국 주요 상권에서 수많은 점포를 직접(직영점), 또는 간접(가맹점) 운영하면서 본사는 다양한 사업 노하우를 쌓게 된다. 수백, 수천 개 가맹점의 영업 상황을 체크하며 얻은 지역별, 점포별, 점주별 비교·분석 데이터는 분명 가맹본사만이 가질 수 있는 무형의 자산이다.

특히 직영점을 성실히 운영하는 가맹본사일수록 믿을 만하다. 가맹본사는 보통 가맹사업을 본격화하기 전 직영점을 운영하며 사업 타당성을 점검

한다. 이 기간이 최소 6개월에서 1년, 또는 그 이상이 되기도 한다. 일례로 떡볶이 프랜차이즈 1위인 '아딸'은 창업자가 2000년 개인 점포를 시작한 뒤 2005년 첫 가맹점을 내기까지 5년이나 걸렸다.

가맹본사의 전문성이 가장 잘 발휘되는 분야 중 하나는 점포 입지 선정이다. 어느 정도 규모가 있는 가맹본사라면 상권 분석을 전문으로 하는 점포개발팀이 있기 마련이다. 이들은 점포 보증금이나 임대료 시세, 교통량, 유동인구, 동종 점포와의 거리 등 다양한 빅데이터를 기반으로 수익성이 가장 높은 점포를 찾는 역할을 한다. 앞서 독립 점포와 프랜차이즈 점포의 생존율 차이를 조사한 서울시도 점포 입지 선정의 중요성을 강조한다. "프랜차이즈 점포의 경우 본사 차원의 전문적인 상권분석을 통한 입지선정 등이 이뤄지고 있는 반면, 일반 점포의 경우 그렇지 못한 것이 초기 생존율 차이의 주요 요인인 것으로 추정된다."

물론 가맹점 늘리기에 혈안이 된 일부 비양심적인 가맹본사는 점포개발팀의 조언을 무시하고 아무 데나 가맹점을 내주기도 한다. 가맹본사의 도움을 받되 점주도 스스로 알아보는 자세가 바람직하다. 그런 의미에서 점주가 물색한 입지를 반복적으로 퇴짜 놓는 가맹본사라면 어느 정도 신뢰해 볼 만하다. 서울에서 다이소를 네 개나 운영하는 강신욱 점주(43)가 산증인이다. 그는 자신이 점찍은 점포 입지를 본사로부터 다섯 번이나 퇴짜 맞고 여섯 번째 만에 겨우 창업을 '허락' 받았다. 처음에는 속상하고 화도 났지만 그 점포에서 대박이 나면서 본사를 신뢰하게 됐고, 이후 다이소 점포를 세 개나 더 열게 됐다고 한다(58페이지 인터뷰 참조)

» 소비자의 위험회피 성향

한 골목에 유명 프랜차이즈 식당과 독립 창업한 식당이 있다고 치자. 점포 크기나 외관, 가게 안의 손님 수 등 다른 조건은 모두 비슷하다고 가정한다. 차이는 한 가지. 유명 프랜차이즈 식당은 당신이 전에 가서 먹어봤고, 맛이 아주 훌륭하진 않았지만 그럭저럭 먹을 만했던 기억이 있다. 반면 독립 식당은 맛에 대한 사전 정보가 전혀 없다. 당신이라면 어떤 식당에서 오늘 점심을 해결하겠는가.

아마 대부분의 소비자는 유명 프랜차이즈 식당을 선택할 것이다. 바로 위험회피 성향 때문이다. 독립 식당이 숨겨진 맛집일 수 있지만 반대로 맛없고 불친절한 집일 수도 있다. 후자일 경우 당신은 '돈이 아깝다'며 불쾌한 기분으로 계산을 하고 나오게 된다. 맛집일지도 모른다는 막연한 기대감만으로 도전하기엔 감내해야 하는 위험(Risk)이 큰 것이다. 그럴 바엔 '그럭저럭 먹을 만했던' 유명 프랜차이즈 식당으로 발길을 옮기는 게 경제적으로도 합리적 선택이 된다. 당연히 소비자의 이런 위험회피 성향은 불황일 때 더욱 강해진다. 아무래도 '이건 어떨까'란 심정으로 행하는 실험적 소비가 위축될 수밖에 없는 것이다.

사람들은 당장 눈에 보이는 것을 더 중요하게 생각하는 경향이 있다. 가령 프랜차이즈 점주들이 본사의 갑질을 규탄하며 집회하는 것을 보고선 '저래서 프랜차이즈는 위험해'라고 생각하는 식이다. 이렇게 생각하는 이들에게 묻고 싶다. "그럼 독립 창업은 안전할까요?"

적어도 가맹본사의 갑질은 없을 것이다. 그러나 가맹본사가 제공하는 다른 혜택들도 없다. 무엇보다 독립 창업은 장사가 안 돼도 어디 하소연할 데가 없다. 프랜차이즈 점주는 가맹본사의 갑질을 규탄하고 집단행동을 함으로써 협상을 통해 수익 배분율이나 식자재 공급가, 로열티 등을 점주에게 더 유리하게 조정하는 변화를 이끌어낼 여지가 있다. 실제 그런 사례들이 적잖다.

반면 독립 창업은 전적으로 개인 점주 본인의 책임이기 때문에 장사가 안 되면 소리 없이 죽어갈 수밖에 없다. 프랜차이즈의 점주협의회처럼 조직화된 이익집단을 형성하기도 어렵다. 이런 이유로 독립 창업은 앞에서 본 것처럼 프랜차이즈 창업보다 생존율이 낮음에도 '반발'이나 '하소연'이 세상에 잘 알려지지 않는다. 프랜차이즈 창업이 점주들의 잇따른 집회로 시끄럽다고 해서 색안경부터 끼고 보지 말라는 얘기다.

한국경제는 이제 연 3%대 성장도 힘든 저성장 시대에 접어들었다. 가계부채와 청년실업률은 갈수록 사상 최고치를 경신하고 있다. 국민들의 가처분 소득이 줄어 소비심리가 위축되고 이로 인해 자영업 시장도 점점 더 어려워질 것으로 보인다. 그야말로 각자도생의 시대. 자영업자들도 대박의 꿈을 좇기보다는, 눈을 낮춰 생존에 더 방점을 찍어야 할 때다.

점주가 만족하는
브랜드를 찾아라

:

다점포율로 보는 창업 트렌드

프랜차이즈 창업을 할 때 고려할 사항은 한두 가지가 아니다. 창업 자금과 업종, 입지 등도 중요하지만 어느 브랜드의 프랜차이즈를 선택할 것인가도 심히 고민된다.

문제는 어느 브랜드가 잘되는지 쉽게 파악할 수 있는 정보가 부족하다는 것이다. 국내 프랜차이즈는 대부분 비상장사여서 주가처럼 기업 가치를 비교할 만한 지표가 없다. 그렇다고 공정거래위원회가 제공하는 정보공개서 상의 매출이나 가맹점당 평균 매출, 폐점률 등을 참고하자니 허점이 너무 많다. 정보공개서는 직전 연도 정보가 이듬해 7~8월에나 발표된다. 즉 2016년 6~7월까지는 2014년 말 기준 자료만 확인 가능하는 것이다. 빠르면 6개월만에도 트렌드가 바뀌는 시장임을 감안하면 시의성이 아쉬울 수밖에 없다(248페이지 참조).

가맹점수도 점주 만족도를 그대로 보여주기에는 한계가 있다. 한 개 점포만 경영하는 일반 점주는 대개 생계형인 경우가 많다. 때문에 장사가 잘 안 돼도 생계를 위해 근근이 버티며 '한계 점포' 또는 '좀비 점포'로 유지하기 쉽다. 하지만 이런 사정을 모르는 예비창업자들은 가맹점수가 줄지 않으면 그저 '장사가 예전만큼 잘되나 보다'라고 오해할 수 있다. 중장기적인 트렌드는 반영한다 해도 당장 최근의 변화를 반영하기에는 시차가 있다는 얘기다.

창업시장 트렌드를 가장 잘 반영할 수 있는 지표는 없을까. 주요 브랜드의 기존 점주들은 과연 얼마나 만족하고 있을까. 이런 고민 끝에 내가 고안한 게 '다(多)점포율'이다. 70여 개 주요 프랜차이즈의 다점포율을 보면 점주 만족도에 대한 대략적인 윤곽이 드러난다.

다점포율, 점주 만족도 보여주는 지표

다점포율이란 프랜차이즈 전체 가맹점 중 점주 한 명이 두 개 이상 점포를 거느리는 경우를 수치화한 것이다. 한 개 점포를 해보고 꽤나 만족스러우니 같은 브랜드의 점포를 추가 출점했을 터. 따라서 다점포율이 높을수록 해당 브랜드에 대한 점주들의 만족도나 신뢰도가 높다고 볼 만하다.

다점포율은 전체 가맹점포수 대비 다점포수(점주가 복수 점포를 거느린 경우의 총합) 비율로 계산했다. 가령 전체 가맹점이 100개인 프랜차이즈에서 A 점주가 두 개점, B점주가 세 개점, 나머지 점주 95명이 각 한 개점씩 운영 중이라면 이 프랜차이즈의 다점포율은 5/100=5%가 된다.

또한 기본적으로 명의자가 같은 점포를 기준으로 했다. 부부, 자녀 등 가족이나 친구, 후배 등 지인이 운영하는 점포까지 포함하면 다점포율은 훨씬 높아진다. 일례로 네네치킨의 경우 다점포율은 2%에 불과하다(2015년 말 기준). 1,192개 가맹점 중 명의자가 같은 다점포 사례가 24개뿐이기 때문이다. 그러나 가족이 운영하는 점포를 포함하면 14.2%(다점포수 169개)로 껑충 뛴다. 친구, 선배나 후배, 직원 등 지인 추천으로 개설한 점포까지 포함하면 27%(다점포수 322개)에 달한다. 가족이나 지인이 점포를 추가 출점한 것은 기존 점주가 브랜드에 만족해 추천한 것일 테니 사실상 다점포 운영 사례라고 볼 수 있다. 그러나 가족과 지인 점포를 구분하지 못하는 프랜차이즈가 적잖아 데이터 확보가 어려웠다. 다점포율이 실제로는 훨씬 더 높을 수 있지만 공정한 비교를 위해 가장 보수적인 기준으로 다점포율을 산출한 것이다.

일반 점주가 '생계형 점주'라면 다점포 점주는 '사업가형 점주'에 가깝다. 일반 점주보다 자본력과 정보력, 본사와의 협상력 등이 월등히 높고 시장 트렌드에도 관심이 많다. 다점포 점주는 사업 전망에 따라 언제든 점포를 늘리거나 줄이며 시장 트렌드에 탄력적으로 대응한다. 다점포율이 프랜차이즈 시장의 트렌드를 더 잘 보여주는 지표로 주목받는 이유다.

최근 국내 프랜차이즈 산업 규모가 커지고 다점포를 거느리는 점주들도 늘어나면서 그 중요성이 점점 커지고 있다. 실제 같은 브랜드 점포를 두 개,

세 개, 심지어 열 개 이상 운영하는 다점포 점주들이 적잖다. 트렌드에 맞는 알짜 브랜드이기에 점포를 여럿 늘려서 수익을 극대화하려는 전략일 테다. 특히 요즘은 소비자들이 검증된 프랜차이즈 브랜드를 선호하고, 점포가 여럿이더라도 '풀오토(Full-auto)'로 운영할 수 있게 시스템이 발달했다. 전문가들이 갈수록 다점포 점주가 많아질 것으로 내다보는 배경이다.

물론 다점포율도 약점은 있다. 점주 만족도와는 별개로 업종 특성이나 본사 출점 전략에 따라 다점포 출점이 제한되는 경우도 적지 않기 때문이다. 새마을식당, 한신포차 등을 운영하는 더본코리아가 대표적인 경우다. 더본코리아는 "2호점 개설에 대해 엄격히 평가, 제한하고 있기 때문에 그 수가 극히 미비한 상황"이라고 밝혔다. 굽네치킨도 "창업 초기에는 다점포가 많았지만 요즘은 일부러 안 내주는 추세다. 두 개 이상 점포를 운영하면 집중력이 흩어져 매출이 떨어지는 사례가 발생했기 때문"이라고 전했다. 따라서 다점포율이 낮다고 무조건 수익성이나 점주 만족도가 낮다고 보긴 어렵다.

다점포율이 높다고 마냥 좋게 보는 것도 위험하다. 성장기를 거치며 다점포율이 급증했지만 이제는 포화 상태인 업종일 가능성도 있다. 편의점과 커피전문점 등이 대표적인 예다. 이들은 풀오토 운영이 쉽고 시장 트렌드에도 부합해 지난 수년간 다점포율이 급증했다. 신규 점주도 점포를 열고 기존 점주도 점포를 늘리니 시장이 포화되기 마련. 점포당 수익성이 예전 같지 못할 테니 환상은 버리자. 다만 다점포율 변화를 보고 시장 트렌드 변동을 읽어내는 참고자료로 활용하는 것이 바람직하다.

국내 최초 20개 업종 70개 브랜드 다점포율 조사

2015년 1월 총 16개 업종 49개 브랜드의 다점포율을 조사했다. 그 결과 업종 내 매출 순위가 높은 브랜드일수록 다점포율도 높은 것으로 나타났다. 다점포율과 점주 만족도가 어느 정도 비례 관계에 있음을 확인할 수 있었다. 단 2015년 다점포율 조사가 국내 최초 시도여서 점주 만족도가 이전과 어떻게 달라졌는지 비교할 만한 대상이 없었다. 그래서 2016년 초 20여 개 업종 70여 개 브랜드의 다점포율을 재조사했다. 1년 새 다점포율이 증가하거나 감소한 업종 및 브랜드를 살펴볼 수 있었다.

2016년에 점주들로부터 앙코르를 가장 많이 받은 프랜차이즈는 무엇일까. 결론부터 얘기하면 편의점, 간편식(도시락), 치킨, 패스트푸드, 생활용품 업종의 다점포율이 일제히 상승한 것으로 나타났다. 최근 1인 가구 증가와 홈퍼니싱 등 라이프스타일 시장이 커지면서 수혜를 톡톡히 누린 것으로 평가된다. 반면 피자, 커피, (중저가)디저트, 떡볶이, 베이커리(빵) 업종은 다점포율이 하락하거나 정체된 모습을 보였다.

1인 가구 증가 덕에 편의점 5사 다 웃어

지난 1년간 다점포율이 가장 크게 상승한 업종은 단연 편의점이다. 편의점 5사(CU, GS25, 세븐일레븐, 미니스톱, 위드미) 모두 1~6.1%포인트 늘었다. 다점포뿐 아니다. 전체 가맹점수도 5사 모두 증가했다. 편의점이 1인 가구 증가의 가장 큰 수혜 업종으로 떠오르면서 기존 점주는 물론 신규 점주도 편의점 창업에 적극 뛰어들었음을 알 수 있다.

특기할 점은 CU의 직영점수 변화다. 위드미를 제외한 편의점 4사 직영점수는 100개 안팎으로 2015년과 거의 비슷했다. 반면 CU만 직영점수가 1년 만에 10분의 1토막 났다. 2015년 436개에서 2016년 42개로 줄어든 것. 이유가 뭘까. 지난 2013년 편의점 폐업 비용으로 진통을 겪었던 사연이 숨어 있다.

"2013년 말 편의점 폐업 비용 이슈가 불거졌을 때 CU는 점주가 폐업을 원하는 기존 가맹점 중 가능성 있는 점포를 직영점으로 대거 전환, 직영점이 크게 늘었다. 이후 점포 매출이 안정되자 2015년 직영점 상당수를 다시 가맹점으로 돌렸다. 폐업 이슈에 적극 대응해 2년 만에 주요 점포를 정상화

CU 매장

2016년 국내 주요 프랜차이즈 다점포율 조사

업종	브랜드	전체점포	직영점	가맹점	다점포	다점포율	2015년 다점포율	증감
편의점	CU	9,409	42	9,367	3,830	40.9	39.9	1
	GS25	9,285	93	9192	3,187	34.7	31.8	2.9
	세븐일레븐	8,000	113	7,887	1,928	24.4	20.1	4.3
	미니스톱	2,200	71	2,129	496	23.3	20.9	2.4
	위드미	1,020	7	1,013	72	7.1	1	6.1
피자	파파존스	100	37	63	31	49.2	-	-
	도미노피자	417	98	319	124	38.9	36.7	2.2
	미스터피자	430	20	410	131	32	40.1	-8.1
	피자헛	341	3	338	32	9.5	37.1	-27.6
커피	이디야커피	1,587	7	1,580	462	29.2	27.8	1.4
	마노핀	54	45	9	2	22.2	-	-
	엔제리너스	935	83	852	160	18.8	29.8	-11
	파스쿠찌	402	49	353	57	16.1	-	-
	탐앤탐스	466	54	412	46	11.2	17.4	-6.2
	투썸플레이스	685	49	636	61	9.6	-	-
	커피베이	421	4	417	7	1.7	0.5	1.2
	카페베네	850	20	830	-	비공개	-	-
	빽다방	413	5	408	-	비공개	-	-
외식	놀부	990	21	969	440	45.4	40.8	4.6
	더본코리아	652	24	628	271	43.2	-	-
	한촌설렁탕	63	3	60	22	36.7	-	-
	포메인	130	4	126	41	32.5	-	-
	이바돔	155	32	123	28	22.8	-	-
	큰맘할매순대국	454	3	451	93	20.6	-	-
	원앤원주식회사 (원쌈+박가)	368	5	363	66	18.2	13.5	4.7
	채선당	284	2	282	37	13.1	7.7	5.4
	강호동백정	51	1	50	4	8	7.5	0.5
	오리엔탈푸드코리아	110	8	102	8	7.8	-	-
	참이맛감자탕	80	2	78	0	0	-	-
패스트푸드	맥도날드	434	308	126	88	69.8	63.8	6
	롯데리아	1,289	125	1,164	308	26.5	28.2	-1.7
	서브웨이	151	0	151	19	12.6	10.8	1.8
	파파이스	108	12	96	10	10.4	8.3	2.1
	버거킹	239	171	61	-	비공개	4.3	-
	KFC	210	210	-	-	-	-	-
생활용품	양키캔들	150	5	145	45	31	16.3	14.7
	다이소	1,060	690	370	52	14.1	6.3	7.8

*놀부, 더본코리아(빽다방 제외), 이바돔, 원앤원주식회사(원할머니보쌈+박가부대찌개), 오리엔탈푸드코리아는 프랜차이즈 내 복수 브랜드 포함

업종	브랜드	전체점포	직영점	가맹점	다점포	다점포율	2015년 다점포율	증감
디저트	공차	362	69	293	75	25.6	17.6	8
	가마로강정	219	3	216	45	20.8	-	-
	던킨도너츠	770	140	630	89	14.1	-	-
	스무디킹	102	33	69	6	8.7	15.4	-6.7
	설빙	480	8	472	27	5.7	-	-
	옥루몽	50	6	44	2	4.5	-	-
	배스킨라빈스	1,200	80	1,120	36	3.2	-	-
	망고식스	190	8	182	0	0	5.6	-5.6
간편식	본죽	1,192	4	1,188	154	13	9.3	3.7
	본도시락	200	5	195	20	10.3	7.7	2.6
	봉구스밥버거	975	6	969	81	8.4	15	-6.6
	한솥도시락	667	9	658	55	8.4	7.5	0.9
	오봉도시락	140	1	139	0	0	-	-
빵	브레댄코	56	4	52	14	26.9	24	2.9
	뚜레쥬르	1,275	19	1,256	100	8	9	-1
	파리바게뜨	3,355	39	3,316	227	6.8	6.9	-0.1
주점	봉구비어	751	8	743	82	11	6.9	4.1
	와바	185	12	173	12	6.9	7.8	-0.9
김밥	김가네	430	4	426	32	7.5	5.6	1.9
프리미엄 김밥	바푸리	250	0	250	17	6.8	-	-
	바르다김선생	197	5	192	7	3.6	-	-
	가마솥김밥	20	1	19	0	0	-	-
	고봉민김밥	604	4	600	-	비공개	-	-
치킨	페리카나	1,225	0	1,225	152	12.4	12.3	0.1
	BBQ	1,602	22	1,580	161	10.2	9.8	0.4
	교촌치킨	1,000	0	1,000	77	7.7	7.4	0.3
	강호동678치킨	248	0	248	10	4	2.4	1.6
	BHC치킨	1,197	0	1,197	41	3.4	3.2	0.2
	또래오래	811	0	811	26	3.2	1.9	1.3
	처갓집양념치킨	909	0	909	19	2.1	1.7	0.4
	네네치킨	1,192	0	1,192	24	2	-	-
세탁	크린토피아	2,347	76	2,271	26	1.1	0.9	0.2
떡볶이	아딸	800	0	800	110	13.8	13.3	0.5
	죠스떡볶이	350	3	347	12	3.5	7.9	-4.4
	국대떡볶이	103	3	100	0	0	1.9	-1.9
문구	모닝글로리	303	3	300	6	2	1.9	0.1
프리미엄 독서실	토즈스터디센터	132	5	127	31	24.4	-	-
모텔	야놀자모텔	80	0	80	16	20	-	-

**가족, 지인 명의 다점포 포함(나머지는 동일 점주 명의 기준임)

시킨 것이다." CU 관계자의 설명이다.

편의점 다점포율이 높다고 지금 창업하면 무조건 잘된다는 건 아니다. 다점포율이 높을수록 시장 포화 가능성도 높아진다. 편의점 창업에 대한 자세한 팁은 이후 더욱 자세히 다뤄본다.

간편식 업종도 다점포율이 급상승했다. 본죽(9.3%→13%), 본도시락(7.7%→10.3%), 한솥도시락(7.5%→8.4%), 김가네김밥(5.6%→7.5%) 등이 재미를 봤다.

2016년 기준으로 출범한 지 14년 된 본죽은 죽 전문점 1등 브랜드로서 소비자들의 브랜드 충성도가 상당히 높은 편이다. 여기에 빠르고 간편한 제조법으로 운영 시스템을 자동화해 복수 매장을 효율적으로 운영할 수 있게 해 다점포수가 크게 늘었다. 또 김가네는 매장 두 개 중 한 개가 10년 이상 된 매장일 정도로 점주들의 만족도가 높다. 가맹점주의 평균 운영 기간도 9년이 넘는다. 수익성이 검증된 데다 신메뉴 출시와 서비스 교육이 주기적으로 이뤄지는 점이 다점포율 상승 비결로 꼽힌다.

배달음식의 대명사이자 한국인의 영원한 간식인 치킨 업종도 웃었다. BBQ, 페리카나, BHC, 처갓집양념치킨, 또래오래 등 대부분의 치킨 브랜드가 다점포율을 늘렸다. 1인 가구 증가는 물론 배달앱 활성화로 치킨 주문이 늘어난 영향도 큰 것으로 분석됐다. 배달의민족과 요기요에 따르면, 2015년 배달앱을 통한 치킨 주문건수는 각각 48%, 240% 증가한 것으로 나타났다(연초 대비 연말 기준).

물론 치킨집 창업이 포화 상태에 이르렀다는 우려가 많은 건 사실이다. 하지만 한편에선 1인 가구와 배달 시장 활성화로 즐거운 비명을 지르는 브

다이소 매장

랜드 치킨집도 적잖다. 모 브랜드는 서울 시내의 경우 하루 60~80마리 정도 닭을 튀기다가 최근 100마리 넘게 튀기는 점포가 늘었다고 말한다. 단밤늦은 영업시간과 끊임없이 밀려드는 주문에 피로감을 호소하는 점주들도 늘고 있다는 후문이다. 업무 강도가 너무 세면 장사가 잘돼도 자칫 건강을 해치고 지속하기 힘들 수 있으니 잘 가려서 판단할 일이다.

생활용품도 다점포율이 올랐다. 다이소와 양키캔들이 2015년 6.3%, 16.3%에서 2016년 14%, 31%로 두 배씩 급증했다. 전 업종을 통틀어 신장률이 가장 높다. 다이소와 양키캔들의 인기는 최근 불황에 따른 알뜰 소비와 집꾸미기 및 가치 소비 트렌드 확산을 각각 대변한다. 이석원 다이소 가맹기획부장은 "다이소는 경기를 덜 타 불황에도 상대적으로 잘 버틴다. 홈데코 시장의 최근 성장도 도움이 됐다. 덕분에 가맹점 매출이 매년 10%씩 성장하고 있다. 무엇보다 이렇다 할 경쟁 브랜드가 없다는 게 강점이다. 점

양키캔들 매장

주 본인이 매장 운영만 잘하면 되기 때문에 다이소에 만족하고 점포를 늘리고 있다"고 설명했다.

양키캔들은 가맹사업을 시작한 지 불과 4년도 안 됐는데 벌써 다점포 율이 30%를 넘겼다. 생활수준이 높아지면서 최근 '향기 시장'이 급성장한 덕을 톡톡히 봤다. 김희철 양키캔들 마케팅팀장은 "향초는 재구매율이 70~80%에 이를 만큼 소비자 반응이 좋다. 명절이나 크리스마스 같은 기념일을 앞두고는 향초나 디퓨저(막대형 방향제)를 선물하는 소비자가 늘면서 기념일 특수를 노리고 점포를 앞당겨 늘리는 점주들도 적잖다"며 "특히 젊은 주부들 사이에서 '향기 레이어링(여러 향기를 조합하는 것)'이 유행하면서 향초가 신혼부부 집들이 필수 선물로 자리매김했다"고 전했다.

기우는 해, 피자·커피·디저트

　지난 1년간 다점포율이 하락한 업종은 피자, 디저트, 커피전문점 등이다. 피자 시장은 크게 미스터피자, 도미노피자, 피자헛을 중심으로 한 빅3 브랜드와 피자스쿨, 피자에땅 등 '동네 피자'로 불리는 중저가 시장으로 나뉜다. 하지만 2015년에는 빅3 중 미스터피자와 피자헛이 부진하면서 피자 업종의 위축을 불러왔다. 미스터피자의 경우 가맹점과 다점포수가 2015년 421개, 169개(다점포율 40.1%)에서 2016년 410개, 131개(다점포율 32%)로 줄면서 다점포율이 8.1%포인트 감소했다. 최근 국내 사업권 매각설로 내홍을 겪고 있는 피자헛은 아예 다점포율 공개를 거부했다.

　커피와 디저트 음료 시장도 고전을 면치 못했다. 엔제리너스(2015년 29.8%→2016년 18.8%), 탐앤탐스(17.4%→11.2%), 망고식스(5.6%→0%), 스무디킹(15.4%→8.7%) 등 주요 브랜드들의 다점포율이 큰 폭으로 하락했다. 카페베네는 2016년 다점포율을 밝히지 않았다. 커피전문점 시장에서 합리적 소비 트렌드가 확산되면서 아메리카노가 3,000~4,000원대인 대형 커피전문점이 위축되고, 1,000~2,000원대 중저가커피전문점이 약진한 것으로 풀이된다.

　망고식스는 2015년 열 개이던 다점포수가 '0'이 되었다. 스무디킹도 가맹점은 1년간 네 개 늘었지만 다점포수는 반대로 네 개 줄었다. 최근 소비자 입맛이 고급화, 다양화되면서 한때 디저트 음료 시장을 주름 잡았던 브랜드들도 벌써 '구식'이 돼버린 것 아닌가 생각된다. 이에 대해 스무디킹 관계자는 "2015년 가맹점을 집중 관리해 가맹점을 늘릴 수 있었다"면서도 "다

카페베네 매장

점포수가 줄어든 건 점주 개인적인 사정에 의한 것"이라고 해명했다.

베이커리는 다소 정체된 모습이다. 파리바게뜨와 뚜레쥬르의 다점포율은 2015년 6.9%, 9%에서 2016년 6.8%, 8%로 각각 0.1%포인트, 1%포인트씩 줄었다. 다점포율은 소폭 하락했지만, 전체 가맹점수와 다점포수 변화가 크지 않다는 점에서 '현상 유지'로 보는 게 타당할 것이다. 2013년 제과점업이 중기적합업종으로 지정된 영향이 컸다. 다점포수가 늘려면 계약 기간 만료 등으로 자연 폐점하는 만큼 한쪽에서 신규 출점이 활발히 이뤄져야 하는데, 이게 안 되고 있기 때문이다. 업계 관계자는 "중기적합업종 지정 후 파리바게뜨와 뚜레쥬르는 신규 점포를 직전연도 점포수의 2%까지만 늘릴 수 있게 됐다. 그것도 기존 중소 제과점으로부터 500미터 이내에는 출점하지 못해 추가 출점이 매우 제한적이다. 다점포율이 크게 떨어지지 않고 유지된 것만 해도 선방한 셈"이라고 토로했다.

엔제리너스 매장

　이렇듯 대형 브랜드에 걸린 족쇄가 중소 브랜드에는 기회였다. 중소 베이커리 브레댄코는 다점포율이 2015년 24%에서 2016년 26.9%로 상승했다. 조민수 브레댄코 이사는 "특수 상권 위주로 입점하는 전략이 먹혔다. 브레댄코는 56개 매장 중 22개가 지하철역 안에 있다. 다점포 점주 매장도 대부분 역내"라며 "지하철은 유동인구가 많아 투자 대비 효율이 좋다"고 말했다.

업종 내 잘한 브랜드 - 도미노피자·이디야 '군계일학'

부동산 시장이 침체돼도 강남 집값은 가장 늦게 떨어진다. 주식시장도 마찬가지. 업종 지수가 급락해도 시총이 가장 큰 종목은 버티는 경우가 많다. 1위라는 프리미엄 효과, 즉 '대장주 효과' 덕분이다. 이는 프랜차이즈 시장에서도 그대로 적용된다. 실제 다점포율 조사 결과도 그랬다. 업종은 침체됐어도 1등 브랜드는 다점포율이 되레 올랐다. 도미노피자(피자)와 이디야(커피)가 대표적인 예다.

도미노피자는 가맹점과 다점포율이 피자 빅3 브랜드 중 유일하게 증가했다. 가맹점은 2015년 조사 당시 311개에서 2016년 319개, 다점포율은 36.7%에서 38.9%로 각각 여덟 개, 2.2% 올랐다. 같은 기간 미스터피자와 피자헛의 폐점이 늘면서 그 수혜가 도미노피자에 몰렸다는 분석이다. 피자 업계 관계자는 "그동안 고가 피자 시장 점유율은 빅3가 서로 대등하게 유지하는 형국이었다. 하지만 2015년 외식 시장에 배달 열풍이 일면서 상황이 달라졌다. 미스터피자와 피자헛이 배달 못잖게 매장 영업을 중시하는 반면, 도미노피자는 배달 전문 매장이 대부분"이라며 "도미노피자의 선택과 집중 전략이 성공한 셈"이라고 말했다.

커피 시장에선 이디야가 경쟁업체들과 격차를 더 벌렸다. 이디야 다점포율은 2015년 27.8%에서 2016년 29.2%로 올랐다. 역시 조사 대상이었던 다섯 개 커피전문점 브랜드 중 유일하게 다점포율이 상승했다. 이디야 관계자는 "커피전문점 시장에 합리적 소비가 강조되면서 가맹점은 물론 기존 점주들의 추가 출점이 이어졌다"고 전했다.

소자본 창업이 가능한 봉구비어 매장

 편의점 업종에선 후발주자인 위드미의 약진이 돋보인다. 신세계에 인수 (2014년 7월)된 지 6개월 만이었던 2015년 1월 조사에서 위드미 다점포율은 1%에 불과했다. 하지만 2016년에는 7.1%로 7배 증가했다. 전체 가맹점도 500개에서 1,013개로 두 배 넘게 늘었다. 물론 가맹점 1만 개를 바라보는 편의점 3사에 비하면 여전히 갈 길이 멀다. 그래도 같은 기간 가맹점이 4위 미니스톱(210개 증가)보다 두 배 이상 증가했다는 점은 고무적이다. 점포 확대 경쟁이 치열한 편의점 시장에서 후발주자로서 불리한 여건을 딛고 선방했다는 평가다.

 주점은 봉구비어가 잘했다. 신규 점포와 다점포수가 각각 79개, 36개 늘어 다점포율(11%)이 4.1%포인트 상승했다. 봉구비어 관계자는 "소자본 창업이 가능하고 혼자서도 10평 매장을 운영할 수 있을 만큼 동선과 안주 레시피가 간단하며 창업비용 대비 수익률이 높아 기존 점주들이 점포를 더 늘린 것 같다"고 말했다.

이외에도 놀부, 채선당, 원앤원주식회사(원할머니보쌈+박가부대찌개), 파파이스 등의 다점포율이 눈에 띄게 상승, 업종 내에서 두각을 나타냈다.

최근 새롭게 떠오른 프랜차이즈

최근 1년간 새롭게 각광받은 프랜차이즈 브랜드를 몇 가지 더 알아보자. 대표적인 예가 토즈 스터디센터(프리미엄 독서실)와 고봉민김밥, 바푸리, 바르다김선생 등 프리미엄 김밥 체인점, 그리고 야놀자 모텔이다.

토즈 스터디센터는 2011년 목동에 가맹 1호점을 낸 이후 2015년부터 점포수를 급격히 늘렸다. 신규 오픈한 가맹점수가 2013년 15개, 2014년 37개, 2015년 57개로 점점 늘고 있으며 2016년은 1분기에만 30개 이상 신규 출점이 확정, 2015년보다 두 배 이상 성장한다는 목표다. 가맹 사업 시작 후 지금까지 폐점한 가맹점은 '0개'이며 다점포율도 24.4%로 높은 편이다. 신규 점주와 기존 점주 모두 토즈 스터디센터에 만족하고 있음을 보여주는 숫자들이다. 토즈 관계자는 "최근 전문화된 학습 공간에 대한 소비자 니즈가 커짐에 따라 토즈 스터디센터 창업 수요도 빠르게 늘고 있다. 칸막이 형태가 일반적이던 기존 독서실 대신 학습 유형에 따라 최적화된 다섯 가지 공간과 효율적인 학습 환경을 제공한 게 인기 비결"이라고 자랑했다.

프리미엄 김밥도 2015년 점포를 크게 늘렸다. 2014년 먹거리 안전에 대한 사회적 관심이 높아지면서 '바른 먹거리'를 내세운 전략이 빛을 발했다는 평가다. 단 다점포율은 10%가 채 안 됐다. 바푸리는 6.8%, 바르다김선생은 3.6%를 기록했다. 바르다김선생은 2016년 들어 점주와 내부 갈등을 표출했다. 이 부분은 파트 4에서 다시 다루기로 한다. 고봉민김밥은 다점포율을 공개하지 않았다.

야놀자 모텔은 국내 최초로 모텔 프랜차이즈를 시도했다. 기존 모텔이 '음침한 러브호텔' 이미지였다면 야놀자는 '밝고 즐거운 숙박업소'를 지향한다. 최근 80호점까지 늘렸고, 2015년에만 23개가 늘었다. 야놀자 모텔은 부지와 건물을 동시에 매입하고 리모델링도 해야 돼 창업비용이 50억 원 안팎에 달한다. 다점포 점주가 있기는 할까 싶지만 놀라지 마시라. 야놀자 모텔의 다점포율은 20%에 달한다. 야놀자 모텔의 사업 가치를 긍정적으로 보고 최소 100억 원 이상 투자했다는 얘기다. 야놀자 관계자는 "야놀자 모텔은 국내 최초로 모텔 품질을 관리하는 수퍼바이저 제도를 도입했다"며 "매출 대비 수익률이 일반 요식업 프랜차이즈보다 2.5배 이상 높아 신규 가맹은 물론 복수 가맹률도 급속도로 증가하고 있다"고 자랑했다.

창업비용 아끼고 입지 선점
수익 극대화 노린다

⋮

'슈퍼 개미' 다점포 점주의 세계

　다점포 점주는 프랜차이즈 업계의 큰손이다. 가맹본사 입장에서 일반 점주가 개미투자자나 소액주주에 해당한다면, 다점포 점주는 슈퍼 개미나 대주주라고 볼 수 있다. 자본력이 뛰어나고 브랜드에 대한 충성도도 높으니 가맹본사 입장에선 다점포 점주를 대체로 반긴다. 다점포 점주가 추가 출점할 때 가맹본사는 수백만 원에서 최고 1억 원에 육박하는 투자비를 면제·할인해주며 다점포 점주 유치에 발 벗고 나선다.

　다점포 점주가 되면 가맹본사로부터 어떤 혜택을 받을 수 있는지 브랜드별로 살펴봤다.

2016년 초 기준 다점포율이 가장 높은 프랜차이즈 업종은 편의점이다. CU(다점포율 40.9%), GS25(34.7%), 세븐일레븐(24.4%), 미니스톱(23.3%) 등 4대 브랜드가 모두 20%를 넘겼다. 2014년 7월 신세계그룹이 론칭한 위드미도 2년여 만에 7.1%로 다점포율을 늘렸다. 1년 전 조사에서는 다점포율이 불과 1%(다점포수 다섯 개)에 그쳤었다.

편의점 업계는 다점포 점주에 대한 혜택이 다른 업종에 비해 그리 많지 않은 편이다. 업계 1위인 CU도 가맹비(가입비) 700만 원 중 250만 원만 할인해줄 뿐이다. 업계 4위, 5위여서 더 공격적으로 점포 확장에 나서야 하는 미니스톱, 위드미도 비슷하다. 미니스톱은 가맹비 700만 원 중 300만 원 할인, 파견점장 지원, 보증보험료 50% 지원 등이 전부다. 위드미는 두 번째 점포를 열 때는 가맹비(500만 원)의 50% 할인, 세 번째 점포부터는 가맹비 면제 혜택을 제공한다. 다른 업종이 가맹비나 장비 구입비 등을 전액 면제해주는 데 비하면 소극적이라는 평가다.

그럼에도 편의점의 다점포율이 높은 데는 그럴 만한 이유가 있다. 일단 창업비용이 점포 보증금을 포함해 1억~2억 원 안팎으로 비교적 저렴한 편이다. 점포 운영에 특별한 전문성도 필요하지 않다. 성실한 직원(또는 아르바이트생)만 있으면 점포가 몇 개든 24시간 운영이 가능하다. 점포 관리도 원격으로 가능하다. 매출 확인, 신규 물량 발주도 스마트폰 하나로 다 된다. "운영 방식이 시스템화돼 있어 추가 점포 운영에 대한 노력이 1+1이 아니라 1+0.5 수준으로 경감됐다"는 게 CU 관계자의 설명이다. 최근 1인 가구 증가로 편의점이 유망 업종으로 부상하면서 자금력에 여유가 있는 점주들이 추가 출점에 팔 걷고 나선 것도 원인으로 분석된다.

피자와 커피전문점도 다점포율이 높았다. 피자는 9~49%, 커피전문점은 9~29%대에 달한다. 커피전문점은 편의점과 마찬가지로 '비교적 낮은 전문성 요구', '창업 선호 업종' 등이 작용한 것으로 보인다.

피자 업종은 파파존스가 49.2%로 가장 높았다. 파파존스는 점주가 두 번째 점포를 창업할 때 가맹비(교육비 포함) 2,000만 원 가운데 1,200만 원을 면제해준다. 브랜드 론칭 초기 강남 상권 중심으로 매장을 확장시킨 파파존스는 지난 2013년과 2014년 사이 7대 광역시에 고르게 진출했고 신규가맹점도 빠르게 증가했다. 2016년 초에는 100호점을 달성하기도 했다. 파파존스 관계자는 "100호점을 달성한 파파존스는 가맹점 전국 개설을 통한 브랜드 확대를 목표로 움직이고 있다. 피자업계에서 100호점은 브랜드 성장과 매출상승의 기폭제 역할을 상징하는 숫자"라고 말했다. 단 파파존스는 가맹점수 63개, 다점포수 31개로 절대 규모가 빅3 브랜드(도미노피자, 미스터피자, 피자헛) 대비 매우 작다. 절대 규모가 작으면 다점포수가 한 개만 늘어도 다점포율이 상대적으로 급증할 수 있으므로 이 점을 감안해야 한다.

미스터피자의 경우 추가 출점 시 본사에서 후한 인센티브를 제공해주는 게 높은 다점포율의 원인으로 꼽힌다. 미스터피자는 기존 점주가 점포를 추가로 내면 가맹비 3,300만 원과 교육비 275만 원을 면제해준다(부가세 포함 기준). 여타 프랜차이즈의 다점포 개설 시 인센티브가 500만 원 안팎인 점에 비춰보면 상당한 금액이다. 미스터피자 측은 "다점포 출점 시 본사 차원 혜택이 크다 보니 투자 대비 높은 수익률을 끌어낼 수 있다"고 말한다.

이디야(29.2%)는 커피전문점 중 다점포율이 가장 높은 편이다. 가맹비가

1,000만 원인데 두 번째 점포를 개설할 땐 300만 원, 세 번째 점포를 개설할 땐 500만 원을 할인해준다. 그 이상은 가맹비가 전액 무료다. 다점포 점주에 대한 혜택이 비교적 많지 않음에도 다점포율이 2015년보다 높아진 건 기존 점주들이 중가커피 시장과 이디야 브랜드에 대해 긍정적으로 전망하고 있음을 시사한다.

이디야는 특히 다점포 점주 1인당 평균 점포수가 타 브랜드에 비해 월등히 높다. 커피, 외식, 주점 업종의 경우 다점포 점주 1인당 평균 두세 개 정도 점포를 운영하는 데 비해, 이디야는 평균 네 개 이상 운영하고 있다. '이디야+세븐일레븐' 식으로 다른 업종 브랜드와 겸업하는 다브랜드 점주도 적잖은 것으로 알려졌다. 해당 브랜드에 매료된 다점포 점주만 놓고 보면 이디야의 충성도가 가장 높다고 볼 수 있다.

맥도날드는 다점포율이 무려 69.8%에 달한다. 거의 70%에 육박해 전체 프랜차이즈 중 다점포율이 가장 높다. 2015년(63.8%)보다 6%포인트 더 늘어난 결과다. 맥도날드는 글로벌 패스트푸드 1위 브랜드여서 인지도가 높은 데다, 최근 1인 가구 증가에 따른 저렴한 먹거리 선호 현상의 수혜도 입은 것으로 분석된다. 특히 맥도날드는 신규 점주를 선정하는 기준이 매우 까다로운 것으로 알려져 있다. 때문에 가맹본사는 노하우가 있고 자격이 검증된 기존 점주들의 추가 출점을 장려하는 편이다. 기존 점주들도 창업비용이 7억~10억 원을 호가하는 맥도날드 창업비용을 감당할 수 있을 만큼 경제력이 있고 맥도날드 브랜드에 만족하기 때문에 추가 출점에 적극적인 편이라고 한다.

외식 업종에선 놀부의 다점포율이 높았다. 놀부보쌈, 놀부부대찌개 등 단일 브랜드만 놓고 보면 다점포율이 5%가 채 안 된다. 하지만 놀부에서 보쌈과 부대찌개 점포를 하나씩 연 점주, 즉 '놀부보쌈+놀부부대찌개' 조합의 점주를 포함하면 놀부의 다점포율은 약 40% 정도로 급격히 치솟는다. 여기에 족발, 갈비 등 놀부의 10여 가지 외식 브랜드 중 두 개 이상 선택한 점주까지 더하면 놀부의 최종 다점포율은 45.4%에 달한다. 놀부는 두 개 브랜드로 점포를 열 때 가맹비 750만 원, 제반행정비 250만 원 등 총 1,000만 원을 면제해준다.

다점포 점주에게 아무런 혜택을 주지 않는데 다점포율이 낮지 않은 브랜드도 눈에 띈다. 다이소(6.3%)가 그런 경우다. 다이소는 기존 점주가 추가 출점을 할 때 가맹비 할인 등 인센티브가 전혀 없다고 밝혔다. 그럼에도 다점포율이 높다는 건 순수하게 해당 브랜드에 대한 점주 만족도가 높기 때문으로 풀이된다.

안웅걸 다이소 이사는 "다이소 매장은 평균 크기가 약 60평에 달해 창업 비용이 3억 5,000만 원(점포 보증금 포함)을 호가한다. 결코 추가 출점이 만만한 수준이 아니다. 그럼에도 다점포율이 상당하다는 건 월평균 순이익이 1,000만 원에 육박할 만큼 수익성이 좋기 때문"이라고 자랑했다.

반면 치킨, 세탁, 문구점 등은 다점포율이 높은 브랜드도 10% 남짓에 불과해 가장 낮은 편에 속했다. 이들 업종 중 다점포율이 가장 높은 BBQ(10.2%)도 점주당 최다 점포수가 세 개에 불과했다. 점주당 서너 개 점포는 흔하고, 최다 점포수가 13개에 달하는 편의점과 대조된다. 치킨업계도 다점포 점주에 대한 혜택이 있다. BHC는 복수 점포를 운영하는 가맹점주에게 가맹비(700만 원)를 면제해주며, 인테리어 공사비용 중 일부를 지원해준다.

각 업계는 다점포율이 '낮을 수밖에 없는 이유'가 있다고 말한다. 크린토피아(0.9%)의 이범돈 대표는 "세탁 프랜차이즈는 주로 주부들이 혼자 운영하는 전형적인 생계형 창업이다. 창업비용이 점포 보증금과 인테리어 비용을 다 합해도 3,000만~4,000만 원에 불과하다. 자기 인건비 버는 사업이다"라고 배경을 설명한다. 커피베이(1.7%)와 페리카나(지인 창업 포함 12.4%)도 역시 "생계형 소자본 창업 특성이 반영됐다"는 설명이다. BHC치킨(3.4%) 관계자는 "치킨은 배달 업종이라 특성상 결원이 생기면 매장 운영이 매우 어렵다. 전문 점장도 일반 외식 업종에 비해 적은 편이어서 점장을 대신해줄 가족, 친지가 없는 이상 맡기기 힘들다. 매장 운영시간이 길어 여러 매장을 함께 관리하기 힘든 것도 문제"라고 말했다. 모닝글로리(1.9%)는 "문구점 업종 특성상 재고 관리가 어려워서"를 이유로 댔다.

치킨 〈 편의점 〈 디저트 〈 패스트푸드

⋮

내 돈으로 할 만한 프랜차이즈

창업할 때 고려사항 1순위는 바로 창업비용이다. 아무리 유망한 사업도 창업자금이 모자라면 그림의 떡이다. 지금 내가 가진 돈으로 창업할 수 있는 프랜차이즈는 무엇이 있을까. 프랜차이즈 본사가 밝힌 예상 창업비용에 부동산 전문가가 산정한 상권별 점포 보증금 및 권리금 등을 더해 프랜차이즈별 총 창업비용을 정리해봤다[3].

총 창업비용은 프랜차이즈 본사가 밝힌 예상 창업비용에 상권별 점포 보

---

3 여기서 밝힌 예상 창업비용은 서울을 기준으로 한 것이며, 가맹본사가 공시하지 않은 부대비용과 상권에 따른 차이를 감안하면 실제와 10~20% 안팎의 차이가 있을 수 있다. 따라서 대략적인 창업 비용을 살펴보는 데 참고하고 자세한 건 직접 알아보는 게 바람직하다.

증금과 권리금을 더해 계산했다. 점포 보증금과 권리금은 한국창업부동산정보원이 고안한 '서울 주요 상권 임대 보증금·권리금 산정 방식'을 적용했다. 이에 따르면 서울 강남, 명동, 대학로, 건대, 신촌, 이대, 홍대 등 주요 상권이나 초역세권 등 A급 상권에서 30평(99.2제곱미터) 매장을 임차하는 데 드는 보증금은 약 1억 원, 권리금(시설·집기 인수를 전제하지 않은 바닥권리금)은 보증금의 2배인 2억 원이다. 일반 역세권이나 대로변 등 B급 상권은 같은 크기의 매장이라도 A급 상권보다 보증금이 보통 20% 낮고, 권리금은 보증금의 1.5배 정도에서 형성된다. 주택가나 이면도로 등 C급 상권은 A급 상권보다 보증금은 50% 낮고, 권리금은 보증금과 비슷한 수준이다.

유의할 점은 이 시세가 서울 주요 상권 1층 매장 기준이란 것이다. 서울 외곽이나 경기 지역으로 가면 점포 보증금과 권리금이 서울 중심가의 30~50% 정도로 낮아질 수 있다. 지방도 마찬가지다. 부산, 대구 등 광역시는 A급 상권의 경우 서울과 큰 차이가 안 나지만 외곽으로 갈수록 시세가 30~50%가량 저렴해진다.

점포 보증금과 권리금을 좌우하는 또 다른 요소는 '층'이다. 점포 보증금이 2층은 1층의 약 66%, 3층은 50%로 점점 작아진다. 지하는 1층의 약 50% 정도를 생각하면 된다. 권리금은 주요 상권이 아니면 1층 외에는 사실상 거의 붙지 않는 편이다.

월세도 중요하다. A급 상권의 경우 1층 30평 규모 점포라면 250만~300만 원 정도에서 시세가 형성된다. B·C급 상권이라면 보증금과 마찬가지로 A급 상권보다 각각 20%, 50% 정도 저렴하다고 보면 된다. 물론 실제 비용은 상권과 입지의 특성 등에 따라 다소 오차가 있을 수 있다.

〈단위: 만 원〉

프랜차이즈별 예상 창업 비용

업종	브랜드	기준매장(평)	창업비용(부가세 별도)							점포비용		예상 총 창업비용
			가맹비	교육비	인테리어	장비,기자재	본사보증금	기타	총계	예상보증금(상권)	예상권리금	
세탁	크린토피아(편의점)	6	300	-	700	258	300	5	1,563	1,000(C)	1,000	3,563
	크린토피아(멀티숍)	15	300	-	2,500	5,979	300	5	9,084	2,500(C)	2,500	1억 4,084
치킨	또래오래	10	600	100	950	560	100	-	2,310	1,600(C)	1,600	5,510
	네네치킨	10	-	150	1,200	700	200	550	2,800	1,600(C)	1,600	6,000
	BHC	8	700	180	1,280	620	300	420	3,500	1,300(C)	1,300	6,100
	BHC	20	1,000	200	3,200	982	400	420	6,202	5,300(B)	7,950	1억 9,452
	BBQ	8	1,000	280	1,480	950	500	550	4,760	1,300(C)	1,300	7,360
	BBQ	20	1,500	380	4,000	4,000	500	1,050	1억 2,430	5,300(B)	7,950	2억 5,680
	페리카나치킨	15	300		1,500	1,000	-	300	3,100	2,500(C)	2,500	8,100
	굽네치킨	10	-	-	1,800	3,600	-	200	5,600	1,600(C)	1,600	8,800
	교촌치킨	15	600	310	2,380	1,065	200	650	5,205	2,500(C)	2,500	1억 205
주점	투다리	12	300	60	2820		100	5	3,285	2,000(C)	2,000	7,285
	봉구비어	10	300	200	4,000	1,000	-	0	5,500	1,600(C)	1,600	8,700
저가커피주스	빽다방	5	300		2,500	1,750	500	1,600	6,650	1,350(B)	2,025	1억 25
	쥬씨	10	500	500	2,000	2,130	200	-	5,330	2,700(B)	3,900	1억 1,930
	커피식스미니/쥬스식스	5	500	200	1,500	1,268	500	700	4,668	1,350(B)	2,025	8,043
	커피식스+쥬스식스	8	1,000	200	2,000	1,600	500	900	6,200	2,160(B)	3,240	1억 1,600
간편식	봉구스밥버거	10	500	50	2,250	640	50	670	4,160	1,700(C)	1,700	7,560
	한솥도시락	15	500	200	3,000	3,300	200	-	7,200	3,200(B)	4,800	1억 5,200
	본도시락	12	1,100	-	2,100	1,815	200	780	5,995	3,200(B)	4,800	1억 3,995
	본죽	10	100	800	1,500	1,500	300	1,850	6,050	2,700(B)	3,900	1억 2,650
떡볶이	아딸	10	700	100	1,400	1,410	200	700	4,510	2,700(B)	3,900	1억 1,110
	죠스떡볶이	10	500	200	2,700	2,900	200	1,085	7,585	2,700(B)	3,900	1억 4,185
김밥	김가네김밥	10	500	200	1,800	1,500	200	500	4,700	2,700(B)	4,050	1억 1,450
	바르다김선생	15	700	300	4,725	4,150	200	1,440	11,515	4,000(B)	6,000	2억 1,515
생활용품	양키캔들	12	500	-	3,400		100	660	4,660	4,000(A)	8,000	1억 6,660
	다이소	60	1,200	-	1억 380		4,000	6,600	2억 2,180	1억 6,000	2억 4,000	6억 2,180

- 간판, 홍보물, 이벤트비용, 초도 상품대 등. 철거 및 외부공사, 전기승압, 가스공사, 화장실공사, 냉난방기공사, 닥트공사 등은 별도임.
- 미스터피자는 2층, 토즈스터디센터는 3층 이상 매장 기준
- 맥도날드는 국내 사업권 매각 완료될 때까지 가맹점 모집 중단함
- 창업비용은 VAT 별도 기준, 점포비용(보증금+권리금)은 서울 기준
- 자료: 각 사 자료와 한국창업부동산정보원의 <서울 주요 상권 임대 보증금, 권리금 산정 방식>을 취합

〈단위: 만 원〉

업종	브랜드	기준매장(평)	가맹비	교육비	인테리어	장비,기자재	본사보증금	기타	총계	예상보증금(상권)	예상권리금	예상총창업비용
편의점	CU, GS25	20	700		본부지원		GS25만 200	1,500	2,200	6,700(A)	1억3,400(A)	2억2,300(A)
	세븐일레븐									5,300(B)	7,950(B)	1억5,450(B)
	미니스톱									3,400(C)	3,400(C)	9,000(C)
디저트	스무디킹	15	1,000	500	4,800	5,100	1,000	-	1억2,400	3,500(B)	5,250	2억1,150
	공차	15	1,500	300	5,500	3,900	1,000	750	1억2,950	5,300(B)	7,950	2억6,200
	베스킨라빈스31	20[로드샵]	500	150	5,800	6,200	800	1,200	1억4,650	6,700(A)	1억3,400	3억4,750
	던킨도너츠	20	500	150	4,300	7,500	1,000	2,600	1억6,050	6,700(A)	1억3,400	3억6,150
	망고식스	50	1,000		9,000	1억1,100	1,000	1,500	2억3,600	1억3,300(B)	1억9,950	5억6,850
중가커피	커피식스	15	500	200	3,000	2,300	500	500	7,000	4,000(B)	6,000	1억7,000
	이디야	15	1,000		3,400	3,500	500	1,500	9,900	5,000(A)	1억	2억4,900
	디초콜릿커피앤드	15	1,000		3,250	4,700	500	500	9,950	5,000(A)	1억	2억4,950
독서실	토즈 스터디센터	60	1,000		9,900	8,700	-	-	1억9,600	5,000(C)	-	2억4,600
베이커리	뚜레쥬르	20[일반형]	500	150	3,280	7,220	1,000	2,000	1억4,150	5,300(B)	7,950	2억7,400
	파리바게뜨	17[일반형]	500	150	4,000	7,600	1,500	3,600	1억7,350	4,500(B)	6,750	2억8,600
샌드위치	써브웨이	17	1,100	-	2,890	7,610		1,010	1억2,610	5,700(B)	1억1,400	2억9,710
외식	놀부 부대찌개	25	750	500	3,750	2,650	300	750	8,700	8,300(A)	1억6,600	3억3,600
	놀부 보쌈	30	750	500	4,650	3,820	300	750	1억770	1억(A)	2억6,600	4억7,370
	포메인	35	2,500		8,750	2,900	-	1,300	1억5,450	9,300	1억3,950	3억8,700
	원할머니보쌈족발	30	700		4,500	3,000	300	710	9,710	1억(A)	2억	3억9,710
	채선당 샤브	60	500	700	1억200	6,940	500	340	1억9,180	1억8,900(B)	2억8,350	6억6,430
피자	피자헛	20	약2,600		5,000	9,400	2,000	-	1억9,000	5,300(B)	7,950	3억2,250
	도미노피자	25	3,000	200	1억6,000		500	200	1억9,900	6,640(B)	9,960	3억6,500
	미스터피자	40	3,000	250	싯가	싯가	2,000	-	약2억7,000	7,100(B)	7,100	4억1,200
커피	탐앤탐스	30	1,000		6,000	6,078	1,000	1,170	1억5,248	1억(A)	2억	4억5,248
	엔제리너스	30	1,000	120	7,500	9,000	약2,000		1억9,620	1억(A)	2억	4억9,620
	할리스	40	1,000		9,800	5,700	1,000	1,800	1억9,300	1억3,300(A)	2억6,600	5억9,200
	카페베네	40	1,000		1억	1억	500	2,200	2억3,700	1억3,300(A)	2억6,600	6억3,600
패스트푸드	롯데리아	60	1,500	240	1억3,800	1억8,000	-	-	3억3,540	1억6,000(B)	2억4,000	7억3,540
	버거킹	60	3,000	300	3억8,000		6,300	-	4억7,600	1억6,000(B)	2억4,000	8억7,600
모텔	야놀자	40객실	1,500		8억8,000 (객실당 2200)		1,000	-	9억500	약40억(B)		약50억

1억 원 이하: 한 달 200만 원 버는 생계형 업종이 대부분

1억 원 이하 저비용으로 창업할 수 있는 프랜차이즈는 세탁, 호프, 치킨 등 '생계형 업종'이 대부분이다. 크린토피아, 투다리, 봉구스밥버거, 봉구비어 외에 저가커피, 저가주스, 치킨 프랜차이즈, 그리고 C급 상권 내 편의점 등이 여기에 해당된다.

총 창업비용이 가장 저렴한 건 크린토피아다. 점포비용(보증금+권리금)을 다 더해도 3,600만 원 안팎으로 5,000만 원이 채 안 됐다. 기준 매장(6평)이 상당히 작아 점포비용이 2,000만 원밖에 안 드는 데다 매장에선 세탁물 보관만 하면 돼 비싼 장비나 인테리어 공사가 필요 없기 때문이다. 단 소자본 창업인 만큼 큰 수익을 기대하는 건 무리다. 본사 측이 밝힌 예상 월 매출과 순이익은 860만 원과 215만 원 선. 본인 인건비나 벌려는 주부에게 적당하다는 평가다.

'은퇴하면 치킨집'이라 했던가. 치킨 프랜차이즈는 5,000만 원대 후반~1억 원 안팎이면 창업할 수 있다(배달 전문 점포 기준). 배달을 주로 해 큰 매장이나 좋은 입지가 필요 없어서다. 단 오후부터 새벽까지 일해야 해 노동 강도가 생각보다 센 편이다. 업계 관계자는 "최근 1인 가구 증가와 치맥(치킨+맥주) 열풍으로 주문이 급증했다. 서울의 경우 하루 50~60마리에서 100마리 이상으로 판매가 급증하는 추세다. 매출이 늘어 좋긴 하지만 점주들의 피로가 많이 누적돼 힘들어하기도 한다"라고 귀띔했다.

봉구스밥버거와 투다리도 약 8,000만 원대로 도전해볼 만하다. 기준 매장(10~12평)이 작고 주택가 등 C급 상권에 주로 입지해 창업·점포비용이 절감된다. 스몰비어 열풍을 일으킨 봉구비어도 총 창업비용(약 8,700만 원)이 1억 원을 넘지 않았다. 봉구비어 관계자는 "일 매출 45만 원을 올리면 월 순이익 500만 원 정도를 기대할 수 있는데, 월세가 200만 원을 넘어가면 이익이 급감한다. 점주들의 수익성을 위해 점포비용이 낮은 골목 상권 위주로 출점하고 있다"고 전했다.

요즘 인기가 높은 저가커피와 저가주스도 점포 비용을 포함해 총 1억 원 안팎이면 창업할 수 있다. 단 하루에 적어도 400~500잔 이상 팔아야 수지타산이 맞음을 감안하자.

소자본 창업을 할 때 주의사항이 있다. 창업 자금이 부족하다고 가맹비와 로열티가 싸거나 아예 없는 프랜차이즈에 혹하는 건 금물이다. 브랜드 인지도 등 경쟁력 약한 본사들이 소자본 창업임을 내세워 가맹점을 늘리려는 상술일 수 있다. 한마디로 '싼 게 비지떡'일 수 있단 얘기다. 좋은 프랜차이즈는 제품 개발과 마케팅에 꾸준히 재투자하는 회사다. 그런데 가맹점을 늘리느라 비용을 너무 안 받으면 본사가 가난해서 지속적인 재투자를 하기 힘들어진다.

1억~3억 원: 오피스 상권서 간편식·저가커피

1억~3억 원으로는 김밥집, 간편식, 저가커피, 소형 패스트푸드나 디저트 전문점 업종을 노려볼 만하다. 해당 브랜드는 김가네김밥, 한솥도시락, 본도시락, 아딸, 죠스떡볶이, 양키캔들, 디초콜릿커피앤드, 이디야커피, 스무디킹, 써브웨이 등이다.

이들 창업비용이 1억 원을 넘어가는 건 매장 크기와 상권 차이 영향이 크다. 1억 원 미만 프랜차이즈들이 주로 6~12평 매장에 동네 주민을 대상으로 영업한다면, 이들은 10~20평 매장을 갖추고 역세권이나 오피스 상권 등 B급 이상 상권에서 직장인이나 유동인구를 주 고객으로 한다. 자연히 점포비용이 급증할 수밖에 없다.

최근 인기 업종은 단연 편의점이다. 편의점은 B급 상권이면 1억 6,000만 원, A급 상권이라도 2억 2,500만 원 정도면 가게를 열 수 있다. 편의점 창업비용이 상대적으로 저렴한 건 인테리어 공사비와 각종 장비·기자재를 본사가 전액 지원해주기 때문이다. 단 절대 공짜가 아니다. 가맹계약 기간(보통 5년)을 채우지 않고 중도 폐점할 경우 가맹해지 위약금과 인테리어 잔존가치 명목으로 수천만 원을 토해내야 하는 규정이 있다. 따라서 5년 동안 폐점하지 않을 만큼 꾸준한 수익이 날 것인지 시장조사를 충분히 해보고 결정해야 한다.

중가 커피전문점인 이디야와 디초콜릿커피앤드도 약 2억 6,000만 원으로 A급 상권에 들어갈 수 있다. 단 이디야의 경우 점점 매장을 대형화하는 게 가맹본사 방침임을 고려하면 창업비용이 더 높아질 수 있다.

김밥과 도시락도 수요가 꾸준한 업종이다. 직장인들의 점심과 저녁(야근) 수요를 노리고 B급 오피스 상권에 들어갈 경우 1억 2,000만~1억 5,000만 원 정도면 충분하다. 아딸과 죠스떡볶이도 B급 상권 중심으로 입지해 1억 2,000만 원 안팎의 창업비용이 든다.

아딸 관계자는 "떡볶이나 튀김은 대개 즉흥적으로 구매하는 경우가 많고 거주자 이동 동선에 따른 반복 구매가 높은 매출로 이어지는 특징이 있다. 때문에 버스나 지하철에서 내려 집으로 걸어가는 초입 횡단보도 앞 코너 등 주거 지역과 가깝고 주민 동선 핵심 요지에 위치하는 곳이 아딸에 가장 적합한 상권이다. 서울 10대 상권(A급 상권)은 유동인구는 많지만 비싼 보증금과 권리금 탓에 실수익률이 높지 않아 입점을 권하지 않는 편"이라고 전했다.

최근에는 프리미엄 독서실도 유망 창업 업종으로 떠올랐다. 토즈 스터디센터는 매달 네 개씩 신규 가맹점을 오픈하고 있다. 토즈 관계자는 "창업 문의 전화가 한 달에 200건 가까이 온다. 그럼에도 네 개 정도씩만 신규 출점하는 건 그만큼 상권 분석을 신중하게 하기 때문"이라고 말했다.

3억~5억 원: '국민 프랜차이즈' 많지만 출점 포화

3억~5억 원으로는 피자, 베이커리, 주점, 보쌈·족발, 부대찌개, 중형 디저트전문점 업종에 도전해볼 수 있다. 미스터피자, 도미노피자, 놀부보쌈·부대찌개, 원할머니보쌈족발, 파리바게뜨, 배스킨라빈스31, 던킨도너츠, 공차 등이 대표적인 브랜드다. 매장 크기는 17~40평으로 넓어지고 상권도 A급과 B급 상권 위주다. 이름만 들으면 누구나 알 만큼 '국민 프랜차이즈' 반열에 올라선 브랜드들이다.

그런데 문제가 있다. 이미 점포가 많이 깔려 있어 신규 가맹점을 추가로 내기가 쉽지 않다. 출점거리 제한에 묶여 가맹 사업이 정체 상태인 파리바게뜨와 뚜레쥬르가 대표적인 예다. 또 설빙은 아예 2014년 말부터 특수 상권을 제외하곤 추가 출점을 전면 중단했다. 미스터피자도 주요 상권마다 점포가 들어차 있어 기존 점주가 양도하지 않는 한 신규 출점은 거의 이뤄지지 않고 있다. 공차는 신규 출점 문의가 많이 들어오지만 '내실을 다지며 천천히 간다'는 본사 방침 때문에 추가 출점이 까다로운 편이다. SPC 관계자는 "(파리바게뜨는) 과거 한 달에 수십 개씩 신규 가맹점이 생겼지만 출점 제한 규제 이후 한 달에 5~6개 정도로 줄었다. 그것도 서울 지역은 많지 않고 위례신도시 등 신규 상권 위주다"라고 전했다.

5억 원 이상: '창업의 로망' 커피전문점·패스트푸드

5억 원 이상 창업자금이 있다면 웬만한 프랜차이즈는 다 도전해볼 수 있다. 40평 이상 거대 매장을 자랑하는 패스트푸드점이나 '예비 창업자들의 로망' 대형 커피전문점 업종은 6억~8억 원 정도로 차릴 수 있다. 버거킹, 롯데리아, 맥도날드, 탐앤탐스, 카페베네, 할리스커피, 엔제리너스, 다이소, 채선당샤브샤브 등이다.

패스트푸드점은 점포비용을 제외한 창업비용이 가장 높은 편이다. 버거킹은 약 4억 7,600만 원, 롯데리아는 약 3억 3,540만 원에 달한다. 때문에 아무리 자금이 풍부한 예비 창업자라도 A급 상권에서 패스트푸드점을 열기란 쉽지 않다. A급 상권의 경우 40평 규모 매장을 얻으려면 점포비용만 약 4억 원에 달해 총 창업비용이 최대 10억 원에 육박한다. A급 상권 패스트푸드점이 홍보 효과를 위해 본사가 낸 직영점이거나 점포비용 부담이 없는 건물주의 것인 경우가 많은 이유다. 매장 크기가 기본 60평대여서 점포비용이 상당한 다이소도 마찬가지다. "A급 상권 매장은 개인 점주가 창업하기엔 비용 부담이 커 대부분 직영점으로 출점한다"는 게 안웅걸 다이소 이사의 설명이다. 업계 관계자는 "패스트푸드점이나 다이소 같은 대형 매장을 A급 상권에서 창업하면 권리금과 월세 부담이 너무 커 수익성을 담보하기 어렵다. 개인 점주라면 B급 상권에서 창업하는 게 무난한 선택"이라고 조언했다.

총 창업비용이 수십억 원에 달하는 프랜차이즈 끝판왕도 있다. 바로 모텔이다. 야놀자가 운영하는 모텔 프랜차이즈 호텔야자는 건물 매입 후 리모델링을 해야 한다. 리모델링 비용만 약 10억~15억 원, 점포(건물) 매입비용을 포함하면 최대 50억 원에 육박한다(40객실 기준). 20~30대 젊은 고객층을 타깃으로 하는 야놀자 모텔은 B급 상권 이상에 입지하는데, 서울 B급 상권에서 40객실이 들어가는 5~6층 건물을 매입하려면 적어도 30억 원 이상은 필요하다는 분석이다. 김영수 야놀자 프랜차이즈 가맹본부장은 "모텔 사업은 투자 규모가 크고 숙박 사업에 특화된 노하우가 필요해 창업 준비부터 오픈 후 경영 안정화 단계에 이르기까지 전문가의 도움을 받을 수 있는 프랜차이즈 모델이 각광받고 있다. 호텔야자의 경우 2011년 론칭 이후 단 한 건의 가맹 해지도 없을 만큼 점주들 만족도가 높다"고 자랑했다.

5수 끝에 첫 매장… "깐깐한 본사가 좋은 겁니다"

생활용품업계에서 가장 성공한 점주가 아닐까. 강신욱 다이소 점주(43) 얘기다. 현재 운영 중인 다이소 점포는 서울 회기역점, 종암점, 전농점, 동부시장(중랑역)점 등 모두 네 개. 국내 다이소 점주 중 점포가 가장 많다. 1년 매출은 약 20억 원, 직원 수는 40명으로 여느 중소기업 못잖다.

강 씨가 다이소와 처음 인연을 맺은 건 지난 2008년이다. 남대문시장에서 발뒤꿈치 각질제거기, 세제가 필요 없는 아크릴 수세미 등 독특한 생활용품을 팔던 그에게 다이소로부터 납품 요청이 들어왔다.

"다이소가 앞으로 성공가도를 달리겠구나 하는 확신이 들었습니다. 1,000개씩 들어오던 주문이 몇 개월도 안 돼 1만~2만 개로 늘더군요. 황급히 청량리 직영점에 가서 보니 '이건 되겠다' 싶었습니다. 납품하는 입장에서 봐도 가격이 말도 안 되게 저렴했으니까요."

첫 출점은 순탄치 않았다. 오랜 발품을 들여 찾아낸 입점 장소는 본사로부터 번번이 퇴짜를 맞았다. 주변 상권과 교통이 안 좋다는 이유였다. 그렇게 다섯 번을 낙방하고 2009년 3월 겨우 허가를 받은 게 회기역점이었다. 강 씨 점포 중 현재 월 매출(약 1억 3,000만 원)이 가장 높은 곳이다.

"아무 곳에나 허가를 내주는 프랜차이즈도 많은데 그런 곳은 다시 생각해봐야 해요. 관리가 소홀하다는 증거니까요. 저도 처음엔 '왜 이렇게 깐깐하게 구나' 싶어 괴로웠는데 나중엔 오히려 본사에 대한 신뢰가 생겼습니다."

그가 처음부터 다점포를 운영하려 했던 것은 아니다. 2009년 3월 개업 후 매년 15% 이상 증가하던 회기역점 매출이 2013년 초반 들어 부진해지자 위기감이 들었다. '하나 더 하면 살림살이가 나아지지 않을까'라는 생각으로 같은 해 7월 서울 종암동에 새 매장을 차렸다. 결과는 기대 이상이었다. 더불어 회기역점 매출도 정상궤도로 돌아왔다. 이쯤 되자 사업 안정성에 대한 믿음이 생기면서 '많이 하면 할수록 이득'이라는 확신이 들었다고 한다. 이후 그는 1년에 하나씩(서울 전농점 2014년 6월, 동부시장점 2015년 7월) 연달아 두 개 매장을 더 냈다. "생활용품점은 안정성 측면에서 가장 만족스럽습니다. 별다른 경쟁사가 없고 백화점·마트와는 가격과 상품군에서 확실히 차별화가 되니까요. 본사의 반경 보호도 철저한 편이라 최근 커피숍 열풍처럼 우후죽순으로 늘어날 걱정도 없습니다."

브랜드만 좋다고 해서 다 대박이 나는 것은 아닐 것이다. 강 씨는 자신의 성공비결로 '효율적인 직원 관리'를 꼽았다.

"번거롭더라도 고용 시간을 잘게 쪼개는 것이 효율적입니다. 가령 오전 10시부터 오후 4시까지는 주부, 4시부터 7시까지는 학생, 7시부터 밤 11시까지는 투잡 뛰는 직장인을 우선 채용하는 식이죠. '일이 필요한 시간대'에 '일을 필요로 하는 사람'을 쓰자는 것이 고용철학입니다."

강 씨는 점포들을 모두 집 근처에 냈다. 효율적인 관리를 위해서다. 이를 두고 강 씨는 "다 내 새끼들인데 하루라도 못 보면 마음이 불편하다"고 표현했다.

"사장이라는 자존심을 굽히고 한 달만 직영점에서 아르바이트생으로 일해보세요. 내 적성에 맞는지도 파악할 수 있고 성공할 프랜차이즈인지 아닌지도 보이게 됩니다. 보통 개업하기 전에 본사에서 교육해주는 기간이 있긴 합니다만 그건 이미 계약한 이후라 의미가 없습니다."

＃ 02

핵심 콕! 귀에 쏙!
업종별 트렌드

2만 원
가격 저항선을 넘어라

:

치킨

치킨은 1인 가구 증가와 배달음식 시장 성장 수혜를 입는 대표적인 업종이다. 점포비용(보증금, 권리금)을 포함한 총 창업비용이 1억 원 안팎이면 충분할 만큼 소자본 창업이 가능하고 특별한 기술도 필요치 않아 편의점과 함께 '가장 창업하기 만만한' 생계형 업종으로 꼽힌다. 때문에 치킨집은 경쟁이 극심한 포화 업종이다. 2016년 5월 현재 국내 치킨집 수는 업계 추산 약 4만 개에 달한다. 전 세계 맥도날드 매장이 약 3만 5,000개라니 가히 그 규모를 짐작할 수 있다.

창업하기는 만만하지만(쉽지만), 생존하는 건 결코 만만치 않다. 서울시가 영세 골목 상권 43개 업종을 분석한 결과 3년 이내 폐업률이 가장 높은 업종은 치킨집(38%)인 것으로 나타났다(2014년 기준). 생계형 창업 업종의 안타까운 현실이다. 1억 원 이하 소자본으로 창업하는 소상공인들은 상대적으로 트렌드나 브랜드 경쟁력 등 충분한 시장 분석 없이 쫓기듯 창업 전선에 뛰어드는 경우가 많아 실패 가능성도 높은 편이다. 치킨집 창업을 고려하는 독자라면 부디 이번 장을 꼼꼼히 읽어보기 바란다[4].

최근 치킨 시장의 주요 트렌드는 크게 네 가지다. 배달음식 시장 성장, 브랜드화, 매장 대형화(카페형 매장), 그리고 가격 인상이다. 순서대로 자세히 살펴보자.

1인 가구·배달음식 시장 성장 수혜 업종

배달음식 시장 성장을 이끄는 동력은 두 가지다. 1인 가구 증가와 배달앱 활성화다.

통계청에 따르면 전체 가구 중 1인 가구가 차지하는 비중은 2005년 20%에서 2015년 27%로 높아졌다. 반면 4인 가구는 같은 기간 27%에서 20%로 줄었다. 이제 1인 가구는 우리나라에서 '가장 일반적인 가구 형태'다. 따라서 1인 가구의 속성을 알아야 최근 소비 트렌드를 이해할 수 있다. 1인 가구는 집에서 혼자 음식을 해먹기는 양이 적어 번거롭다. 그렇다고 나가

---

4 공정거래위원회는 연초에 치킨업계 브랜드별 매출 순위를 조사해서 발표한 바 있다. 그러나 2014년 기준으로 조사한 자료인 데다 비교 기준이 엉터리여서 신뢰성이 크게 떨어졌다. 이 사건에 대해서는 파트 3의 '정보공개서를 믿지 마세요(248페이지)'에서 자세히 다뤘다.

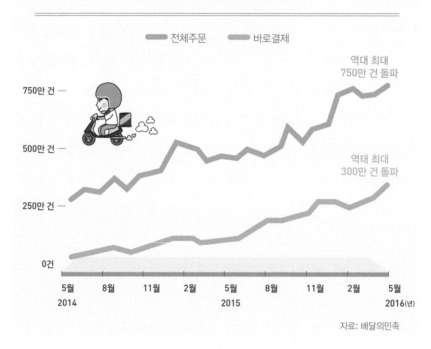

배달의민족 주문량 증가 추이

━━ 전체주문　　━━ 바로결제

역대 최대
750만 건 돌파

750만 건 —

500만 건 —

역태 최대
300만 건 돌파

250만 건 —

0건

| 5월
2014 | 8월 | 11월 | 2월 | 5월
2015 | 8월 | 11월 | 2월 | 5월
2016(년) |

자료: 배달의민족

서 사먹자니 식당에서 혼자 먹는 게 내키지 않는다. 그래서 요즘 성장하는 게 배달음식 시장이다. 집에서 시켜먹으면 간편하니까.

스마트폰이 대중화되면서 배달앱이 활성화되고 있는 것도 한몫했다. 배달의민족, 요기요, 배달통 등 3대 배달앱은 최근 2조 원 규모로 성장했다(거래대금 기준). 특히 업계 1위인 배달의민족은 2016년 5월 한 달간 주문수가 752만 5,000여 건에 달해 역대 최고치를 경신했다. 1년 전인 2015년 5월 대비 52% 증가한 수치다. 모바일 앱 누적 다운로드 2,300만여 건, 월간 순방문자수 약 300만 명, 전국 등록 업소수는 15만여 개에 달한다.

배달앱은 배달을 편리하게 해준다. 치킨, 피자, 돈까스, 보쌈, 족발, 한식, 중식, 일식 등 주변 상권의 다양한 먹거리를 한데 모아 보여줘 일단 선택이 용이해진다. 해당 점포에서 먹어 본 다른 소비자의 이용 후기도 좋은 참고가 된다. 또 업체에 전화를 거는 대신 스마트폰으로 앱만 몇 번 클릭하면 끝이니 주문도 쉽다. 스마트폰에 익숙한 10~30대 젊은 소비자들은 이처럼 점주와 직접 통화하거나 대면하지 않고 용건을 해결하는 비(非)대면 소통을 선호한다.

최근 배달음식 시장에서 배달앱을 통한 주문 비율은 약 20%까지 증가했다. 업계에선 이 비율이 향후 50%까지 높아질 것으로 내다본다. 배달음식을 주문할 때 직접 전화를 거는 소비자와 배달앱을 이용하는 소비자가 비슷하게 많아질 것이란 얘기다. 점주로선 배달앱 수수료와 이용 후기 부담이 늘어 괴롭겠지만, 덕분에 주문건수가 늘고 시장이 성장할 것이란 기대도 해봄직하다.

1인 가구가 늘고 배달앱이 활성화될수록 수혜를 보는 건 치킨집이다. 대표적인 배달음식이기 때문이다. 실제 배달의민족과 요기요에 따르면, 2015년 배달앱을 통한 치킨 주문건수는 각각 48%, 240% 증가한 것으로 나타났다(연초 대비 연말 기준).

브랜드화

치킨 프랜차이즈는 크게 '브랜드'와 '비(非)브랜드'로 구분된다. BBQ, 페리카나, BHC, 교촌, 네네, 굽네, 또래오래, 처갓집양념치킨, 호식이두마리 치킨, 맘스터치 등 상위 10개 브랜드 매장이 약 1만 개, 나머지 비브랜드 매장이 약 3만 개다. 비브랜드는 창업비용이 저렴하다는 장점이 있지만 인지도가 낮다는 단점도 있다. 자본금이 충분하다면 되도록 브랜드 치킨집을 창업할 것을 권한다. 이유는 여러 가지다.

첫째, 소비자들은 점점 브랜드가 친숙한 매장에 끌린다. 가격에 큰 차이가 없다면(설사 어느 정도 차이가 있다 해도), 소비자들은 이전에 맛본 경험이 있고 품질을 예상할 수 있는 매장을 선택할 것이다. 이는 소비자의 위험회피 성향 때문이다. 독립 창업보다 프랜차이즈 창업이 유리한 이유도 여기에 있다.

둘째, 브랜드 치킨집은 점주가 신제품(신메뉴) 효과를 기대할 수 있다. 비브랜드 치킨집의 경우 규모가 작은 가맹본사가 예산과 인력을 투입해 신제품을 개발하기 쉽지 않다. 설령 그랬다 해도 소비자에게 홍보하고 마케팅하는 건 더욱 힘들다. 때문에 비브랜드 치킨집은 정형화된 기존 치킨 시장의 흐름에 편승하거나, 다소 독창적이더라도 처음 창업할 때 채택한 콘셉트를 줄곧 유지하는 정도에 그친다.

반면 브랜드 치킨집은 가맹본사가 적어도 1년에 1~2회는 신제품을 내놓는다. 홍보도 유명 아이돌 모델을 기용해 대대적으로 한다. 덕분에 브랜드에 대한 소비자 인지도가 높은 선에서 유지되고, 신제품이 대박을 터뜨리면 매출이 급상승하기도 한다.

2015년 '뿌링클'과 '맛초킹' 신메뉴의 성공으로 재미를 본 BHC가 대표적인 예다. 뿌링클 치킨은 양념을 액체가 아닌 가루 형태로 만들어 치킨에 뿌려 먹게 만들었다. 독특한 제형이 인기를 끌면서 주문이 밀려들었다. 간장

2015년에 뿌링클과 맛초킹 신제품 히트로 브랜드 인기가 치솟은 BHC 매장

치킨 맛초킹도 반응이 좋았다. 뿌링클과 맛초킹이 전체 매출의 60%를 차지할 만큼 인기를 끌면서 BHC는 2015년 치킨 브랜드 중 최고의 호황을 누렸다. 2015년 BHC 가맹점당 월평균 매출은 전년 대비 41.1% 성장했다. 가맹 신청도 급증해 2015년에만 가맹점이 327개나 순증했다. 거의 하루에 1개씩 가맹점이 늘어난 셈이다. 가맹점수 기준 순위도 2014년 업계 7위에서 1년 만에 업계 3위로 도약했다.

굽네치킨도 2016년 상반기에 신제품 효과를 톡톡히 봤다. 매운 맛을 맛있게 살린 신제품 '볼케이노'가 인기를 끌면서 전체 주문건수의 50%를 차지하는 기염을 토했다. 치킨업계에선 신제품이 주문건수의 10%만 차지해도 성공했다고 말한다. 볼케이노의 인기가 어느 정도였는지 짐작할 수 있다.

BHC와 굽네치킨은 각각 전지현, 엑소를 광고 모델로 기용해 대대적으로 신제품을 알렸다. 요즘 치킨 브랜드들은 이민호(교촌치킨), 방탄소년단(BBQ), 유재석(네네치킨), 전지현·진구(BHC), 레드벨벳(또래오래), 여자친구(호식이두마리치킨) 등 톱스타와 아이돌을 내세워 열띤 광고 경쟁을 벌이고 있다. 비브랜드 치킨집으로선 상상도 할 수 없는 마케팅이다. 물론 광고비용이 점주 마진이나 소비자 가격에 일부 전가될 것이다. 그러나 점점 경쟁이 치열해지는 상황에서 점주도 그 정도 마케팅비는 같이 부담해야 한다고 본다.

매장 대형화

2010년까지만 해도 치킨집은 배달 전문점이 대부분이었다. 그래서 매장도 8~10평이면 충분했다. 변화의 물꼬를 튼 건 BBQ였다. 2011년 BBQ 프리미엄 카페를 선보이며 카페형 매장을 늘려 나갔다. BBQ, BHC, 교촌치킨, 깐부치킨 등 주요 브랜드는 작게는 15평에서 크게는 40평까지 매장 규모를 키우고 있다. BHC는 전체 매장의 약 60%, BBQ와 교촌치킨은 30~40% 이상이 20평 이상 카페형 매장이다. 홀 매출과 배달 매출 두 마리 토끼를 동시에 잡으려는 하이브리드 전략이다. 물론 카페형 매장은 그만큼 점포 보증금과 권리금, 임대료, 인건비 등 초기투자비와 운영비가 더 든다. 그러나 생맥주와 사이드 메뉴 등 부가 매출을 올릴 수 있음도 고려

20평 이상 대형 매장 전략을 쓰는 미니스톱 매장

해야 한다.

매장 대형화는 치킨집만의 트렌드가 아니다. 백화점, 아울렛, 편의점, 중가 커피전문점, 김밥, 떡볶이, 패스트푸드 등 외식·유통업계 전반에 걸쳐 나타나는 현상이다. 이디야, 스무디킹, 한솥도시락, 미니스톱 등 다양한 업종의 가맹본사들은 그동안 10~13평짜리 가맹점도 출점했지만 이제는 최소 15평 이상만 출점한다고 내부 방침을 정했다. 복합쇼핑몰의 쾌적한 쇼핑환경에 익숙해진 소비자들은 이제 더 이상 테이블이 다닥다닥 붙어 있는 매장에 들어가는 걸 선호하지 않는다. 이는 소자본으로 창업하려는 영세한 점주들에게 매우 불리한 흐름이다.

커피와 주스는 그나마 저가 전략으로 틈새시장을 발견했다. 매장을 넓히지 못할 바에는 차라리 100% 테이크아웃(포장)으로 가격을 낮춰 저가 수요

처음부터 대형화 전략으로 승부한 설빙 매장

를 공략했다. 하지만 치킨은 저가 전략을 쓰기도 어려운 업종이다. 치킨집
도 이제 은퇴하고 아무나 할 수 있는 업종이라고 말하기 힘든 상황이 됐다.

가격 인상

박리다매를 위한 저가 전략이 아니라면 어떤 업종이든 객단가가 중요하
다. 수요가 일정 수준 유지되는 상태라면 객단가가 높아질수록 점주 수익
성도 높아지기 마련이다.

치킨집은 그간 1만 6,000~1만 8,000원 안팎에서 주요 메뉴 가격이 고정

서울 건대입구에 위치한 교촌치킨 대형 매장

돼 있었다. 문제는 소비자들이 이 가격을 '비싸다'고 받아들이는 데 있다. 언론도 산지에서 생닭 한 마리가 1,000원대인데 치킨의 최종 소비자 가격이 1만 원대 후반인 것은 폭리라며 치킨 프랜차이즈를 나무란다.

　업계 현실을 몰라도 너무 모르고 하는 소리다. 산지 생닭은 그야말로 '살아 있는 닭'을 말한다. 이걸 요리할 수 있게 도계해서 우리가 대형마트에서 볼 수 있는 형태의 '생닭'으로 가공하면 가격이 3,000~4,000원대로 오른다(닭날개, 닭다리 등 부분육은 이보다 가격대가 1,000~1,500원 정도 더 높다). 가맹본사는 이 가격에 생닭을 구입해서 1,000원 안팎의 마진을 붙여 4,000~5,000원대에 점주에게 공급한다. 여기에 임대료, 인건비, 양념·식용유 등 식재료비, 포장박스 등 부대비용을 더하면 매출 대비 점주의 순이익률은 15~25%

안팎이라는 게 업계 설명이다(배달을 하지 않고 홀에서 팔면 마진율이 다소 올라간다). 마진율이 낮은 일부 브랜드는 15% 밑으로도 떨어진다고 한다. 일반 외식업종 순이익률이 30% 정도임을 감안하면 전반적으로 치킨집의 마진율은 박한 편이다. 결코 폭리를 취하는 구조가 아니다.

생각해보자. 닭을 치킨이 아닌 닭백숙이나 닭볶음탕으로 사먹을 때 가격이 어떤지를. 최소 2만 원이 넘고 사이즈에 따라 3만~5만 원까지도 간다. 그나마 1만 5,000원 안팎인 삼계탕이 저렴한 편이다. 하지만 이런 메뉴들에 대해선 가격이 비싸다고 뭐라 하지 않는다. 닭백숙, 닭볶음탕, 삼계탕 등은 식사나 안주로 먹기 때문이다. 반면 치킨은 식사가 아닌 간식이란 인식이 뿌리박혀 있어 상대적으로 가격 저항이 큰 편이다. 치킨업계가 최근 '치밥(치킨+밥)', '치도락(치킨+도시락)' 등의 용어를 만들어내며 치킨을 식사대용 음식으로 격상시키려는 노력을 기울이고 있지만 소비자 반응은 아직 미지근하다. 상황이 이렇다 보니 그간 치킨은 2만 원이 가격 인상의 마지노선처럼 여겨져 왔다.

그런데 요즘은 분위기가 조금씩 달라지고 있는 듯하다. 후라이드 치킨 등 매출의 절반을 좌우하는 주요 메뉴는 여전히 1만 7,000원을 못 넘기고 있지만 순살치킨 등 부분육과 신메뉴라는 '최종병기'가 있다. 점점 새로운 맛을 찾는 소비자가 인기 많은 신메뉴에 지갑 열기를 주저하지 않으면서 신메뉴 가격은 기존 메뉴보다 최소 1,000~2,000원 높게 형성되고 있다. 가령 BBQ의 주메뉴인 황금올리브치킨은 1만 6,000원이지만 신제품 마라핫치킨은 1만 8,900원, 순살마라핫치킨은 2만 900원에 달한다.

배달앱을 통한 주문 증가도 가격 인상을 부채질하는 요인이다.

배달의민족, 요기요, 배달통 세 배달앱이 2016년 3월 발표한 〈2016 배달 음식점 보고서〉에 따르면, 전국 702개의 배달 음식점 중 80%가 배달앱을 사용하는 것으로 나타났다. 치킨 배달 업체는 사용률이 89%에 달했다. 배달앱 가맹점의 연간 배달 매출은 평균 504만 원 증가한 반면, 배달앱을 이용하지 않는 음식점의 연간 배달 매출은 평균 1,788만 원 감소했다. 배달앱의 매출 기여도를 확인할 수 있는 대목이다.

배달의민족은 현재 브랜드 노출 위치에 따라 점주에게 월 5만~8만 원의 광고비를 받는다. 요기요는 고정 광고비 월 3만 9,900원을 받거나 주문 건당 12.5%의 수수료를 뗀다(점주 선택 가능). 이런 비용이 부담스럽다고 배달앱 입점을 안 하기에는 배달앱 이용자가 점점 많아지는 현실을 외면할 수 없다. 치킨업계에 따르면 최근 전체 주문 건수 중 배달앱을 통한 주문 비율이 20% 안팎에 달한다고 한다.

결국 점주 입장에선 마케팅을 위해 배달앱에 입점하되, 광고비나 수수료를 보전하기 위해 가맹 본사 측에 가격 인상을 요구할 가능성이 높다. 가맹 본사도 가격 인상이 필요한 건 마찬가지다. 일부 치킨 프랜차이즈 본사는 고객이 배달앱으로 주문할 때 점주에게 일정 금액을 지원한다. 가맹 본사 입장에서도 이런 지출을 보전하기 위해 가격 인상을 추진하려는 모양새다.

업계 상위 업체가 값을 올리면 다른 업체들도 안심하고 줄줄이 가격을 올릴 것으로 생각된다. 초반에는 소비자의 가격 저항에 따른 주문 감소가 어느 정도 나타날 수 있다. 그러나 브랜드 치킨을 선호하는 소비자들에게 대안으로 선택할 만한 치킨집은 많지 않아 보인다. 여기에 가맹본사가 신제품을 잘 개발하면 가격 인상의 여파는 그리 오래가지 않을 것으로 본다.

단군 이래
가장 박 터지는 시장

⋮

커피전문점

우리 국민들의 커피 사랑은 지극하다. 커피 소비도 꾸준히 늘고 있다. 그러나 커피 소비보다 더 빨리 늘어나는 게 시중의 커피전문점이다. 이렇게 되면 점포당 수익성이 떨어질 수밖에 없다. 단언컨대 커피전문점은 대표적인 포화 업종이다. 새삼 신중한 창업을 당부한다. 그래도 역시 목만 잘 고르면 커피전문점 창업도 비전이 없지는 않을 터. 커피전문점 시장 트렌드를 살펴보자.

최근 커피전문점 트렌드는 단연 저가커피 열풍이다. 커피에 길들여진 소비자들이 '식후땡' 한 잔은 해야겠고, 3,000원 이상은 부담스럽고 하니 절

충안으로 찾는 게 중저가커피, 그중에서도 저가커피다. 주머니가 가벼운 10~20대 초반이나 합리적 소비를 추구하는 20~30대 젊은 직장인이 저가커피의 주고객층이다. 단 최근에는 커피 소비가 확산되면서 주고객층도 전 연령대로 확대되는 추세다.

저가커피를 파는 곳은 빽다방 같은 저가커피 전문 브랜드만이 아니다. 요즘은 편의점도 1,000원대 초반 가격에 원두커피를 판다. CU의 즉석원두커피(에스프레소 커피) 매출은 2014년 전년 대비 32%, 2015년 41%, 2016년 1분기에는 62%나 성장했다. 또 주스전문점이나 도시락전문점, 심지어 다이소 같은 생활용품점도 1,000원대 저가커피를 팔기 시작했다.

요즘 저가커피는 가격만 저렴한 게 아니다. 양도 많다. 보통 커피의 거의 두 배에 달하는 500밀리리터 대용량 커피가 인기다. 가격은 1,000원에서 더 내리기 힘드니 어차피 원가도 별로 안 드는 아메리카노의 양을 늘려서 고객이 더 싸다고 느끼게 하려는 의도다. 정말이지 단군 이래 이렇게 박 터지는 시장이 또 있을까 싶다.

대형 커피전문점이 주를 이뤘던 과거에는 이디야, 커피베이, 커피식스 등에서 파는 커피를 '중저가커피'라고 통칭했다. 그런데 요즘은 저가커피 시장이 워낙 급성장하고 트렌드를 주도하면서, 중저가커피 시장이 다시 중가커피와 저가커피로 나뉘었다. 즉 요즘 커피전문점은 '고가 vs 중가 vs 저가'로 시장이 세분화된 셈이다.

각 시장별 특징과 향후 전망을 살펴보면 다음과 같다.

고가커피

고가커피는 아메리카노 가격이 3,000원대 후반~4,000원대다. 매장은 최소 40평 이상으로 넓고 고급스런 인테리어를 자랑한다. 때문에 테이크아웃(포장)보다는 커피전문점 안에서 마시고 가는 고객이 많은 편이다. 대표적인 브랜드는 스타벅스, 엔제리너스, 카페베네, 탐앤탐스, 할리스, 파스쿠찌, 투썸플레이스, 커피빈, 망고식스 등이다. 순수 창업비용은 2억~3억 원, 점포비용(보증금, 권리금)을 포함하면 6억 원 안팎의 전체 창업비용이 든다.

고가커피는 가맹본사가 매출의 3% 정도를 점주에게 로열티로 받는 몇 안 되는 시장이다. 국내 외식 프랜차이즈의 가맹본사 대부분이 로열티 대신 식자재 유통을 통해 수익을 남기는 것과는 대조적이다[5]. 고가커피 브랜드는 커피전문점 프랜차이즈가 큰 인기를 누리던 2000년대 중후반 생겨났기 때문에 점주들에게 당당히 로열티를 요구할 수 있었고, 그게 관행으로 굳어져 오늘에 이르게 됐다는 분석이다.

요즘 고가커피 시장은 스타벅스의 독주 체제가 갈수록 견고해지고 있다. 스타벅스의 2015년 매출은 7,739억 원. 스타벅스 매장(2015년 말 기준 850여 개)이 엔제리너스(935개)나 카페베네(약 950개)보다도 100여 개나 적었는데도 매출은 경쟁사의 3배가 넘을 만큼 독보적이었다. '2016년 프랜차이즈 다점포율' 조사에서도 이런 트렌드는 여실히 증명됐다. 엔제리너스(2015년

---

5 로열티는 점주 눈에 보이는 비용이고 식자재 마진은 점주 눈에 보이지 않는 비용이다. 당연히 전자가 더 투명한 구조다. 미국의 경우 프랜차이즈 가맹본사의 로열티 수익이 보통 매출의 5%를 넘는다. 대형 브랜드는 8~10%까지도 받는 것으로 알려진다. 우리나라도 프랜차이즈가 선진화하려면 가맹본사가 유통 마진 대신 로열티를 수익원으로 삼는 것이 바람직하다.

스타벅스 매장

29.8%→2016년 18.8%), 탐앤탐스(17.4%→11.2%), 망고식스(5.6%→0%) 등 대형
커피전문점 주요 브랜드의 다점포율이 큰 폭으로 하락했다. 카페베네는 아
예 다점포율을 밝히지 않았다.

　스타벅스는 앞으로도 계속 잘될 것으로 본다. 스타벅스는 1999년 일찌감
치 한국 시장에 진출해 한국인의 커피 입맛을 세팅해놨다. 스타벅스 커피
에 길들여진 소비자들이 스타벅스의 아메리카노 커피를 커피맛의 표준으
로 여기게 된 것이다. 이는 스타벅스에 대한 브랜드 충성도가 높은 마니아
고객층을 형성, 수많은 브랜드가 난립한 후에도 지속적인 재구매를 일으키
고 있다.

　그러나 스타벅스를 제외한 대형 커피전문점 브랜드의 인기가 지속될지
는 의문이다. 장기 불황으로 인한 실속형 소비 트렌드가 확산되고 있고, 이
에 맞춰 저가커피 브랜드가 우후죽순 생겨나고 있기 때문이다. 대형 커피

탐앤탐스 매장

전문점에 유리한 변화가 잘 보이지 않는다. 물론 대형 커피전문점을 찾는 고객층은 어느 정도 고정돼 있다. 따라서 대형 커피전문점이 아주 급격히 쇠락하지는 않을 것이다. 단 이렇다 할 성장 모멘텀도 보이지 않으므로 요즘 같은 성장 정체 및 쇠퇴가 서서히 그리고 꾸준히 지속될 것으로 보인다.

저가커피

저가커피는 아메리카노 가격이 1,000~1,500원이다. 매장은 5~10평 이하로 테이크아웃이 대부분이다. 주요 브랜드는 빽다방, 커피식스 미니, 쥬씨, 커피에 반하다, 고다방, 카페 더 바빈스, 매머드커피, 더착한커피 등이 있

1,000원대 저가커피 시장을 개척한 빽다방 매장

다. 순수 창업비용은 5,000만 원 안팎, 점포비용을 포함하면 1억 원 안팎의 전체 창업비용이 든다.

최근 새로 가맹사업을 시작하는 신규 브랜드의 대부분은 저가커피다. 그만큼 트렌디하고 인기도 많다. 특히 빽다방 같은 원조 저가커피 브랜드가 주춤하고, 다양한 콘셉트의 신규 저가커피 브랜드가 백가쟁명을 벌이는 모습이다.

저가커피 가맹점의 손익계산서는 대략 다음과 같다. 재료비 등 제품 원가, 임대료·인건비·기타 잡비, 순이익이 각각 매출의 30~40% 정도를 차지한다. 저가 프랜차이즈의 경우 로열티는 한 달에 일정 금액만 내면 되는 정액제가 대부분이다. 적게는 월 10만 원에서 많게는 25만 원 선이다. 적정 임대료는 상권이나 매장 크기에 따라 다르다. 전문가들은 8평 기준 120만~170만 원 정도가 적당하다고 조언한다.

인건비도 고려해야 한다. 매장 규모가 8평 이하라면 직원 없이 점주 혼자서도 운영이 가능하다. 그 이상 규모라면 점주 외에 직원이 한두 명은 있어야 한다. 매장에 점주가 상주하지 않는 '반(半)오토(Auto)' 형태로 운영한다면 두세 명의 직원이 필요하다. 한 창업컨설팅 매니저는 "매출이 월 1,000만 원 나오는 매장이면 적정 인건비는 150만 원, 매출이 그 이하면 80만~100만 원 정도가 적당하다"고 조언했다.

하지만 저가커피가 꾸준히 성장할 수 있을지에 대해 업계에선 반신반의하는 분위기다. 소비자에겐 1,000원대가 '착한 가격'이지만 점주 입장에선 수익성이 너무 낮아 '나쁜 가격'이기 때문이다. 마진이 적어도 손님이 많으니 아직은 박리다매 전략으로 버틴다지만, 앞으로도 계속 저가커피 매장이 늘어나면 경쟁 과열로 하나둘씩 문을 닫는 매장이 생겨날 것이란 우려가 적잖다.

실제로 이디야만 해도 마진이 그리 높지 않은 편이다. 문창기 이디야 대표는 기자와의 통화에서 "이디야는 지난 2014년 10월 아메리카노 가격을 2,500원에서 2,800원으로 300원 올렸다. '마진이 너무 적어 힘들다'는 점주들의 불만이 끊이지 않아 고민 끝에 4년 8개월 만에 가격을 인상한 것이다. 점주의 수익성을 감안했을 때 1,000원대 초중반 가격은 현실성이 떨어진다. 장기적으로 지속가능하기 힘들 것으로 본다"고 말했다. 업무 강도가 고가·중가커피에 비해 더 높은 것도 무시 못 할 단점이다.

그럼에도 저가커피전문점을 창업하려 한다면 품질과 서비스에 특히 더 신경을 써야 한다. 저가커피가 품질이 중요한 이유는 이렇다. 커피전문점의 매출 효자는 단연 아메리카노다. 커피와 음료, 베이커리류를 통틀어 전체 매출의 20~50%를 혼자 담당한다. 아메리카노는 한 잔에 들어가는 원두 비용이 100~200원 안팎에 불과해 마진율도 가장 높은 편이다. 따라서 마진을 높이려면 아메리카노를 많이 팔아야 하는데, 아메리카노를 많이 팔려면 당연히 맛있고 질 좋은 원두를 쓰는 브랜드를 선택해야 한다. 저가커피는 특히 마진율이 낮기 때문에 마진율이 높은 메뉴인 아메리카노의 판매량이 무엇보다 중요하다.

저가커피가 서비스를 더 잘해야 하는 이유는 이렇다. 대부분의 저가커피전문점은 매장 크기가 작은 만큼 고객과 더 가까이서 더 자주 대면하게 된다. 고객을 대하는 점주나 직원의 태도, 즉 서비스 마인드가 대형 커피전문점보다 훨씬 더 눈에 띈다. 특히 저가커피 고객은 고가커피를 사 마실 때보다 덜 당당하다. 고가 커피는 고객이 커피에 대해 제값, 또는 그 이상을 지불했다고 자부하지만, 저가커피는 상대적으로 그렇지 않기 때문이다. '이렇게 싸게 팔아서 과연 남기는 할까' 은연중에 점주에게 미안한 마음이나 측은지심을 갖게 될 수도 있다. 또 저가커피는 상대적으로 점심식사 후 손님이 몰려 장사진을 치는 바람에 고객이 상당히 기다려야 되는 경우도 많다. 대형 커피전문점은 진동벨을 주니까 자리에 앉아서 얘기하며 기다릴 수 있다. 하지만 저가커피는 매장 앞에 멀뚱히 서서 '언제 내 차례가 올까' 이제나저제나 커피 만드는 점주만 힐끔힐끔 바라봐야 한다. 이 모든 느낌이나 기다림이 고객으로서는 불편한 경험이다. 이럴 때 점주가 조금 더 친절하게 응대한다면 고객이 느끼는 감동은 훨씬 배가 될 것이다. 업계 관계자도 "저가커피는 단골손님을 얼마나 많이 확보하느냐가 성패를 좌우하는 요인"이라고 강조했다.

중가커피

중가커피는 아메리카노 가격이 3,000원 안팎이다. 그동안은 이 가격도 중저가커피라고 통칭했다. 하지만 시장이 고가·중가·저가로 세분화됐으니 이제 그런 표현은 정확하지 않은 것 같다. 굳이 '중저가커피'라는 표현을 쓴다면 1,000원대 후반~2,000원대 중반 커피에 붙여야 되지 않을까 싶다.

중가커피는 매장은 15~25평 정도이며 깔끔하면서도 심플한 인테리어가 특징이다. 빈 좌석이 있으면 매장 안에서 마시지만, 없으면 테이크아웃을

중가커피 시장의 맹주 이디야 매장

해가는 경우도 많다. 이디야, 요거프레소, 커피베이, 커피식스, 디초콜릿커피앤드 등이 대표적인 브랜드다. 순수 창업비용은 1억 원 안팎, 점포비용을 포함하면 2억 원대 중반 정도 전체 창업비용이 든다.

요즘 중가커피 브랜드는 저가커피와 차별화하기 위해 매장 크기를 점점 키우는 분위기다. 이디야 등 일부 중가커피 브랜드는 매장이 최소 15평 이상이 아니면 가맹점 개설을 진행하지 않기로 내부 방침을 정했다. 15평이면 좌석이 보통 28~30석 들어간다. 이는 이디야가 이제 고가커피 못잖게 저가커피를 '주적'으로 삼았음을 시사한다. 매장 크기를 키우는 건 편안한 매장에서 장시간 앉아서 담소를 나누며 커피를 마실 수 있다는 장점을 강화하려는 전략인데, 이는 100% 테이크아웃이어서 담소를 나눌 공간이 없는 저가커피의 약점을 정조준하는 것이기 때문이다.

매장 확대 전략의 또 다른 노림수는 겨울 매출 증가다. 커피전문점은 대체로 여름 매출이 겨울 매출보다 잘 나온다. 보통 6(여름):4(겨울), 많게는 7:3까지 차이가 난다. 매장 크기를 키우면 겨울에 따뜻한 실내에서 커피를 마시려는 고객을 더 많이 받을 수 있다. 한 데서 마셔야 하는 저가커피의 약점을 공략하고, 넓고 쾌적한 대형 커피전문점을 선호하는 고객들도 일부 끌어올 수 있어 '일타쌍피' 전략이라 할 수 있다.

이디야는 2016년 가맹점 평균 매출이 하루 70만~80만 원 정도로 2015년 같은 기간에 비해 별 차이가 없다고 한다. 커피 시장이 꾸준한 성장세를 기록하고 있는 점에 비춰보면 성장이 정체됐다고 볼 수 있어 일면 부정적이다. 단 저가커피의 융단폭격 공세에도 2015년 수준을 유지했으니 나름 선방했다는 평가도 있다. 실제 '2016년 프랜차이즈 다점포율' 조사에서 이디야는 커피 브랜드 중 유일하게 2015년보다 다점포율이 높아졌다 (27.8%→29.2%).

요거프레소는 커피전문점보다는 멀티 디저트 카페를 표방한다. 이름처럼 커피 외에도 20여 종의 다양한 프리미엄 요거트 메뉴로 차별화했다. 커피베이의 강점도 이름에 드러나 있다. '커피'와 '베이'커리에 집중, 핸드로스팅 커피와 매장에서 직접 굽는 다양한 빵 메뉴가 자랑이다.

두 프랜차이즈는 가맹점을 늘리기 위해 총 1,000만 원이 넘는 가맹비와 교육비, 물품보증금 등을 면제해주는 공격적인 마케팅을 펼치고 있다. 단 가맹본사가 이런저런 비용을 면제해준다고 너무 좋아하지는 말자. 그만큼 예비창업자들한테 인기가 없어 마지못해 할인해주는 곳이라고 보는 게 더 타당하다. 실제 커피베이의 다점포율은 1.7%로 매우 낮고, 요거프레소는 다점포율 공개를 거부했다.

대형 커피전문점의 쇠퇴가 진행되는 상황에서 중가커피의 흥망은 이제 저가커피의 흥망에 달렸다고 본다. 저가커피가 낮은 수익성에도 꾸준히 박리다매를 실현해 시장이 유지된다면 이디야를 비롯한 중가커피는 앞으로도 많은 고객을 잠식당할 것이다. 단 저가커피가 그렇지 못하고 우후죽순 생겨난 브랜드가 하나둘 정리되기 시작한다면 반대로 중가커피가 다시 2013~2014년과 같은 전성기를 누리게 될 것이다.

포화된 서울보다 지방이 유리

커피전문점을 창업하려 한다면, 이미 포화된 서울·경기 지역보다는 지방이 더 유리할 것으로 생각된다. 가맹본사들도 전략적으로 지방에 더 출점을 진행하고 있는 분위기다. 가맹본사마다 점포당 배타적 영업권을 가까이는 300~400미터, 멀리는 500~600미터 이상으로 설정하는데, 이미 브랜드마다 수백 개에서 최대 2,000개 가까이 점포를 오픈하다 보니 서울 지역에는 신규 창업 가능한 상권이 얼마 안 남았기 때문이다.

커피전문점도 편의점처럼 60대 이상 노인층이 잠재적인 신규 고객층으로 부상하고 있다는 점에 주목할 만하다. 노인층의 커피전문점 이용 증가 이유는 두 가지로 분석된다.

첫째, 입맛의 변화다. 그간 프림과 설탕을 섞은 믹스커피에 익숙해진 입맛이 원두커피 쪽으로 넘어오고 있다는 것이다. 업계 관계자는 "믹스커피 시장은 정체된 반면 인스턴트 원두커피나 커피전문점 시장은 꾸준히 성장하고 있다"며 "믹스커피 주고객층이자 최후의 보루였던 중장년층도 입맛이 서서히 바뀌고 있는 것"이라고 분위기를 전했다.

둘째, 셀프 서비스에 대한 적응이다.

"우리나라에 커피전문점이 처음 등장한 게 1990년대 중반이다. 하지만 당시 중장년층은 서빙은 물론 주문도 테이블에서 받아주는 다방 문화에 길들여진 탓에 커피전문점의 셀프 문화를 쉽게 받아들이지 못했다. 하지만 20년이 흐른 요즘은 당시 40대가 노인층이 됐고, 기존 장년층도 셀프 문화에 적응하며 커피전문점을 '사랑방'으로 삼기 시작했다. 백발 성성한 노인들이 서류뭉치를 주고받으며 비즈니스 미팅을 하는 모습도 최근 커피전문점의 새로운 풍속도다."

커피전문점 관계자의 설명이다.

"각 점포 장단점 활용해 위험 분산했죠!"

　박광희 점주(48)는 이디야커피(이하 이디야) 본사가 점포를 믿고 맡기는 실력파 점주다. 이디야는 2015년 10월 서대전 상권 전략점포인 대전문화동점을 박 점주에게 맡아달라고 부탁했다. 이미 서울 선릉, 대청, 오금, 석계, 먹골 다섯 곳에서 점포를 튼실하게 운영 중인 데다 대전이 고향이어서 지역 상권도 잘 알고 있다는 이유에서다. 덕분에 박 씨는 서울과 대전 이디야 매장 여섯 곳에서 월 1억 1,000만~1억 5,000만 원의 매출을 올리는 다점포 점주가 됐다.

"2007년 커피숍 창업을 궁리하던 중 지인에게 이디야를 소개받았어요. 대형 커피 전문점이 속속 늘어나던 참에 당시 아메리카노 가격이 2,000원도 안 하던 이디야 커피가 경쟁력 있겠다 싶었죠. 다니던 직장을 그만두고 이디야 창업에 뛰어들었습니다."

박 씨는 사업 초기 공격적으로 점포를 늘려나갔다. 2007년 서울 서초점을 시작으로 5~6년간 선릉역, 방이동, 천호동 등 A+급 상권에 집중적으로 출점했다. 그간 박 씨가 오픈한 점포수는 총 열한 개에 달한다. 그러나 모든 점포가 성공적인 건 아니었다. 매장은 늘 손님으로 가득 찼지만 비싼 임대료 탓에 투자금 대비 수익률이 기대에 못 미쳤던 것이다. 결국 다섯 개 점포는 처분했다. 적정 임대료의 중요성을 깨달은 박 씨는 이후 임대료가 비교적 낮은 서울 강북권으로 눈을 돌리게 됐다.

"여섯 개 매장이 면적도 임대료도 천차만별이에요. 10~30평 매장이 적게는 월 210만 원, 많게는 월 1,000만 원까지 임대료가 나가죠. 임대료가 저렴한 상권은 매출은 낮아도 수익률은 높습니다. 임대료가 비싼 상권은 그 반대고요. 여섯 개 점포의 매출 대비 이익률은 평균 30% 정도예요. 다점포 점주여서 유리한 건 각 점포의 장단점을 이용해 위험을 분산할 수 있다는 것입니다."

박 씨 매장에서 근무 중인 직원은 모두 31명. 박 씨는 이들이 매장을 '직장'으로 생각하도록 만드는 게 중요하다고 강조한다. 실제 그는 기본시급 외에 근무기간이나 매장 매출에 따라 얼마간의 인센티브를 제공한다. 그러면서도 직원에게 늘 감사의 인사를 건네는 것도 잊지 않는다고. '내가 먼저 직원에게 잘하면 직원도 손님을 친절히 맞는다'는 지론에서다.

커피 프랜차이즈 창업 전 따져봐야 할 체크포인트를 묻자 "주 7일 상권에 투자하라"고 조언한다. 가령 선릉역점은 전형적인 오피스 상권이어서 평일엔 직장인 손님으로 가득하지만 주말 매출이 매우 적다는 점이 아쉽다. 반면 대전문화동점은 평일 손님이 상대적으로 적은 대신 주말에 손님이 많아 힘이 된다. 박 점주는 "주말까지 꽉꽉 채워 장사해야 한 달 중 8~10일을 손해보지 않는 셈"이라고 강조했다.

가성비로 바람몰이
'여름 한철 장사' 넘어라

⋮

저가주스

1,500~2,000원대 저가 생과일주스전문점(이하 저가주스) 프랜차이즈가 창업시장의 유망 아이템으로 떠올랐다. 커피전문점에서 파는 생과일주스보다 3분의 1 이상 저렴한 데다 여름철 성수기를 맞아 가맹점이 급증하고 있다. 오피스 상권에선 점심식사 후 시원한 주스 한 잔을 마시려는 직장인들로 점포마다 문전성시를 이룰 정도다. 단 시원한 주스 아이템 특성상 '여름 한철 장사'라는 우려도 적잖다. 저가주스가 소자본 창업 아이템으로 자리 잡을 수 있을까.

그간 생과일주스 시장은 커피전문점 등에서 보조 메뉴로 팔거나 망

쥬씨 매장

고식스, 잠바주스, 스무디킹 등 전문 프랜차이즈로 양분돼 있었다. 가격은 4,000~5,000원대 이상으로 커피보다 1,000~2,000원 정도 더 비쌌다. 20~40평대 넓은 매장과 인테리어를 갖춰 점포비용(보증금·권리금·임대료) 등 고정비가 높았던 데다 커피 원두보다 더 비싼 과일 재료비(변동비)도 가격을 높이는 요인이었다.

저가주스는 이런 공식을 깼다. 5~10평짜리 소형 매장으로 출점해 점포비용과 인테리어비를 최소화했다. 과일도 가맹본사가 전문도매상에서 대량으로 구입해 공급단가를 낮췄다. 쥬씨의 경우 자체적인 수입사를 통해 수입 과일을 직접 들여오고 있다. 수요가 높은 바나나는 안정적인 수급을 위해 필리핀 다바오지역에 10만 평 규모의 바나나 농장 지분을 투자, 직접 농사에 참여하고 제품을 유통한다. 쥬스식스도 1~2일 간격으로 가락시장 경매에 참여해 과일을 수급하고 있다. 대표적 수입과일인 바나나, 키위, 자몽, 오렌지의 경우 안정적인 수급을 위해 각 품종별로 서로 다른 두 개 국가에서 제품을 수입한다. 덕분에 기존 과일주스전문점보다 3분의 1 이상 저렴한 1,500~2,000원에 팔아도 식재료비, 월세 등을 제외한 순이익률이 매출의 약 30%에 달한다.

현재 저가주스 시장은 가맹사업을 진행 중인 업체만 열 개가 넘는다. 2015년 여름 저가주스 시장 포문을 연 쥬씨가 가맹점 500여 개로 업계 1위를 달린다. 50여 가지 주스·커피 음료는 물론 샌드위치 등 디저트 메뉴도 일부 갖춰 다양한 메뉴를 자랑한다.

업계 2위인 쥬스식스는 커피식스와 하이브리드(복합) 매장 전략을 편다.

여름엔 주스, 겨울엔 커피로 상호보완 효과를 노리는 커피식스 쥬스식스 매장

2015년 말 가맹사업을 시작, 가맹점 150여 개로 맹추격 중이다. 평균적으로 평일 1,100명, 주말 1,000명 정도 방문한다는 게 쥬스식스 가맹본사의 설명이다(2016년 5월 초 기준).

이어 마피아쥬스, 킹콩쥬스, 곰브라더스 등 나머지 후발 브랜드들이 각각 10~40개 안팎 가맹점을 거느리고 있다. 이들은 디톡스(해독) 주스, 대용량 주스, 최저 창업비용, 그리고 크림아메리카노, 연유라떼, 크림아트라떼 등 색다른 커피 메뉴로 차별화를 시도하고 있다.

여름 성수기 맞은 저가주스… 일매출 100만 원 넘는 매장 수두룩

날이 더워지기 시작하는 늦봄과 여름은 저가주스 업계의 성수기다. 2016년은 더위가 일찍 찾아오면서 4월 중순부터 가맹점 매출이 급증했다.

저가주스는 가격대가 1,500~3,800원까지 분포돼 있다. 딸기, 키위, 홍시 등 한 종류 과일로 만든 주스는 1500원, 딸기+바나나, 믹스베리 등 두 종류 과일로 만들면 2,000~3,000원대인데 후자도 인기가 상당하다. 업계에 따르면 저가주스 매장의 객단가는 2016년 5월 초 2,000원 정도였다. 6월 중순에는 2,300~2,400원까지 높아졌다고 한다. 덕분에 가맹점당 평균 일매출도 100만 원에서 110만~120만 원으로 상승했다.

이를 토대로 수익률을 간단히 계산해보자. 객단가 2,300원에 하루 500잔씩 팔면 일평균 매출은 115만 원, 월평균 매출은 3,450만 원이란 계산이 나온다. 순이익률 30%를 적용하면 월 순이익은 1,035만 원. 여기에 주문 접수, 과일주스 제조 등 직원이 최소 두 명 이상 필요한 점을 감안해야 한다. 두 명이 같이 일하면 1인당 500만 원, 세 명이 일하면 350만 원 정도를 각자 가져갈 수 있다. 물론 이는 2016년 6월 중순 매출을 기준으로 계산한 것이다. 상권과 계절에 따라 매출 및 순이익은 달라질 수 있다.

창업비용은 브랜드나 점포 크기에 따라 제각각이지만 대략 4,000만~6,000만 원 안팎이다. 여기에 점포비용을 더하면 8,000만~1억 원대 초반 정도를 생각하면 된다.

창업 시 주의사항

저가주스전문점을 창업할 때 주의사항은 다음과 같다.

첫째, 100% 테이크아웃(포장)으로 파는 주스는 '여름 메뉴'라는 게 전문가들의 공통된 평가다. 때문에 설빙 등 팥빙수 프랜차이즈처럼 여름 한철 장사라는 우려가 많다. 저가주스는 대부분 2015년 하반기에 가맹점이 급증했다. 아직 여름과 겨울 1년 사이클을 채 경험해보지 않은 점포가 대부분이다. 따라서 겨울 장사를 할 수 있는 메뉴가 있는지, 메뉴가 있다 해도 과연 겨울에 잘 팔리는지 꼭 확인해야 한다.

둘째, 점포가 빠르게 증가하고 있는 점도 고려해야 한다. 업계에 따르면 저가주스 가맹점은 하루 평균 다섯 개 안팎 증가하는 것으로 파악된다. 연말에는 현재보다 2~3배 이상 점포가 늘어날 것이란 관측이 나온다.

셋째, 식재료비가 비싼 것도 저가주스의 단점이다. 저가커피의 경우 원두의 원가가 100~150원 정도에 그친다. 저가커피가 한 잔에 1,000원이라면 원가율은 매출의 10% 안팎에 불과하다. 반면 생과일을 쓰는 저가주스는 식재료 원가율이 매출 대비 최고 50%에 육박한다. 같은 박리다매 전략이지만 저가커피보다 수익성이 낮아 더 많이 팔아야 한다는 계산이 나온다.

넷째, 높은 원가율은 수익성 외에도 심각한 문제를 야기한다. 바로 점주들의 편법 운영(Cheating)이다. 원가가 비싼 과일을 조금 덜 넣으면 점주 수익이 높아지므로 점주들은 이런 유혹에 빠질 가능성이 높다. 실제 내가 즐겨 찾던 한 저가주스전문점은 오픈 초기에는 과일 맛이 풍부하게 느껴져 정말 맛있었지만, 불과 1개월도 안 돼 과일 맛이 약해지기 시작했다. 문제는 이렇게 과일 맛이 점점 약해지는 매장이 한둘이 아니었다는 것. 이는 마치 건축 공사에서 현장 직원들이 철근 등 자재를 빼돌리는 것과 진배없다. 원가가 높고 비싼 자재일수록 현장 직원은 이를 팔고 대신 저렴한 자재로 대체하려는 유혹에 빠지기 쉽다. 그 결과는 부실공사, 그리고 맛없는 주스일 뿐이다. 부실공사는 외장재로 가리면 확인이 어렵지만, 저가주스는 소비자가 단번에 눈치챌 수 있다. 맛에 실망한 소비자가 늘어날수록 브랜드 선호도는 떨어지고, 결국 선량한 점주들도 도매금으로 피해를 입게 된다.

여기에 프랜차이즈의 치명적인 약점이 있다. 점주들은 가맹본사가 100% 통제할 수 없다. 때문에 100% 직영 체제로 운영되는 브랜드에 비해 품질 관리가 취약하다. 2010년 뚜레쥬르 점주의 쥐식빵 사건이 극단적인 예다. 뚜레쥬르 점주는 인근 파리바게뜨를 견제하기 위해 자신이 쥐를 넣어 만든 식빵을 파리바게뜨 매장에서 판매한 것처럼 인터넷에 올렸다가 자작극인 것으로 들통났다. 가맹점이 늘어날수록 점주 리스크 관리가 중요해진다. 이때는 화장품처럼 포장된 상태로 유통돼 점주가 품질을 조작할 수 없고 원가가 저렴해 조작에 대한 유혹도 크지 않은 아이템이 상대적으로 안전하다. 이에 반해 저가주스는 원가가 높고 전적으로 점주가 제조를 하기 때문에 품질 관리, 나아가 점주 리스크 관리가 매우 어렵다.

전문가들은 주스 메뉴만으로는 수익성 확보가 쉽지 않을 것으로 우려한다. 현재 2,000원 정도인 객단가를 3,000~4,000원대로 높일 수 있는 디저트 메뉴 개발이 필요해 보인다(물론 이는 점주 차원에서 시도할 수 있는 사안은 아니다. 가맹본사와 긴밀히 협의할 필요가 있다). 또 한철 장사라는 약점을 극복하려면 추운 겨울에 대비해 '옥내 매장'을 노려보는 것도 방법일 듯하다.

브랜드 대표와 만나다 | **강훈** 망고식스 대표 |

여름엔 주스, 겨울엔 커피… 복합 전략으로 '주스왕' 도전

강훈 망고식스 대표는 할리스커피를 창업, 성공적으로 매각한 뒤 다시 카페베네 경영을 맡아 국내 1위 커피전문점으로 키워냈다(강훈 대표는 2010년 카페베네가 한창 잘나갈 때 김선권 전 카페베네 회장한테 경영권을 넘기고 나와 망고식스를 만들었다. 때문에 최근 카페베네의 부진을 두고 그의 경영책임을 물을 수는 없다). '커피왕'에서 '주스왕'으로 새롭게 도전하는 그를 만나 창업시장에 관한 의견을 들었다.

Q. 주스시장에 도전하게 된 계기는 무엇입니까?

A. 해외는 커피전문점 고객 대부분이 커피를 마시러 오지만 국내는 다르다고 판단했습니다. 커피를 마시러 오는 경우는 많아야 20~30%일 뿐, 나머지 70% 이상은 미팅이나 분위기 때문에 찾는 편이죠. 커피를 안 즐기는 고객들을 위한 메뉴가 필요해 보였습니다. 해외에선 5년 전부터 이미 망고주스 등 과일주스전문점이 일반화됐더군요. 국내 시장에서도 주스가 승산이 있다고 봤죠.

Q. 너무 저가 경쟁을 해서 점주 수익성이 낮을까 걱정입니다.

A. 주스식스의 경우 일평균 매출이 대형 매장을 갖춘 망고식스나 일반 커피전문점보다 크게 떨어지지 않습니다. 평당 매출로 환산해보면 오히려 주스식스가 두 배 정도 더 높다는 계산이 나오죠. 박리다매 전략이 더 유리하다고 봅니다.

Q. 커피식스와 주스식스가 붙어 있는 복합 매장이 많더군요.

A. 커피식스 매장이 2016년 5월 기준 국내에 150개 정도 있습니다. 이 중 약 70%가 하이브리드 매장이에요. 주스식스는 여름에는 매출의 70%를 차지할 만큼 잘되지만 겨울은 비수기입니다. 이때 커피식스가 매출을 보완해줄 겁니다.

물론 다른 주스전문점도 커피를 파는 곳이 많습니다. 하지만 간판에 드러내지 않

으면 홍보가 잘 안 돼 소비자들이 주스만 파는 줄 알기 쉬워요. 커피식스와 쥬스
식스가 매장 콘셉트부터 하이브리드 전략을 택한 이유죠. 2016년 초 3개월 만에
100곳이 계약했을 만큼 점주들의 반응이 뜨거웠어요. 주스전문점이 요즘 난립하
지만 매출이 떨어지는 올 겨울에 진짜 경쟁이 시작될 겁니다. 커피식스·주스식스
매장은 연내 500개까지 늘릴 계획입니다.

Q. 망고식스는 요즘 상대적으로 부진해 보입니다.

A. 망고식스는 망고를 메인 메뉴로 내세운 브랜드입니다. 처음에는 너무 망고 쪽으로
만 강화하다 보니 나머지 메뉴 부분이 약해지더군요. 그래서 망고 메뉴를 다소 축
소시키고 다른 음료 메뉴를 보강했었죠. 그런데 요즘은 다른 커피전문점들도 망고
메뉴를 늘리면서 망고식스만의 차별화가 약해졌어요. 마침 쥬스식스라는 생과일
주스 전문 브랜드를 론칭했으니, 이제 망고식스는 다시 초기 의도처럼 망고를 특
화하는 전략을 취하려 합니다. 해외에선 망고전문점이 성행하고 있고 국내에서도
망고주스를 찾는 소비자가 꾸준히 늘고 있는 것으로 조사돼 망고식스도 승산이 있
다고 봅니다. 국내에선 300호점까지 내고 중국, 미국 등 해외 진출도 활발히 할 예
정입니다.

Q. 브랜드마다 '식스(six, 6)'가 붙는데, 숫자 6에 무슨 의미가 있는 건가요?

A. 망고식스를 론칭할 때 망고만으로는 상표 등록이 안 돼서 뒤에 s를 붙이는 게 좋겠
다고 생각했어요. '망고s', 즉 망고들이란 의미였죠. s로 시작하는 단어를 찾아봤
는데 망고송, 망고센스 등 여러 가지를 붙여보니 망고식스가 가장 좋더군요. 커피,
음료, 아이스크림 등 6가지 브랜드를 만들자는 의미도 있었지만 사실 숫자 6에 큰
의미는 없습니다.

Q. 향후 국내 디저트 시장을 어떻게 전망하시나요?

A. 2015년 백화점을 중심으로 고급 디저트 경쟁이 뜨거웠습니다. 소비자들이 '먹방'을 보면서 새로운 디저트에 관심을 많이 갖게 됐죠. 문제는 트렌드 변화가 너무 빠르다는 겁니다. 시장은 분명 커지지만 취향도 다변화되고 있어 오래가는 뚜렷한 강자가 없습니다. 과거에는 소비자 취향이 많아야 대여섯 가지였는데 요즘은 100여 가지나 돼요. 저가주스도 향후 1~2년은 계속 성장하겠지만 확실한 차별화가 안 되면 지속하기 힘들 겁니다.

1인 가구야 반갑다!
성패의 열쇠는 '입지'

⋮

편의점

3만 767개.

CU, GS25, 세븐일레븐, 미니스톱, 위드미 등 편의점 5사의 2016년 1분기 기준 총 점포수다. 직영점을 제외해도 3만 595개에 달한다. 1989년 5월 서울올림픽선수촌에 국내 첫 체인화 편의점인 세븐일레븐이 문을 연 후 27년 만에 쌓은 금자탑이다. 프랜차이즈 업종 중 치킨집(약 3만 6,000개)에 이어 가장 많은 점포수를 자랑한다. 동네 골목마다 한두 개씩 들어찼지만, 그럼에도 편의점은 하루 열 개 이상씩 전국에서 쉬지 않고 늘어나고 있다. 편의점, 아직도 들어갈 자리가 있는 걸까.

편의점 3만 개 돌파	
1989	7
1990	39
1991	277
1992	688
1993	1,296
1994	1,439
1995	1,620
1996	1,885
1997	2,054
1998	2,060
1999	2,339
2000	2,826
2001	3,870
2002	5,680
2003	7,200
2004	8,247
2005	9,085
2006	9,928
2007	11,056
2008	12,485
2009	14,130
2010	16,937
2011	21,221
2012	24,559
2013	24,859
2014	26,020
2015	29,004
2016년 4월	30,016

〈단위: 개〉

자료: 한국편의점산업협회

1인 가구 증가 힘입어 연 18%씩 성장

편의점의 성공비결을 알려면 먼저 편의점의 성장사를 봐야 한다. 국내 편의점의 성장사는 크게 3단계로 나뉜다. 도입기(1989~1990년대)와 성장기(2000년대), 성숙기(2010년대~현재)다.

1990년대는 편의점 사업에 진출한 가맹본부들이 운영 시스템을 선진국으로부터 막 도입한 시기였다. 당시 우리나라의 가구 형태는 4인 가구가 50% 이상으로 압도적이었다. 대형마트나 슈퍼마켓에서 어머니가 장을 보는 식으로 가정 내 생필품 소비가 이뤄졌다. 유통업계에서 편의점 위상이 낮았던 건 당연지사. 24시간 영업 외에는 가격이나 접근성 면에서 별다른 강점을 갖지 못했다.

첫 흑자전환 업체가 등장한 것은 편의점 1호 출점 8년 만인 1996년이었다. 그러나 IMF 외환위기를 맞으며 편의점 성장세는 다시 주춤한다. 내수 시장이 크게 위축되고 초고금리로 인해 점주들 출점도 제동이 걸리면서 1998년에는 전년 대비 점포수가 겨우 여섯 개(0.3% 성장) 늘어나는 데 그쳤다. 전체 매출은 1조 1,153억 원에서 1조 645억 원으로 전년 대비 4.6% 감소했다.

이후 편의점들은 대대적인 체질 개선에 나선다. 1999년부터 점포 리뉴얼, 전산시스템 보강에 이어 공공요금 수납, 현금인출기(ATM) 설치 등 각종 생활 서비스도 시작했다. 덕분에 2000년에는 점포수와 매출이 전년 대비 20.8%, 22.9%를 기록하며 다시 성장의 발판을 마련하게 된다.

2001년부터 국내 편의점 산업은 고도성장기로 진입했다. 편의점 등장 12년 만에 3,000호점을 돌파했고 점포수와 매출도 36.9%, 45.8%나 성장했다. 국내 주요 유통업태 중 가장 높은 성장률이었다. 이후 2010년까지 편의점은 해마다 1,000~2,000개씩 늘어나며 전성기를 구가했다. 비결은 가구 형태의 빠른 변화였다. 통계청에 따르면 4인 가구는 1995년 50%에서 2005년 27%로 10년 만에 반 토막 났다. 반면 편의점 주 수요층인 1인 가구는 같은 기간 12.7%에서 20%로 급증했다. 높은 접근성과 소포장, PB상품 등으로 무장한 편의점의 시대가 열리고 있었다.

한국편의점산업협회는 2015년 발간한 〈편의점 산업동향〉에서 이 시기를 다음과 같이 설명한다. "점포수 증가에 따라 편의점 한 곳당 인구수가 4,000명 이하로 내려갔다. 이때부터 국내 편의점 업태도 성숙기로 접어들었다. 서울 시내 지하철 및 인천공항과 김포공항 간의 역사에도 편의점이 입점해 '철도·지하철 편의점' 시대가 시작됐다. 편의점 불모지였던 울릉도와 백령도까지도 진출하면서 전국 모든 시·군·구 지역에 편의점이 출점했다."

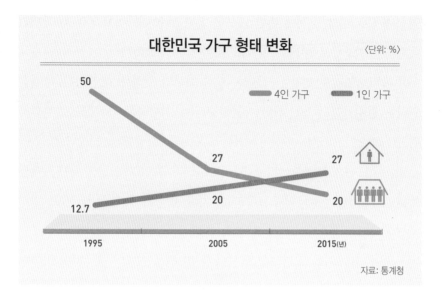

대한민국 가구 형태 변화 〈단위: %〉

4인 가구　　　1인 가구

50
27
27
12.7
20
20

1995　　　　2005　　　　2015(년)

자료: 통계청

　　2010년대에 접어들며 편의점업계는 새로운 국면을 맞는다. 롯데가 점포 1,500여 개에 이르던 바이더웨이를 인수, 세븐일레븐과 통합 운영하면서 CU(당시 훼미리마트), GS25와 함께 '빅3' 구도를 형성한다. 시장이 성숙기에 접어들어 성장세가 주춤할 것이란 업계 외부 관측은 보기 좋게 빗나간다. 3개 업체 간 시장점유율 경쟁이 본격화되며 신규 출점이 더욱 가속화된 것이다. 2011년에는 점포수가 4,284개나 순증하며 역대 최고 증가 기록을 갱신하기에 이른다.

　　과하면 탈이 나는 법. 2013년은 프랜차이즈 산업 전반에 혹한기였다. 가맹본사와 가맹점 간 갑을 논란이 불거지면서 정부의 출점 규제가 잇따랐다. 24시간 운영 강제, 위약금 폭탄으로 인한 편의점 점주 자살 등의 문제가 동시다발적으로 불거졌다. 가맹본사들의 무리한 확장 정책에 대한 비판이 거세지고 상생 정책에 대한 요구가 빗발쳤다. 해마다 2,000~4,000개씩 증가하던 점포수도 2013년에는 300개 순증에 그쳤다.

한 편의점업계 관계자는 "그때는 정말 회사가 망하는 줄 알았다. 폐점을 원하는 점주들은 무조건 위약금 없이 폐점을 진행하고 직영점으로 전환하며 전사적으로 자정 노력을 기울였다"고 당시를 회상했다.

그럼에도 편의점 시장 성장은 지속됐다. 역시 1인 가구 증가세가 지속된 덕분이다. 2015년 1인 가구는 27%를 기록, 4인 가구 비중(20%)을 넉넉히 제쳤다. '가장 일반적인 가구 형태'가 20년 만에 4인 가구에서 1인 가구로 뒤바뀐 것이다. 여기에 편의점 도시락 등 PB상품 판매가 급증하면서 편의점은 제2의 전성기를 맞고 있다. 2000~2014년까지 15년간 점포수 기준 편의점 연평균 성장률은 18%에 이른다.

끊이지 않는 편의점 포화 논란

편의점은 창업설명회가 일주일 내내 매일 열리는 유일한 프랜차이즈 업종이다. 예비창업자가 두 명만 참석해도 창업설명회를 진행한다. 심지어 예비창업자가 신청하면 본사 담당자가 방문해서 설명해주는 '출장 서비스'도 운영한다. 본사와 가맹 계약이 완료되는 우량 점포의 경우 자사 브랜드로 갈아타게 하기 위해 수익 배분율 조정 등 다양한 특혜를 제공하기도 한다. 본사로서는 점포 하나하나가 곧 수익원이기에 가맹점 개설 경쟁이 치열할 수밖에 없다.

사회·문화 인프라로 자리 잡은 편의점

　편의점 5사는 2016년 들어 브랜드별로 하루 평균 2~4개씩, 전체적으로
는 10개 안팎씩 점포가 순증하고 있다. 2016년 6월 3일에는 CU가 업계 최
초로 1만 번째 점포를 오픈, 국내 편의점 역사에 한 획을 그었다.

　점포수가 늘어난다 해서 마냥 좋은 것만은 아니다. 경쟁 과열로 인한 점
주 수익성 악화 우려가 고개를 든다. 실제 편의점 한 곳당 인구수는 1995년
2만 8,380명에서 2005년 5,420명, 2015년 1,700명 안팎(업계 추정치)으로 급
감하는 추세다. 1,800명 안팎으로 추정되는 일본보다 인구수 대비 더 포화
됐다는 분석이다. 점주 수익성 악화는 폐점과 고용 감소로 이어질 수 있다.
한국편의점산업협회에 따르면 편의점 한 곳당 평균 종업원 수는 경영주와

CU 매장

가족 종사원을 포함하면 6.8명, 아르바이트생만 세면 4.3명에 이른다(2014년 말 기준). 점포 한 곳이 폐점하면 약 일곱 명의 실업이 발생한다는 얘기다. 편의점이 3만 개라면 총 20만 명, 아르바이트생만 13만 명의 고용 문제가 걸려 있는 셈이다.

점포 개발 담당자는 "과거에는 편의점이 '돈을 모을 수 있는' 아이템이었다. 그러나 요즘은 생계형이 대부분"이라며 "가맹본사도 점주 순이익이 250만 원만 넘을 것으로 보이면 점포 개설을 진행하는 편이다"라고 귀띔했다. 점주 순이익 250만 원은 점주가 매일 8시간 근무하고 나머지는 아르바이트생을 쓴다고 가정했을 때를 기준으로 한 것이다. 주말 없이 일해도 웬만한 중소기업의 사원이나 대리급 보수를 버는 수준이라 볼 수 있다.

점주 근무 시간(하루 8시간×30일)을 아르바이트생으로 대체해 풀오토(점주는 전혀 근무하지 않는 운영 형태)로 돌릴 경우 최저임금(6,030원)을 적용해도 최소 150만 원 이상의 인건비가 추가로 소요된다. 이 경우 점주 순이익은

GS25 매장

100만 원 이하로 낮아진다. 편의점 창업비용이 점포 보증금과 권리금을 포함해 총 1억 5,000만 원이라면 연간 투자 대비 수익률은 8%(1,200만 원/1억 5,000만 원×100)가 채 안 되는 것이다.

　이마저도 본사 측이 창업설명회에서 얘기하는 '희망적인' 상황이다. 본사가 창업을 유도하기 위해 다소 과장을 섞어 설명하는 경향이 있음을 감안하면 실질 수익률은 훨씬 낮아질 수 있다. 업계 관계자는 "편의점이 열 개라면 한두 개는 잘되고, 여섯~일곱 개는 그저 먹고사는 정도며, 한두 개는 점주 인건비도 안 나온다고 보면 된다. 상황이 이렇다 보니 편의점을 하나만 운영해서는 생계형을 못 벗어나기 때문에 두 개 이상 다점포를 경영하는 점주가 늘고 있는 추세"라고 말했다.

　게다가 알고 보면 편의점 운영에 드는 숨은 비용도 적잖다. 익명을 요구한 편의점 점주는 "분기별로 정산해보면 상품로스(분실)가 최소 10만~20만 원씩 발생한다. 이 정도면 그나마도 점주가 매장 관리를 잘한 경우다. 상품 로스는 모두 점주 책임이어서 보상받을 길이 없다. 또 도시락 등 일일배송 상품의 마진이 높긴 하지만 발주를 잘해야 한다. 과다하게 발주했다가 유통기한까지 안 팔리고 남으면 브랜드에 따라 점주가 모두 떠안거나 50%만 보전 받는다. 10~15% 통신사 할인 비용도 점주가 일부 부담해야 한다. 이를 다 감안하면 실질 수익률은 기대치에 훨씬 못 미칠 수 있음을 각오해야 한다"고 전했다.

편의점 앞으로 어떻게 변모할까

그럼에도 업계는 여전히 편의점 시장에 사업 기회가 남아 있다고 말한다. 물론 포화상태라고 무조건 장사가 안 되는 건 아니다. 단 입지를 전략적으로 잘 선정하는 게 무엇보다 중요하다. 편의점은 한마디로 입지 싸움이다. 브랜드나 점포별로 차별화 포인트가 거의 없기 때문. 편의점의 가장 강력한 무기 중 하나인 통신사 할인(10~15%)도 집객 효과를 기대하기는 어려운 수준이다. 편의점 객단가가 4,500원 정도인데, 겨우 500~600원 아끼자고 50미터 이상을 더 걸어서 다른 편의점을 가는 고객은 많지 않을 것이다. 시쳇말로 '편의점은 무조건 가까운 게 장땡'이다. 브랜드가 있는 프랜차이즈 편의점이든 독립 창업한 개인 편의점이든 마찬가지다.

물론 기존 점주들도 편의점을 창업할 때 '최적의 입지'를 똑같이 고민했을 터다. 그렇다고 지레 포기할 필요는 없다. 상권은 변하기 마련이다. 도로

세븐일레븐 매장

가에 횡단보도가 새로 생기거나, 아파트 단지의 통행로가 바뀌거나, 유명
커피전문점이나 학원 등이 새로 입점하거나 해서 유동인구는 언제든지 확
바뀔 수 있다. 따라서 이미 성숙한 상권이더라도 미세한 변화를 읽고 향후
통행량이 늘어날 것으로 기대되는 새로운 최적의 입지가 있을지 살펴보자.
샤오미를 창업한 레이쥔 회장은 "태풍의 길목에 서면 돼지도 날 수 있다"고
말했다.

여기에 대외 변수도 계속 긍정적으로 바뀌고 있다. 1인 가구와 직장인 여
성 증가, 고령화 등이 진행되며 근거리 소용량 쇼핑에 대한 수요가 지속 증

소프트 아이스크림과 즉석 메뉴로 차별화한 미니스톱 매장

가하고 있는 것이다. 신도시 개발로 인한 입지 확장과 기업 구조조정에 따른 소자본 창업 수요 증가도 편의점 시장 확대를 견인할 것으로 기대된다.

실제 편의점 증가세 못잖게 편의점당 매출 지표도 눈에 띄게 증가하고 있다. 고객 1인당 1회 구매액(객단가)은 2013년 4,182원에서 2014년 4,282원, 2015년에는 4,500원 안팎으로 늘었을 것으로 추정된다. 담뱃값 인상과 도시락 등 PB상품의 매출 증가 덕분이다. 특히 편의점 도시락은 2016년 들어 매출 증가율이 최고 200%에 가까울 만큼 급성장하는 데다 마진율이 높고 모객 효과도 뛰어나 효자상품으로 자리매김하고 있다.

양호승 GS리테일 편의점 도시락 MD는 "최근 가성비(가격 대비 성능)를 중요시하는 고객 트렌드에 맞춰 알뜰하면서 맛과 품질이 뛰어난 도시락을 선

편의점 후발주자로서 '수수료 정액제'로 차별화한 위드미 매장

보이려 하고 있다. 특히 2016년 2월 출시한 김혜자 명불허전도시락(3,400원)은 출시 한 달 만에 100만 개 넘게 팔렸다"고 자랑했다.

앞으로 편의점은 어떻게 변모하게 될까. 역시 1인 가구 등 인구 구성 변화와 모바일 쇼핑 트렌드를 눈여겨볼 만하다.

CU 관계자는 "최근 일본의 편의점은 온라인과 오프라인을 잇는 플랫폼 역할에 주력하고 있다. 스웨덴은 고객이 앱으로 출입과 구매를 원스톱으로 해결하는 무인 앱 편의점을 선보이기도 했다"며 "CU도 2016년 4월부터 자동발주시스템인 '스마트 발주'를 도입하는 등 최신 기술을 접목해 점포 운영 효율성을 높이고 있다"고 말했다. GS25 관계자는 "도시락, 김밥, 샌드

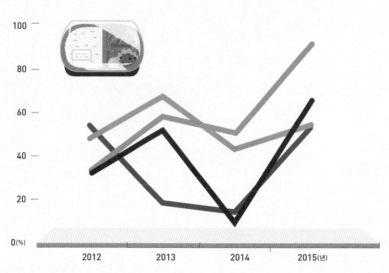

편의점 4사 도시락 매출 성장률

자료: 각 사

위치, 커피 등 간편 먹거리 성장이 두드러지는 추세다. 또 '나만의 냉장고' 앱이나 기프티콘(모바일 상품권)을 통해 언제 어디서든 상품을 수령하는 등 O2O 서비스와의 연계도 확대될 것"이라고 전했다. 세븐일레븐은 도시락 카페나 국내 편의점 평균 대비 네 배(약 80평)에 해당하는 초대형 점포 등으로 차별화를 시도하고 있다. CU, GS25, 세븐일레븐은 배달 서비스도 전국 또는 서울에서 시행 중이다. 일본에선 이미 편의점 인근 가정이나 회사까지 도시락 등 상품을 배달해 주는 '세븐밀' 서비스가 자리 잡았다. 미니스톱과 위드미도 고령층에 특화된 저염식·저칼로리 식품 등 실버 상품군 확대를 통해 고객층을 확장해나갈 예정이다.

　최근 빠르게 진행되고 있는 고령화 역시 편의점에 새로운 사업 기회가 될 수도 있다. 편의점 업계에선 향후 노인층이 편의점 성장을 주도할 것이란 기대가 많다. 급격한 고령화와 노인 1인 가구 증가로 인해 실버 세대도 단거리 쇼핑을 선호하게 될 것이란 관측에서다. 일본에 본사를 둔 미니스톱의 한 관계자는 "일본의 경우 고령화가 진행됨에 따라 편의점이 마트를 대체하고 있다. (고령화가 많이 진행된) 일부 지역은 편의점이 순회 판매를 하기도 한다"며 "한국도 고령화가 심화되면 실버 고객을 대상으로 한 다양한 서비스가 실시될 것"이라고 말했다.

　실제 삼성카드 개인회원 1,100여 명의 지난 3년간 카드 이용 빅데이터를 분석한 결과, 편의점에서 60대 이상 소비자의 이용금액 증가율은 102%에 달했다. 편의점 주 고객층인 20대 이하(66%)와 30대(85%), 50대(94%)를 웃돈다. 이용회원 수와 이용건수도 각각 78%, 130%를 기록했다. 전 연령대 중 가장 높다. 신한카드 트렌드 연구소의 빅데이터 분석 결과도 마찬가지다. 60대 이상이 2016년 1~4월 편의점에서 신한카드(체크카드 포함)를 사용한 금액은 2015년 같은 기간과 비교해 68.6% 증가했다. 2년 전과 비교하면 카드 결제금액 증가율은 137.4%로 치솟는다.

　물론 연령별 비중 자체가 작아 성장률이 크게 보이는 측면은 있다. 한국편의점산업협회에 따르면 고객 연령별 비중이 20세 이하는 3%, 20대 32.8%, 30대 31.9%, 40대 19.8%, 50대 6.2%, 60대 6.3%였다(2014년 기준).

단 그간 편의점의 소외(?) 계층이었던 60대가 조금씩 즐겨 찾기 시작했다는 데 의미를 부여할 만하다. 삼성카드 측은 "기존에 편의점을 이용하지 않던 고령층의 이용이 활발해져 편의점 시장이 더욱 커질 것으로 보인다"고 분석했다.

노인 고객의 또 다른 장점은 상대적으로 현금 구매 비율이 높다는 것이다. 스마트폰 이용률도 낮아 통신사 제휴 할인 같은 혜택을 챙기는 것도 서툴다. 그렇다고 노인 고객을 봉으로 여기지는 말자. 노인 고객은 젊은 고객에 비해 친절하고 인간적인 서비스에 더 민감한 편이다. 노인 고객들이 마음 편히 드나들 수 있는 사랑방 같은 편의점이 된다면, 당신의 편의점이 조금 멀어도 일부러 찾아오는 단골 고객이 늘어날 것이다.

전문가들은 여전히 편의점 성장 가능성에 더 무게를 싣는 분위기다. 여영상 한국투자증권 애널리스트는 "편의점은 그간 다른 제조업체의 상품으로 매출을 발생시키는 전통적인 유통업에서 이제 처음으로 (직접 만든) PB 제품에 의해 성장하고 있다. 특히 편의점 도시락은 수익성이 여타 상품보다 높을 뿐 아니라 모객 효과가 뛰어나 전체 매출 증가를 이끌고 있다"며 "도시락 매출이 증가하면서 신규 출점이 늘어나고 폐점은 줄어들고 있다. 편의점의 성장성은 갈수록 더 높아지는 추세"라고 말했다.

"편의점은 생활플랫폼… 성장성 충분하죠"

1만 개.

2016년 6월 3일 BGF리테일이 달성한 CU 편의점 수다. 우리나라에서 단일 브랜드 기준으로 점포가 1만 개 이상인 건 현재까지 CU가 유일하다. CU를 바짝 뒤쫓는 GS25는 2016년 5월 말 기준 9,830개에 그친다. 때마침 6월 7일은 옛 보광훼미리마트(브랜드 '훼미리마트')에서 BGF리테일(브랜드 'CU')로 사명을 바꾼 지 4주년이 되는 날이어서 겹경사였다.

박재구 BGF리테일 대표의 감회는 남달랐을 것이다. 사명 변경 7개월 만에 BGF리테일 대표이사 사장이 된 그다. 2013년 1월 2일 새 브랜드 안착의 중책을 맡고 취임한 지 5개월도 안 돼 위약금 폭탄, CU 점주 자살 이슈가 불거지며 홍역을 치렀다. 이후 점주와의 상생에 매진한 끝에 3년 만에 점포를 2,000개(연평균 670개)가량 늘렸다. 그가 취임하기 전 22년 동안 BGF리테일이 일군 점포수가 8,000여 개였으니(연평균 365개) 출점 속도가 2배가량 빨라진 셈이다. 1인 가구 증가 바람을 타고 편의점이 제2 전성기를 맞은 덕분이다. 나는 사명 변경 4주년과 CU 1만 호점 출점을 맞아 박재구 대표를 국내 언론 최초로 단독 인터뷰했다.

Q. BGF리테일과 CU로 사명을 변경한 지 4년이 됐습니다. 당시 사명을 바꾼 배경은 무엇이었나요?

A. 대한민국 1등 편의점으로 성장하기까지는 고객, 가맹점주, 임직원 등 구성원의 많은 노력이 있었습니다. 그럼에도 브랜드(훼미리마트)가 일본 것이다 보니 우리 정체성을 당당히 표현할 수 없었죠. 일본 브랜드에서 독립한다는 상징성과 함께, 국내 고객의 라이프스타일에 최적화된 '21세기 한국형 편의점'으로 거듭나기 위한 선택이었습니다. 실적도 2015년 매출(4조 3,342억 원)이 2012년 대비 51% 증가해 성공적인 전환이었다고 자평합니다.

Q. CU가 국내 최초로 편의점 1만 개를 돌파했습니다. 사회적 함의가 상당해 보입니다.

A. 현재 CU는 하루에 매장을 찾는 고객이 400만 명이 넘습니다. 오늘날의 편의점은 단순한 쇼핑 공간에서 벗어나 일종의 사회 인프라와 생활 플랫폼으로 자리 잡아가

고 있죠. 이렇게 CU가 성장할수록 우리 사회가 CU에 기대하는 역할과 책임도 높아진다고 봅니다. 저희 회사도 CU의 전국 네트워크 등을 활용해 국가와 지역사회를 위한 역할을 확대해 나가고 있습니다. 재난 발생 시 전국 23개 물류거점과 1만 개 CU 점포를 활용하는 'BGF 브릿지' 구축, 물류센터에 이재민을 위한 응급 구호물품 세트 상시 보관, 제주 폭설 당시 공항에 발이 묶인 시민들에게 응급구호물품 제공 등이 대표적인 예입니다.

CU 1만 호점 열기까지

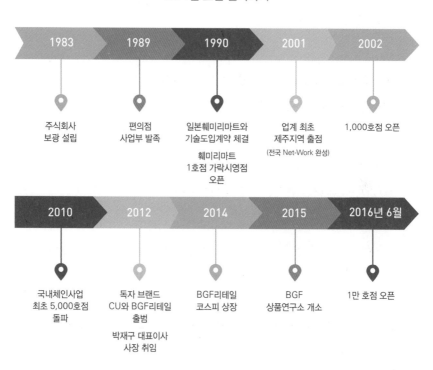

1983	1989	1990	2001	2002
주식회사 보광 설립	편의점 사업부 발족	일본훼미리마트와 기술도입계약 체결 훼미리마트 1호점 가락시영점 오픈	업계 최초 제주지역 출점 (전국 Net-Work 완성)	1,000호점 오픈

2010	2012	2014	2015	2016년 6월
국내체인사업 최초 5,000호점 돌파	독자 브랜드 CU와 BGF리테일 출범 박재구 대표이사 사장 취임	BGF리테일 코스피 상장	BGF 상품연구소 개소	1만 호점 오픈

Q. 국내 편의점이 3만 개가 넘어 '편의점 대국'인 일본보다 많습니다. 너무 포화된 것 아닐까요?

A. 국가별로 소득, 문화 등 차이가 있듯 유통환경도 서로 다릅니다. 다양한 업태 간 융합이 이뤄지는 현재 유통환경에서 특정 유통 업태만을 포화라고 단정하기는 어렵습니다. 대외 환경도 1~2인 가구와 근거리 쇼핑객이 늘어나는 등 편의점에 긍정적으로 변화하고 있습니다. 2014년 기준 한국편의점산업협회 자료에 따르면, 전체 유통시장에서 편의점이 차지하는 비중이 약 4.3%로, 일본(약 10.3%)보다 작습니다. 하루에 편의점을 방문하는 고객 수도 일본(매장당 평균 약 1,000명)의 40% 정도밖에 안 돼요. 이런 점을 볼 때 아직도 국내 편의점은 향후 성장 가능성이 크다고 생각합니다.

또한 노인 인구 비중이 높고 외진 도서 지역은 '쇼핑 난민'이란 말이 생겨날 만큼 인프라가 많이 부족합니다. CU는 향후 이런 지역과 가맹점이 직접 운영하기 어려운 휴게소, 대형 병원 등 특수 매장 위주로 점포 개발을 진행할 계획입니다.

Q. 요즘 편의점은 도시락 같은 PB상품 인기가 높습니다. CU의 PB상품 전략에 대해 말씀해주세요.

A. PB상품은 편의점의 차별성을 가장 잘 나타낼 수 있는 요소입니다. 내가 원하는 상품을 찾아 가까운 편의점이 아닌, 멀리 떨어진 다른 브랜드의 편의점까지 방문하는 고객이 늘고 있죠. 앞으로 상품력을 높이기 위한 업체 간 경쟁이 본격화할 겁니다. CU는 전체 매출 대비 PB상품 비중이 약 25%를 차지하고 있습니다. 단순히 PB상품의 양을 늘리기보다는 CU만의 대표 PB상품군을 강화하는 게 목표입니다. 최근 인구구조 변화에 맞춰 싱글족 등 1~2인 가구를 위한 소포장 상품도 늘리고 있습니다. 최근에는 '헤이루(PB 통합 브랜드)', 'Cafe Get(카페·디저트 브랜드)' 등 상품별 특성에 맞춘 전용 브랜드를 선보였죠. 앞으로는 PB상품 수출에도 힘써 해외시장

으로 판로를 넓힐 계획입니다.

Q. 2016년 2월 BGF리테일이 보광그룹으로부터 인수한 휘닉스스프링스 골프장은 편의점 본업과 무관하다는 비판이 있습니다.

A. 충분한 사업 타당성 검토를 거쳐 인수한 것입니다. 5월 말에는 회원제 골프장에서 퍼블릭 골프장으로 전환을 완료했죠. 때마침 남이천IC 개통으로 접근성이 크게 향상됐어요. 덕분에 자산 가치도 상승하고 이익 창출을 통한 안정적인 독자 경영 기반을 마련했다고 봅니다. 사내 행사는 물론, 영업, 마케팅 등 기존 사업과의 시너지를 낼 수 있도록 다양한 방법을 연구 중입니다.

Q. 편의점 시장 한쪽에선 최저임금, 주휴수당, 퇴직금 등 아르바이트생 처우가 열악한 상황입니다. 아르바이트생을 많이 쓰는 편의점 특성상 가맹본부도 적극적인 관심이 필요해 보입니다.

A. 공감합니다. CU도 사회적 책임을 다하기 위해 다양한 노력을 기울이고 있습니다. 특히 아르바이트생의 처우 개선을 위해 근로계약서 작성, 4대 보험 가입 등에 대해 점주에게 항상 안내를 하죠. 사실 가맹점의 인력 채용·관리 등은 개인사업자인 점주의 권한이어서 본사가 강제하기에는 한계가 있어요. 그래도 최저임금 준수 등 최소한의 직원 근로 여건이 보장될 수 있게 가맹본사로서 적극적인 역할을 하려고 합니다.

Q. 향후 CU 경영 계획이나 비전은 무엇인가요?

A. 무리한 양적 경쟁이 아닌 점포수익을 위한 내실 경영과 차별화를 언제나 최우선시 하고 있습니다. 앞으로도 그럴 거고요. CU만의 차별성을 가장 잘 나타낼 수 있는 PB상품 개발, 다른 채널이나 업종과의 제휴 확대, 그리고 CU의 최대 장점인 '접근성'을 활용한 온·오프라인 플랫폼 융합에도 힘쓸 겁니다. 아울러 새로운 기업 아이덴티티인 'Be Good Friends(좋은 친구)'에 걸맞게 고객과 점주는 물론 대한민국 사회에 대한 역할과 책임을 다할 수 있도록 차별화된 사회공헌 프로그램도 강화하 겠습니다.

"다점포 비결은 직원과의 신뢰… 20개 점 낼 겁니다."

유정례 세븐일레븐 점주(58)는 우리나라에서 가장 많은 편의점을 운영한다. 종각, 종로3가, 을지로 초동, 신촌, 답십리 등 서울 시내 점포만 13개다. 이들 점포에서 나오는 연 매출은 100억 원 이상, 그가 채용한 직원은 100명이 넘는다. 웬만한 중소기업 못잖다. 그에게 편의점 다점포 경영을 하는 이유와 노하우를 물었다.

Q. 편의점을 13개나 운영하게 된 이유는 무엇인가요?

A. 서예가로 25년을 살았습니다. 뭔가 새로운 걸 해보고 싶어 알아보니 편의점이 10년 후 뜰 유망 업종인 것 같더군요. 세븐일레븐을 선택한 건 간판이 마음에 들어서였어요. 언뜻 단순해 보이지만 디자인이 감각적이고 제일 멋스러웠거든요.

처음에는 아무것도 몰라서 힘들었어요. 걸어 다니면서 코피를 팡팡 쏟았죠. 정산하는 데만 8시간이나 걸려 본사 직원의 도움을 받아야 했어요. 행여나 지인이 알아볼까 봐 손님이 와도 인사도 제대로 못 했고요. 그런데 조금씩 일이 익숙해지니 재미가 나더라고요. 내 돈으로 직원들의 월급을 줄 수 있게 되니 보람도 느꼈죠. 나중에는 바닥을 걸레로 닦는 일이 하나도 안 창피했어요. 요즘은 배낭에 걸레, 수세미, 세제 넣어 다니면서 점포 갈 때마다 제가 직접 청소하고 쓰레기도 치웁니다.

점포를 늘리고 싶었는데 마침 대출 금리가 저렴한 게 유리해 보였어요. 1억 원을 대출 받아도 이자 부담이 월 20만~30만 원 정도에 불과했으니까요. 대출을 받아 2011년 이대 앞에 두 번째 점포를 냈죠. 이후 서너 달에 한 개씩 점포를 늘려 나갔습니다. 너무 공격적인 것 아니냐는 걱정도 있었지만 제 생각은 달랐어요. 편의점이 포화시장이니 느리게 움직이면 좋은 입지를 빼앗길 것 같았죠. 결과적으로 옳은 선택이었어요. 편의점을 하면서 부지런히 움직이다 보니 건강도 많이 좋아졌습니다.

Q. 다점포 경영 노하우가 있다면 들려주세요.

A. 점포를 처음 열고 흑자를 내기까지 적어도 3~4개월은 걸립니다. 그 과정을 치열하게 극복해야 해요. 모든 노력을 점포 관리에 쏟아야 하죠. 저도 점포를 낼 때마다 너무 힘들어서 영양제 맞고 예방접종하고 종합검진 받았어요.

매출을 더 올리려면 점주가 감각이 있어야 돼요. 저는 TV 광고를 눈여겨봐요. 뭔가 뜰 것 같은 제품은 미리 발주를 해야 되니까요. '미녀는 석류를 좋아해' 음료수도 빨리 도입해서 재미를 봤어요. 또 밸런타인데이나 화이트데이 같은 날에는 직접 바구니 선물세트를 만들어 팔기도 했죠.

점포를 늘릴 땐 먼저 위탁 점포부터 해보고 경험이 쌓이면 소유 점포를 하는 게 좋아요. 은행의 저금리 대출을 활용하고 소상공인 대출 지원 등 각종 금융 혜택도 잘 알아보세요. 처음부터 너무 큰돈을 벌려고 욕심 부리면 안 됩니다. 편의점은 '종합 예술'이자 '장거리 마라톤'이거든요.

Q. 직원 관리는 어떻게 하셨나요?

A. 가장 중요한 게 직원 관리죠. 저는 젊은 아르바이트생 대신 40~50대 중년 직원을 주로 채용했어요. 책임감이 투철하고 훗날 자기 점포를 내려고 더 열심히 하거든요. 점주 분들한테 강조하고 싶은 게 있어요. 일 잘하는 아르바이트생을 데리고 있으려고만 하지 말고 기회가 되면 직접 점포를 내서 독립하도록 도와주세요. 점주 추천제도를 활용해서 본사에도 잘 얘기해주고요. 그래야 소문이 나서 좋은 사람들이 찾아옵니다. 저희 점포에서 일하다가 나가서 편의점 차린 분들은 결국 제 주변에 맴돌면서 저를 도와주더라고요. 점주와 직원이 서로 윈윈해야 합니다.

직원과의 신뢰 관계도 중요합니다. 편의점 강도를 세 번이나 당했어요. 그 중에 한 번은 직원이랑 강도가 싸우다가 경찰서에 연행이 됐더라고요. 변호사를 선임해서 끝까지 지켜줬죠. 직원을 내 식구처럼 여겨야 다점포를 해도 흔들리지 않습니다.

Q. 앞으로 계획은 무엇인가요?

A. 아직도 편의점 성장 여지가 많다고 봅니다. 점포를 20개까지 늘릴 생각입니다. 그동안은 경험이 부족해 무조건 역세권에 출점했지만 이제는 발품을 팔아 유동인구가 많으면서도 월세가 저렴한 곳을 찾으려 해요. 매출이 어느 정도 안정된 점포는 카페형으로 바꿀 계획입니다.

"내가 아직도 후식으로 보이니?"

⋮

디저트

요즘 디저트 시장은 그야말로 춘추전국시대라 할 만하다. 트렌드를 선도하는 뚜렷한 강자가 눈에 띄지 않는다. 소비자 입맛이 다양해지고 까다로워지면서 나타나는 현상으로 분석된다.

사실 2000년대 초중반까지는 '디저트'라는 단어의 의미가 지금보다 훨씬 제한적이었다. 식사를 하고 후식으로 나오는 커피나 간단한 다과를 일컫는 경우가 많았다. 당시 디저트는 후식이란 개념에 가까웠고, 때문에 식사와 밀접하게 연관됐다. 마치 코스 요리의 마지막 메뉴처럼 식사를 마무리하고 보조하는 역할이 주를 이뤘다.

그런데 2010년 즈음부터 디저트의 의미가 크게 확장되기 시작했다. 후

2014년 디저트 시장에서 돌풍을 일으킨 설빙 매장

식은 물론, 식사와 식사 사이에 즐기는 간식, 심지어 디저트만으로 끼니를 때우는 정식(定食)의 개념으로까지 발전했다. 후식도 그 자체로 의미가 확장됐다. 식사를 한 장소에서 마무리 음식으로 먹는 것이 아니라, 장소를 옮겨서 커피전문점이나 설빙 같은 디저트 전문점에서 즐기는 식으로 바뀌었다. 소비자 취향이 개인화(다양화)되고 고급스러워지면서 디저트 시장도 점점 전문화, 세분화, 고급화된 것이다. 이런 흐름은 요즘도 지속되면서 국내 디저트 시장이 꾸준히 성장하고 있다. 업계 추산 국내 디저트 시장 규모는 2013년 3,000억 원에서 2014년 8,000억 원을 거쳐 2015년 1조 5,000억 원으로 매년 두세 배씩 커졌다.

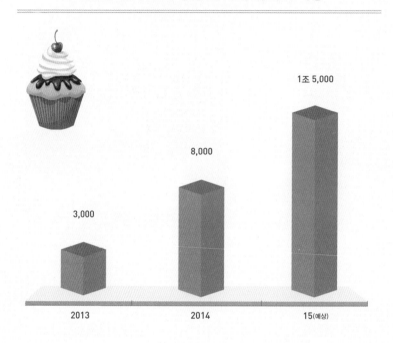

2년 만에 다섯 배 성장한 국내 디저트 시장 〈단위: 억 원〉

- 2013: 3,000
- 2014: 8,000
- 15(예상): 1조 5,000

자료: 국내 디저트시장분석보고서, 유진투자증권

이런 변화의 진원지는 바로 '먹방'과 백화점 3사, 그리고 '포미족(ForMe 族)' 트렌드다.

우선 〈수요미식회〉, 〈백종원의 3대천왕〉, 〈냉장고를 부탁해〉, 〈삼시세 끼〉 등 TV채널마다 먹방(또는 쿡방) 프로그램이 인기를 끌면서 디저트에 대 한 소비자의 안목이 급격히 높아졌다. 고급 디저트에 대한 수요 증가는 백 화점 3사에 기회였다. 롯데, 현대, 신세계 백화점은 모바일 쇼핑이 급성장하고 오프라인 유통업태 성장이 둔화되자 해외 유명 디저트 브랜드나 국내 지방 대표 맛집을 입점시키면서 고객을 유인했다.

고급 디저트는 가격대가 최소 6,000~7,000원에서 보통 1만~3만 원대로 밥값보다 비싸다. 그럼에도 경기 침체라는 말이 무색할 만큼 문전성시를 이룬다. 자기만족을 위해선 다소 비싸더라도 지갑 열기를 주저하지 않는 포미족(ForMe族)의 '가치 소비' 트렌드가 맞물린 결과다[6].

먹방, 백화점, 포미족··· 디저트 시장 판도 바꾼 3인방

2015년 백화점 업계에서 가장 화제가 된 건 현대백화점 판교점이다. 2015년 8월 문을 연 현대백화점 판교점은 식품관의 약 30%를 디저트 매장으로 꾸며 쇼핑객 발길을 사로잡았다. 특히 인기 미국드라마 〈섹스앤더시티〉 촬영지로 잘 알려진 컵케이크 전문점 매그놀리아는 하루 5,000개의 컵케이크를 팔며 판교점 시그니처(대표) 매장으로 자리매김했다. 오후 두 시만 돼도 진열장에 남아 있는 컵케이크가 없어 그날 장사를 접어야 했을 정도다. 프랑스 마카롱 전문점 피에르에르메, 이태리 젤라또 아이스크림 전문점 파씨 등 해외에서 들여온 디저트 전문 브랜드도 사정은 비슷했다.

"판교점은 기획 단계에서부터 '고급 디저트 특화매장'으로 포지셔닝했다. 30개 이상 디저트 매장이 입점했고 디저트 쇼핑 구역도 따로 뒀다. 특

---

6 자세한 내용은 〈매경이코노미〉 '[TREND] 급성장하는 고급 디저트 시장··· '디저트 코스' 먹어봤니? 밥보다 좋다~' 기사 참조. 2016. 1. 11.

현대백화점 판교점의 디저트 매장

히 매그놀리아는 늘 문전성시를 이뤄 현대백화점 무역센터점에 2호점도
오픈했다."

현대백화점 F&B팀 관계자의 설명이다.

'고급 백화점'을 지향하는 신세계백화점도 빠질 수 없다. 미국 프리미엄
식품관인 딘앤델루카를 비롯해 프랑스 고급 초콜릿 브랜드 라메종뒤쇼콜
라, 일본 케이크 브랜드 르타오 등을 입점시키며 고급 디저트점 유치 경쟁
에 박차를 가하고 있다.

상대적으로 '대중 백화점' 이미지를 추구하는 롯데백화점도 칼을 빼들었
다. 2015년 말 소공동 본점 지하 식품관을 리뉴얼하고 일본 유명 치즈타르
트 전문점 베이크, 프랑스 프리미엄 디저트 브랜드 위고에빅토르 등을 입

서울 강남의 고급 디저트 전문점에서 파는 제품들

점시켰다. 롯데백화점 관계자는 "베이크는 치즈타르트를 만들어내기가 무섭게 팔려나가 1인당 13개로 판매 개수를 제한했다"고 말했다.

백화점 밖에서도 고급 디저트 열풍은 뜨거웠다. 홍대 앞, 가로수길, 경리단길 등 트렌드에 민감한 주요 상권에 디저트 전문점이 속속 들어섰다. 이들은 식용 금가루와 꽃, 포멜로(열대과일) 등 독창적인 식재료를 사용하고 설탕공예 같은 기술도 선보이며 먹는 맛과 보는 맛을 더했다.

특히 2011년 강남 신사동에 개장한 디저트리는 국내 디저트 전문점 역사에 한 획을 그은 매장이다. 이곳은 한국판 미슐랭가이드인 '블루리본어워드 2015'에서 '올해의 패스트리 셰프상'을 받은 이현희 셰프가 운영한다. 가로수길에 위치한 디저트 카페 소나와 함께 디저트 코스요리를 선보였다. 일반 코스요리의 후식으로나 먹던 디저트가 아예 스스로 코스요리가 된 것이다. 디저트의 위상이 얼마나 높아졌는지를 단적으로 보여준다.

이곳에선 일반 코스요리처럼 식전에 입맛을 돋우기 위해 먹는 애피타이저, 주인공인 메인 디저트, 그리고 프티푸(후식을 뜻하는 프랑스어)가 다 따로 있다. 가령 메인 디저트로 크렘브륄레를 선택하면 애피타이저로는 배 소르베(우유를 넣지 않은 배 아이스크림), 프티푸로는 마카롱, 스파클링와인젤리, 피칸머랭 등이 나온다. 이런 디저트 코스요리 종류만 총 일곱 개, 가격은 메인 디저트에 따라 3만~4만 원대다. 만만치 않은 가격대지만 크리스마스 등 기념일에는 손님들로 북새통을 이룬다. 오픈시간인 오후 두 시부터 마지막 주문시간인 오후 열 시까지 가게에 한순간도 자리가 나지 않는다고 한다. 소나도 바질, 베이컨을 넣은 아이스크림 등 다른 곳에서는 맛볼 수 없는 특이한 디저트를 내놓아 고객 발길이 끊이지 않는다.

경리단길에는 프랑스빵 전문점 에클레어바이가루하루, 한남동과 청담동에는 프렌치 디저트 카페 기욤이 있다. 이들은 유기농 밀가루와 설탕, 유정란 등 고급 식재료를 쓰고 수제를 고집하며, 때로는 특정 단일 메뉴만을 내세우면서 전문성을 강조하는 식으로 차별화하고 있다. 업계에선 이처럼 오너 셰프가 운영하는 디저트 전문점이 서울에만 100개 넘게 성업 중인 것으로 파악한다.

고급 디저트 시장의 주고객층은 단연 20~30대 여성층이다. 최근에는 구매력 있고 트렌드에 민감한 30~40대 남성 직장인도 가세하는 추세다. 전망도 밝다. 오소민 유진투자증권 애널리스트는 "국내 디저트 시장은 2년 만에 다섯 배 성장했다. 그럼에도 전체 시장 규모는 미국(15조 원), 유럽(14조 원), 일본(3조 원) 대비 현저히 작다. 국내 커피 시장과 비교해도 5분의 1 수준"이라며 향후 고급 디저트 시장 성장 가능성을 높게 점쳤다.

소비자 입맛은 비가역(不可逆)이다. 고급 디저트에 길들여져 입맛이 한 번 높아지면 이전에 먹던 저렴한 먹거리에 만족하기 힘들어진다. 마치 마약중독자가 점점 더 강한 자극에 이끌리듯 소비자는 자꾸만 더 맛있고 새로운 음식을 추구하게 된다.

이는 디저트 시장의 트렌드 변화 속도를 갈수록 가속화하는 동력으로 작용한다. 디저트 브랜드의 부침(浮沈)이 빨라지면서 프랜차이즈 본사나 점주 입장에선 점점 어려운 시장이 돼 가는 것이다.

사실 2010년대 초반까지만 해도 디저트(또는 간식)라 할 만한 음식은 손에 꼽을 수 있었다. 빵, 커피, 도넛, 아이스크림, 떡볶이(분식류), 닭강정 정도에 그쳤다. 주요 브랜드는 파리바게뜨, 뚜레쥬르, 던킨도너츠, 아딸, 죠스떡볶이, 배스킨라빈스31, 그리고 스타벅스, 카페베네, 할리스, 엔제리너스 등 대형 커피전문점이었다. 업종마다 잘나가는 브랜드는 2~5개 안팎이었고, 덕분에 다들 어느 정도는 먹고살 만했다. 경쟁이라고 해봤자 업종 내 브랜드끼리 점유율을 놓고 다투는 정도였다.

요즘은 달라졌다. 온갖 새롭고 다양한 디저트가 자체 개발되고 또 수입되면서 새로운 맛을 보여주지 못하는 음식은 해당 업종 자체가 침체되는 결과로 이어지고 있다.

도넛

업종 침체의 대표적인 예는 도넛 시장이다. 도넛은 2000년대 중후반 파리바게뜨와 뚜레쥬르에 한정됐던 베이커리 시장의 외연을 넓히며 바람몰이를 했다. 그러나 웰빙 트렌드로 기세가 한풀 꺾인 데다 새로운 맛을 보여주지 못하면서 시장이 위축됐다.

국내 도넛 1위 브랜드인 던킨도너츠의 경우, 2013년 말 매장이 900개가 넘었지만 2016년 5월 현재는 780개 정도로 줄었다. 2011년 2,171억 원으로 정점을 찍었던 매출도 꾸준히 감소해 2015년에는 1,872억 원이 됐다.

GS리테일이 야심차게 신사업으로 밀었던 미스터도넛도 사정은 비슷하다. 2012년 57개였던 매장이 2014년 13개로 급감했다. 지방의 한 가맹점주

도넛 업계 1위 던킨도너츠 매장

에 매각된 미스터도넛은 2016년 3월 말까지도 매장이 24개 정도에 그쳐 과거의 위상을 회복하지 못하고 있다.

크리스피크림도넛은 그나마 매장수가 2013년 77개에서 2016년 2월 123개로 증가했다. 2014년 11월부터 서울권에서 직영점 위주로 운영하던 체제에서 벗어나 지방에서도 가맹점을 모집하기 시작한 덕분으로 분석된다. 그러나 수도권 내 직영점의 평균 매출은 감소세를 보이고 있다.

상황이 이렇다 보니 도넛 브랜드들은 본업인 도넛이 아닌 다른 메뉴를 통해 부가 매출을 올리는 전략을 쓰고 있는 형편이다. 던킨도너츠의 경우 아침식사 대용 메뉴인 모닝콤보와 핫밀, 그리고 맞춤형 도넛 제조 서비스인 비스포크(Bespoke) 서비스를 강화하고 있다. 1인 가구 증가로 간단한 아침식사를 사 먹는 직장인이 늘어나는 트렌드와 고급 디저트를 찾는 트렌드를 노린 전략으로 풀이된다. 그러나 본업인 도넛 시장이 위축되는 상황에서 이런 부가 매출이 얼마나 효과를 낼 수 있을지 회의적이다.

떡볶이

떡볶이 시장도 예전 같지 않다. 프랜차이즈 다점포율 조사결과만 봐도 그렇다.

국대떡볶이는 다점포율이 2015년 초 1.9%에서 올 초 0%로 아예 없어졌다. 죠스떡볶이(이하 '죠스')도 7.9%에서 3.5%로 반 토막 났다. 그나마 아딸이 13.3%에서 13.8%로 소폭 증가했을 뿐이다. 전체 가맹점수도 아딸은 한때 1,000개가 넘었지만 2016년 5월에는 약 800개로, 죠스는 한때 약 450개에서 약 350개로 감소했다.

나는 2015년 3월 아딸과 죠스를 비교해서 기사를 쓴 적이 있다[7].

양사가 떡볶이에 이어 프리미엄 김밥 브랜드를 새롭게 론칭하고 가맹점을 늘려가던 때였다. 다음은 당시 기사 중 일부다.

아딸은 점포수 차이에 상당한 의미를 부여한다. "프랜차이즈 점포수가 300개를 넘기는 건 쉽다. 시장에서 조금만 인기를 얻으면 금세 된다. 그러나 500개, 700개를 넘긴 어렵다. 소비자 선택이 지속되고 점주들도 본사 서비스에 만족해 꾸준히 재계약을 해야 한다"는 설명이다. 이에 대해 죠스는 "2015년 안으로

---

7 〈매경이코노미〉 '[맞수열전] 프리미엄 김밥으로 맞붙은 떡볶이 라이벌 아딸 vs 죠떡'. 2015. 3. 23.

떡볶이 업계 1위 아딸 매장

100개점을 추가 오픈해 연내 520호점을 돌파할 것"이라고 맞받는다.

최근에는 가격 정책도 달라졌다. 아딸과 죠스는 그간 떡볶이와 순대가 1인분에 각각 2,500원, 3,000원으로 동일했다. 그러나 2015년 2월 죠스가 메뉴와 매장 인테리어를 업그레이드하면서 가격을 500원씩 올렸다.

아딸은 죠스의 가격 인상이 지나치다고 꼬집는다. "떡볶이 한 접시에 3,000원이나 받는 건 이해되지 않는다. 메추리알, 튀김어묵 등 토핑을 올려 업그레이드했다지만 그 원가는 다 합쳐 봐야 70원에 불과하다. 1~2년만 지나면 결국 고객에게 외면 받게 될 것"이라고 날을 세운다.

반면 죠스는 가격 인상이 불가피하다는 입장이다. "그간 떡볶이 시장이 확 살았다가 요즘 좀 잠잠해졌다. 최근 떡볶이 열풍을 죠스가 리드해왔는데 이제 전

매운맛 떡볶이 시장을 개척한 죠스떡볶이 매장

환점이 필요하다는 판단이 섰다. 고객 반응도 좋다. 가격 인상에 대한 반발은 거의 없는 상황"이란 설명이다. '원가 70원' 의혹에 대해선 펄쩍 뛴다. "떡볶이 국물을 늘려 달라는 고객 요구가 많아 소스 양을 두 배 늘렸다. 죠스는 깔끔한 매운맛을 내기 위해 펩사이신 대신 고춧가루만 사용하기 때문에 원가가 다른 곳보다 높은 편"이라는 반박이다.

　출점전략도 상이하다. 가마솥김밥이 백화점에 입점하지 않듯, 아딸은 임대료나 권리금이 비싼 상권은 수익성을 이유로 가급적 출점을 제한한다. 반면 죠스는 강남권도 여느 상권과 달리 보지 않는다. 실제 강남·서초·송파 등 강남 3구에만 33개 죠스 매장이 들어가 있다. 죠스보다 점포가 2.4배나 더 많은 아딸이 강남 3구에 25개 매장만 낸 점과 대비된다. "아딸이 시장이나 골목 상권 위주로 점포를 낸다면 죠스는 대로변 등 유동인구가 많은 곳을 선호한다. 실제 매출이 가장 좋은 매장이 강남점이고 수익성도 나쁘지 않다"는 게 죠스 측 설명이다.

취재를 하면서 인상적이었던 것은 두 브랜드가 추구하는 전략이 매우 상이하다는 점이었다. 아딸은 대단지 아파트 상가나 주택밀집지역 등 B~C급 상권을, 죠스는 번화가나 목이 좋은 A급 상권을 중심으로 출점을 진행했다[8]. 주요 상권에선 죠스가 더 자주 눈에 띄다 보니 아딸보다 죠스가 더 매장이 많은 줄로 잘못 아는 소비자도 많았다.

단 최근엔 1년 전(2015년)과 비교해서 양사의 경영 전략에 조금씩 변화가 생긴 것으로 보인다. 아딸은 백화점 등 대형 특수 상권에 입점하기 시작했다. 1년 전 인터뷰에서 이준수 아딸 대표(당시 직책은 아딸 이사)가 기자에게 말한 내용과 배치된다.

"대형마트는 몰라도 백화점에는 안 들어간다'는 게 회사 방침이다. 백화점은 수수료가 매출의 30~33% 수준이어서 이익이 남기 힘들다. 프랜차이즈가 지속 성장하려면 점주의 수익성이 좋아야 한다. 매출이 잘 나온다고 수익이 좋은 건 아니다."

이에 대해 이 대표는 "최근 창업시장이 기존 로드샵 중심에서 다양화되고 있기 때문"이라고 설명한다. 실제로 요즘은 복합쇼핑몰과 프리미엄 아

---

8 아딸의 출점 적합 상권에 대해 아딸은 홈페이지의 '창업 FAQ'를 통해 다음과 같이 설명하고 있다. "아딸을 하기에 좋은 상권은 파리바게뜨 혹은 뚜레쥬르의 상권과 유사합니다. 제과점 역시 주요 품목이 아딸과 같은 '간식'이며, 주 매출이 포장매출에서 발생하기 때문입니다. 파리바게뜨나 뚜레쥬르가 있는데 아딸은 없다면, 근처 부동산에 가셔서 매물로 나온 점포가 있는지 알아보셔도 좋습니다."

울렛이 급성장하면서 소비자들이 쇼핑과 외식을 그 안에서 원스톱으로 해결하는 추세다. 이런 트렌드가 로드샵 매출에 타격을 주자 아딸도 결국 전략을 바꾼 것으로 풀이된다.

죠스는 배달 서비스를 시작했다. 죠스에 따르면 2016년 5월 현재 배달 주문건수가 적은 매장은 하루 4~5건, 많은 매장은 15~20건 정도 발생하고 있다. 배달은 1만 2,000원 이상 주문할 때 가능하고, 소비자가 추가로 내는 배달 요금은 2,000원이다. 배달대행업계에 따르면 배달대행 비용은 보통 3,000원대 이상이다. 그럼에도 소비자에게 배달 요금을 3,000원 이하로 받는 건 죠스 입장에선 손해를 감수하는 것이다. 대신 구매건수가 늘어나고 배달 가능한 최저 주문금액(1만 2,000원)을 넘기 위해 주문량도 늘어나는 '자석 효과'를 노린 전략으로 보인다. 가령 1만 원어치만 주문하려던 고객이 배달을 시키려면 2,000원어치를 더 구매해야 돼 객단가가 높아질 것으로 기대할 수 있다.

반면 아딸은 배달 서비스에 대해 부정적인 입장을 견지한다. 배달 서비스에 대해 아딸은 홈페이지의 '창업 FAQ'를 통해 이렇게 설명하고 있다.

"배달은 본사 차원에서 금지하고 있습니다. 배달영업을 하면 매출이 더 좋아질 것이라고 생각하는 분들이 많이 계십니다. 하지만 절대로 그렇지 않습니다. 일시적으로는 매출이 올라갈 수도 있습니다. 그러나 결국 포장 손님이 배달 손님으로 바뀌게 되고, 배달로 인한 추가 인건비 지출이 발생하며, 음식 맛의 관리가 어려워져 장기적으로 매출이 줄어들게 됩니다. 객단가가 낮은 분식류의 경우 배달영업은 수익성 저하를 불러옵니다."

아딸의 입장에도 일리가 있다. 단 죠스는 아딸보다 비싼 메뉴 탓에 객단

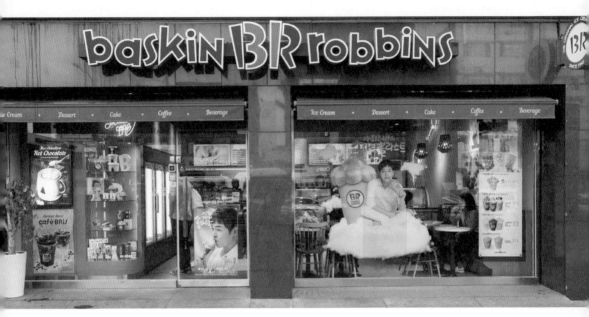

아이스크림 업계 1위 배스킨라빈스31 매장

가도 상대적으로 높을 것이란 점은 감안할 필요가 있다. 이외에도 주변 상권의 특성이나 자석 효과, 매장의 입지 등을 두루 고려해서 배달 서비스 여부를 선택하는 것이 좋겠다. 가령 배달앱 사용률이 높은 20~30대 1인 가구가 많은 상권에서는 배달 서비스가 매출 상승에 도움이 될 것으로 보인다. 또 매장 입지가 유동성이 적은 곳에 있어 포장 손님이 적다면 배달 손님이 포장 손님을 대체한다고 보긴 어려울 것 같다.

아이스크림

디저트 시장이 춘추전국시대라지만 아이스크림만은 예외다. 배스킨라빈스31의 꾸준한 성장이 돋보인다. 배스킨라빈스31은 다이소처럼 업종 내에서 이렇다 할 경쟁자가 없는 몇 안 되는 브랜드 중 하나다. 나뚜루, 콜드스톤, 하겐다즈, 빨라쪼델프레조 등 경쟁 브랜드들이 부진하며 가맹점이 줄거나 사업을 접었기 때문이다.

1986년 명동에 1호점을 열며 국내에 진출한 배스킨라빈스31은 2016년 5월 현재 매장이 1,200여 개에 달한다. 단일 브랜드로는 웬만한 치킨집이나 커피전문점보다 많다. 매출도 2008년 1,688억 원에서 2015년 3,331억 원으로 7년 만에 두 배가량 급증했다.

국내 소비자의 배스킨라빈스31 사랑은 다른 나라와 비교해도 독보적이다. 배스킨라빈스31 사업을 전개하는 BR코리아에 따르면, 2016년 5월 현재 배스킨라빈스31 브랜드는 캐나다, 호주, 덴마크, 중국, 영국 등 50여 개국에서 7,600여 개 매장을 운영 중이다. 세계 매장의 약 6분의 1이 우리나라에 몰려 있다는 얘기다.

비결이 뭘까.

업계에선 현지화 전략을 일등공신으로 꼽는다. 국내에서 배스킨라빈스31을 운영하는 BR코리아는 미국 본사와 국내 SPC그룹의 합작사다. 메뉴 개발부터 마케팅까지 주요 경영 전략을 한국 법인이 수립한다. 덕분에 국내 시장 상황에 따라 신속한 대응이 가능하다는 평가다.

일례로 1986년 브랜드 도입 당시 BR코리아는 주 고객층을 20대 여성으로 잡았다. 아이스크림이란 디저트를 선호하고 구매력도 어느 정도 있는 계층이라 여겼기 때문이다. 그러나 1990년대 들어 10대들의 구매력이 높아지자 BR코리아는 주고객층을 10대 소비자로 확장했다. 대학가 로드샵 위주에서 10대들이 즐겨 찾는 쇼핑센터나 놀이공원으로 입점 전략을 다양화했다. '엄마는 외계인', '이상한 나라의 솜사탕' 등 아이스크림 제품명도 우리 정서에 맞도록 재밌게 지었다. 충북 음성에 위치한 공장에선 한국인 입맛에 맞는 메뉴를 자체 개발했고, 이렇게 만든 31요거트는 일본 등 해외에 역수출되기도 했다.

매월 한 종씩 새로운 메뉴를 선보이는 전략도 변덕이 심한 국내 소비자를 만족시킨 것으로 보인다. 일본 소비자가 캐릭터형 제품에 흥미를 느끼는 반면, 국내 소비자는 트렌드 변화에 민감해 새로운 맛에 집중하는 편이다. 또 배스킨라빈스31은 최근 모바일 사전 주문 시스템 '해피오더', 앱이나 전화로 주문하는 아이스크림 배달 서비스 '딜리버리'도 시작했다. 모바일·배달 시장 성장 트렌드에도 잘 대응하고 있는 것으로 보인다.

"매달 '이달의 맛'을 새로 출시해 식음료 소비 트렌드가 빠른 국내 소비자들의 입맛을 공략하고 있다. 또 설목장 우유, 청송 사과 등 국내 프리미엄 원료를 사용해 높은 품질의 제품을 제공한다. 아이스크림 외에도 다양한 맛과 모양으로 눈과 입을 사로잡는 아이스크림 케이크, 아이스크림 빙수, 블라스트 음료 등 다양하게 즐길 수 있는 프리미엄 디저트 메뉴를 개발해 고객의 니즈를 충족시키고 있다. 아이스크림 케이크 메뉴 덕분에 배스킨라빈스31은 겨울에도 여름 대비 매출이 그리 크게 하락하지 않는다."

BR코리아 측의 설명이다.

대형 특수 상권 진출에 박차

Q. 떡볶이 프랜차이즈 가맹점이 이전보다 줄었습니다. 디저트 수요가 다양해지면서 떡볶이 시장이 상대적으로 주춤하는 건가요?

A. 아딸은 2011~2013년 창업시장에서 최고 인기 브랜드였습니다. 2015~2016년에도 매년 70~100개의 신규 매장이 오픈하고 있습니다. 기존 매장의 양도양수(점주 교체)를 포함하면 매년 200여 매장에 신규 운영자가 진입하고 있습니다.

최근 떡볶이 시장이 정점을 지나 정체기 또는 하락기에 들어선 것처럼 보일 수는 있습니다. 그러나 요즘도 계속해서 신규 떡볶이 브랜드가 생기고 있습니다. 아딸도 백화점, 대형마트, 고속도로 휴게소, 아울렛 등 대형 특수 상권에 대거 입점하고 있죠. 2015년에만 대형 특수 상권 50여 곳에 신규 입점했습니다. 지금도 10여 개 신규 매장 계약이 진행 중입니다. 이런 점을 볼 때 떡볶이 창업시장은 여전히 주목받고 있다고 봅니다.

Q. 아딸과 죠스 가맹점이 감소세를 보이는 데 대해선 어떻게 평가하십니까?

A. 아딸은 죠스떡볶이보다 총 가맹점수가 2.5배 정도 많습니다. 또 아딸은 가맹점 사업을 시작한 지 12년이 지났지만, 죠스는 5년 정도밖에 안 됐습니다. 두 브랜드를 같은 시기에 비교하는 것은 문제가 있습니다. 아딸은 창업 후 7년까지는 폐업률이 3% 미만이었습니다.

최근 아딸 가맹점이 줄어든 이유에 대한 자체 평가는 다음과 같습니다. 일단 창업 후 10년이 지나면서 자연스럽게 업종 전환을 하는 가맹점주가 증가한 것으로 보입니다. 또 창업시장이 기존 로드샵 중심에서 다양화되고 있습니다. 때문에 로드샵 중심으로 성장한 브랜드의 경우 가맹점수가 줄어드는 경향이 있습니다. 아딸은 이를 극복하기 위해 다양한 특수 상권에 새로 진출하고 있습니다.

Q. 최근 아딸 가맹점수가 줄었지만 다점포수는 110개로 전년 대비 똑같았습니다. 반면 죠스는 다점포수가 33개에서 12개로 대폭 줄었더군요.

A. 다점포를 운영하는 가맹점주의 경우, 본사의 운영 관리 시스템과 식자재 원가율, 브랜드 발전 가능성 등에 매우 민감합니다. 아딸의 경우 이 부분에 대한 가맹점주 만족도가 높아 다점포 가맹점이 유지됐다고 봅니다.

Q. 요즘 떡볶이 시장 트렌드는 무엇인가요?

A. 대형 특수 상권에 떡볶이 브랜드의 진출이 활발하다는 게 대표적입니다. 과거에는 대형 특수 상권에는 가격이 비싼 대형 외식 브랜드만이 진출할 수 있었습니다. 요즘은 달라졌어요. 백화점, 대형마트, 아울렛, 대형 쇼핑몰 등에 떡볶이 브랜드가 진출하고 있고 성과도 매우 좋습니다.

Q. 아딸 창업에 관심 있는 예비 점주 분들께 조언 부탁드립니다.

A. 여전히 지금도 자금만 있으면 매장을 운영할 수 있다고 생각하시는 분들이 많습니다. 그리고 이런 분들은 매장을 오픈하고 나면, 본인은 관리만 해도 된다고 생각하시는 경향이 많습니다. 독립 창업이든 프랜차이즈 창업이든 그리고 그 분야가 무엇이든 누가 운영하느냐에 따라 성공과 실패가 결정됩니다. 프랜차이즈 시스템은 도와줄 뿐 대신해 줄 수는 없습니다. 이점 명심해 주셨으면 합니다.

정크푸드 욕 먹어도
가격은 착한 점심

:

패스트푸드

패스트푸드는 꾸준히 성장하는 업종 중 하나다. 점점 서구화되는 우리 국민의 식습관과 1인 가구 증가, 그리고 불경기로 인해 저렴하게 한 끼를 때우려는 소비 트렌드가 패스트푸드 시장 성장을 견인하고 있다.

2000년대 초중반 웰빙 열풍이 거세게 불 때는 패스트푸드도 위기를 겪었다. 비만과 성인병을 유발하는 트랜스지방이 다량 함유된 정크푸드(Junk Food, 영양가는 적고 열량만 높아 건강에 안 좋은 음식)로 알려지면서 패스트푸드를 찾는 소비자의 발길이 뚝 끊겼다. 그러나 웰빙 바람보다 더 강한 게 불황이었다. 2000년대 후반 글로벌 금융위기로 경기가 침체되고 패스트푸드 업계가 파격적인 할인을 단행한 '착한 점심' 마케팅을 시작하자 소비자들은 다시 패스트푸드를 즐겨 찾기 시작했다. 여기에 딜리버리(배달) 서비스로 1인 가구까지 공략하면서 패스트푸드 시장은 다시 성장 기반을 마련했다.

물론 최근 가맹본사들의 잇단 매각 움직임은 점주들의 불안감을 키울 것으로 생각된다. 그러나 롯데리아를 제외한 주요 패스트푸드 브랜드에 대해 나는 낙관하는 편이다(롯데리아의 부진 이유에 대해선 뒤에서 설명하겠다). 일단 매출과 가맹점수가 꾸준히 성장하고 있고, 앞에서 말한 성장 동력도 당분간 건실하게 유지될 것으로 내다보기 때문이다.

패스트푸드 창업에 관심 있는 사람이라면 일단 '총알'이 좀 있어야겠다. 패스트푸드는 초기 창업비용이 점포비용(보증금+권리금)을 포함해서 최소 5억 원(서울 기준) 이상 드는 고비용 창업 아이템이다. 카페베네, 엔제리너스 등 대형 커피전문점만큼이나 창업비용이 많이 든다. 때문에 패스트푸드는 생계형 창업은 거의 없고 재력가나 사업가, 건물주들이 창업하는 경우가 많다. 특히 가맹본사는 건물주가 가맹점을 신청하면 두 손 들고 환영한다. 건물주는 임대료를 안 내도 되니 상대적으로 수익성이 높은 데다, 기본적으로 재력이 있으니 수익성이 좀 떨어져도 점포 운영을 지속할 수 있다는 판단에서다. 업계에 따르면 전체 가맹점의 약 30~50%는 건물주 점주인 것으로 알려져 있다(여기까지만 읽고 이번 장을 건너뛰는 이들이 있을 듯하다. 그러나 창업은 다른 업계 흐름도 알아야 트렌드를 제대로 읽을 수 있다는 점에서 참고삼아 읽어 보기를 권한다).

롯데리아 매장

편의점이 3강(CU, GS25, 세븐일레븐) 2약(미니스톱, 위드미)의 5대 브랜드 체제이듯 패스트푸드도 비슷하다. 롯데리아, 맥도날드, 버거킹 3강과 KFC, 파파이스 2약의 구도를 형성하고 있다. 롯데리아는 2016년 5월 현재 매장 수가 약 1,300개로 맥도날드(약 450개)와 버거킹(약 250개)을 더한 것보다도 두 배가량 많다.

하지만 요즘은 분위기가 달라지고 있다. 독보적인 1위였던 롯데리아가 주춤하고, 2~5위 브랜드의 성장이 눈에 띈다. 왜 그럴까. 여기에 편의점과 패스트푸드의 차이가 있다. 편의점은 5대 브랜드 업체든, 아니면 개인 편의점이든 파는 물건이 거의 비슷하다. 차별화를 꾀하고는 있지만 어디가 더 좋은 물건을 파는지에 대한 구분은 여전히 모호하다. 때문에 소비자들은

맥도날드 매장

그저 가까운 편의점을 찾기 마련이다. 편의점이 한마디로 '입지 싸움'이라 불리는 이유다.

패스트푸드는 다르다. 브랜드마다 내세우는 대표 메뉴가 다르고 소비자 성향도 제각각이다. 롯데리아는 햄버거 맛이 그리 고급스럽지 않지만 한국인 입맛에 잘 맞는 달콤한 소스와 저렴한 가격, 그리고 주요 입지마다 들어선 높은 접근성으로 특화했다. 버거킹은 '와퍼'라는 브랜드가 따로 있을 만큼 식재료를 풍부하게 쓴 햄버거로 고급 이미지를 구축했다. 맥도날드는 그 중간이다. 버거킹을 가기엔 가격이 부담스럽고 롯데리아는 햄버거 품질이 만족스럽지 않은 이들에게 중용의 선택지를 제공한다. 그리고 파파이스와 KFC는 햄버거보다 치킨에 더 강점을 둔다. 이처럼 브랜드 특성이 뚜렷하다 보니 패스트푸드 업계에선 이런 말도 나온다.

버거킹 매장

　"같은 상권에서 롯데리아, 맥도날드, 버거킹 매장이 바로 붙어서 영업을
해도 3곳이 다 장사가 잘될 것이다."

　그런데 요즘은 이런 말이 통하지 않을 듯하다. 롯데리아가 다른 두 브랜
드에 비해 현저히 밀리는 분위기가 역력하다. 이유는 '가성비' 트렌드에서
찾을 수 있다.

　앞에서 언급했듯 롯데리아의 핵심 무기는 저렴한 가격이었다. 국내 최초
프랜차이즈이자 최초 패스트푸드 브랜드인 롯데리아는 1980~1990년대 패
스트푸드 불모지였던 우리나라에서 1,000원대의 착한 가격과 참신한 맛(당
시에는 햄버거가 귀한 시절이었으니까)으로 국민적인 사랑을 받았다. 롯데리아
를 통해 햄버거를 처음 맛본 상당수 소비자들은 그 맛에 길들여져, 또는 옛
날 추억의 맛에 이끌려 롯데리아의 충성 고객이 됐을 것으로 분석된다.

그러나 롯데리아만의 강력한 무기였던 저가 정책을 2000년대 후반부터 경쟁사들도 따라 하기 시작했다. 불과 2,500~3,000원으로 빅맥 세트를 즐길 수 있는 맥도날드의 '착한 점심' 프로그램이 대표적인 예다. 최근에는 버거킹도 기존 가격의 절반에 가까운 할인 쿠폰을 뿌려대며 저가 정책을 들고 나왔다. 심지어 파파이스는 LG유플러스와 손잡고 VIP고객에게 세트메뉴를 월 2회 무료로 제공한다. 이제 업계에선 '햄버거를 제값 주고 사 먹으면 바보'라는 말이 나올 정도. 롯데리아의 가성비 전략을 고급 브랜드들도 차용하니 롯데리아만의 차별화 포인트가 크게 약화된 것이다.

이런 흐름은 수치로도 증명된다. 롯데리아는 2015년 국내 매출과 영업이익이 9,061억 원, 134억 원을 기록해 전년 대비 각각 2.7%, 67.8% 줄었다. 웰빙 열풍으로 패스트푸드 업계가 힘들었던 2006년 이후 처음 겪는 실적 감소다. 반면 버거킹코리아는 매출이 2013년 2,123억 원, 2014년 2,526억 원, 2015년 3,000억 원으로 연평균 14%의 증가율을 보였다. 맥도날드는 유한회사여서 실적이 공개되지 않는다. 단 2016년 프랜차이즈 다점포율에서 힌트를 얻을 수 있을 듯하다.

다점포율 조사 결과를 보면 패스트푸드 주요 브랜드 중 롯데리아만 유일하게 다점포율이 감소했다. 2015년 초 28.2%에서 2016년 초 26.5%로 1.7%포인트 줄었다. 반면 맥도날드는 같은 기간 63.8%에서 69.8%로 다점포율이 6%포인트 증가했다. 파파이스도 8.3%에서 10.4%로 2.1%포인트 올랐다. 버거킹은 다점포율을 공개하지 않았고 KFC는 100% 직영 체제여서 조사 대상이 아니었다.

롯데리아 다점포율이 감소했다는 건 기존 다점포 점주들이 두 개 이상 운영하던 롯데리아 매장을 정리했다는 얘기다. 롯데리아의 매출과 수익성, 그리고 향후 브랜드 성장성에 대한 실망감이 작용했을 것으로 보인다.

롯데리아의 부진은 패스트푸드 업계도 이제 출혈 경쟁이라는 치킨게임에 접어들었음을 시사한다. 상대적으로 고가 브랜드로 포지셔닝했던 콧대 높던 버거킹, 파파이스마저 가격 인하 대열에 뛰어들면서 가격 경쟁력은 이제 가장 큰 무기가 됐다. 롯데리아도 최근 일부 한우패티가 들어간 메뉴만 가격을 인상했을 뿐 롯데리아 판매 순위 1, 2위인 불고기버거와 새우버거 등은 가격 인상 품목에서 제외했다. 이런 상황에서 한 패스트푸드 관계자는 기자를 만나 이렇게 말했다.

"패스트푸드가 매출을 높이는 방법은 두 가지다. 단가를 올리거나 판매량을 늘리는 것이다. 그런데 불황이 계속되면서 이제 햄버거 단품 가격을 올리는 건 자살 행위나 다름없어졌다. 요즘은 소셜커머스도 활성화돼서 소비자들이 제값 주고 사 먹으면 손해를 봤다고 생각한다. 살아남으려면 할인 행사를 해야만 한다. 그래도 아직은 저가 정책이 나름 통하는 것 같다. 할인 행사가 기존 충성 고객을 이끌어오는 건 물론, 패스트푸드의 인접 업종이자 대체재인 베이커리(빵)나 도넛, 고로케, 피자 등의 손님도 빼앗아오기 때문이다. 이렇게 유입된 신규 고객들이 미끼 상품 외에 다른 메뉴들도 추가 구매하면서 객단가가 높아지는 효과가 나타나고 있다. '착한 점심' 같은 저가 정책은 앞으로도 패스트푸드 업계의 핵심 경쟁 포인트로 자리매김할 것이다."

이런 상황에서 패스트푸드 점주나 예비창업자는 어떻게 대응해야 할까. 이 책이 제시하는 전략은 다음과 같다.

가성비만이 살 길이다

우선 가맹본사의 할인 마케팅에 적극 동참하기를 권한다. 가맹본사가 파격적인 할인 이벤트나 저가 정책을 기획하면 적잖은 점주들은 '싫은 티'를 낸다. 제품 단가가 낮아져 매출이 오르지 않을 것이란 우려 때문이다. 또 일부 할인 이벤트는 점주에게도 일정 수준의 부담을 지우기 때문에 더욱 손해를 보는 느낌이 들 것이다. 이로 인해 일부 점주들은 고객이 할인 쿠폰을 내밀면 그 자리에서 표정이 굳어버리고 불친절하게 대하는 경우가 있다고 한다.

그러나 점주들은 알아야 한다. 요즘 같은 장기불황 시대에 패스트푸드 업계는 가성비를 내세우지 않고는, 즉 저렴한 가격이 아니고서는 고객을 문 열고 들어오게 하기가 매우 어렵다는 것을. 물론 가맹본사가 획기적인 신제품을 만들어서 불타나게 팔린다면 좋겠지만 이건 쉽지 않은 일이고, 점주가 어떻게 할 수 있는 것도 아니니 논외로 하자. 이런 상황에서 패스트푸드 점주는 할인 쿠폰에 이끌려 들어온 고객에게 친절한 서비스 등을 통해 재방문을 유도하는 태도가 바람직하다. 불황에도 혼자 꼿꼿이 고가 정책을 유지한다면 소비자의 가격 저항을 못 이기고 무너져 버린 패밀리 레스토랑이나 수제버거 시장의 전철을 밟게 될 것이다.

맥도날드 매장 앞에 배달 오토바이들이 늘어서 있는 모습

배달 서비스를 적극 활용하자

최근 패스트푸드 업계에서 가맹본사가 점주한테 요구하는 두 가지가 있다. 바로 '24시간 영업'과 '배달 서비스'다. 24시간 영업은 심야 시간에 매출을 올리고, 매장에 대한 인지도도 올라가는 장점이 있다. 단 심야 매출이 적어 인건비가 훨씬 더 들 수도 있다. 이때는 당장 눈에 보이는 인건비 적자와 눈에는 보이지 않지만 낮 매출에도 영향을 미칠 수 있는 심야 홍보효과를 저울질해서 점주가 판단해야 한다.

단 배달 서비스는 가급적 하는 게 유리할 듯하다. 요즘은 1인 가구 증가와 배달앱 활성화로 인해 거창한 외식 문화는 점점 사라지고 배달 시장이 커지는 추세다. 편의점, 죠스떡볶이, 배스킨라빈스31 등 이전에는 배달을 하지 않던 업종이나 브랜드도 속속 배달 서비스를 도입하고 있다. 죠스떡볶이의 경우 가맹점별로 하루에 적게는 5~10건, 많게는 15~20건씩 배달 주문이 들어온다고 한다. 배스킨라빈스31은 최근 수도권 지역은 물론 대전, 광주 등 지방까지 약 500여 개 매장으로 서비스 가능지역을 넓히고 자체 콜센터 운영도 시작했다. 배달은 내 가게의 상권을 수 킬로미터 반경까지 확대해주는 효과가 있다.

물론 배달을 하려면 비용이 든다. 업계에 따르면 월 1,000건의 배달 주문을 소화하려면 라이더(Rider, 배달사원)가 3~4명은 필요하다고 한다. 라이더 월급이 150만 원이라면 한 달에 450만~600만 원의 인건비가 추가로 드는 셈이다. 하지만 요즘은 라이더를 직접 고용하지 않고 배달대행업체를 이용하는 경우가 많다. 이들은 건당 3,000원 정도 수수료만 받고 배달을 해준다. 월 1,000건의 배달 주문을 맡기면 인건비가 월 300만 원(3,000원×1,000건) 든다는 계산이 나온다. 라이더를 직접 고용하는 것보다 월 150만~300만 원의 비용을 아낄 수 있다. 여기에 오토바이 구입비와 유지·보수 등 관리비, 유류비 등이 절약되는 점을 감안하면 배달대행업체를 이용하는 게 훨씬 효율적임이 분명해진다. 물론 라이더를 고용하면 제복을 입은 라이더가 직접 가므로 배달이 더 빠르고 친절해지는 효과를 기대할 수 있다. 그러나 요즘은 소비자들도 배달대행업체 직원에 익숙해진 데다 라이더와의 조우 시간이 극히 짧다는 점에서 별다른 서비스 차이가 없다는 의견도 많다.

배달을 하려거든 백화점이나 대형마트, 복합쇼핑몰 안의 매장에 들어가는 것은 금물이다. 이런 곳들은 쇼핑몰 측에서 배달을 금지하는 경우가 많다. 혹시라도 배달 사고나 식중독 같은 불미스런 일이 생길 경우 쇼핑몰이

파파이스 매장

타격을 입을 수 있다는 우려에서다.

　패스트푸드 관계자는 "요즘은 가맹본사도 쇼핑몰 내 입점을 기피하는 편이다. 배달 매출이 일어나야 수익성이 높아지는데 이게 원천차단되기 때문이다. 건물주 창업이 1순위, 로드샵 개설이 2순위이고 쇼핑몰 입점은 점주가 정말 원할 때나 마지못해 하는 편이다"라고 전했다.

KFC 매장

메뉴 전략이 필요하다

파파이스와 KFC는 패스트푸드 빅3에 비해 치킨이 강점인 브랜드다. 그러나 요즘은 이 두 곳도 치킨보다 햄버거를 더 내세우는 식으로 전략을 바꾸고 있다. 미국에선 치킨을 먹고 싶으면 패스트푸드에 가서 사먹지만, 우리나라는 치킨을 먹고 싶을 때 집에서 배달시켜 먹는 경우가 많다. 즉 미국과 한국은 치킨을 소비하는 방식이 다르다는 점을 깨달은 것이다.

패스트푸드 매장에서 치킨보다 햄버거가 잘 팔리는 이유는 또 있다. 패스트푸드 관계자는 기자에게 이렇게 토로했다.

스몰비어(작은 호프) 시장을 개척한 봉구비어 매장

"한국인은 점심에 햄버거 세트를 먹으면 식사를 한 끼 했다고 생각한다. 반면 치킨은 치킨 두 조각과 샐러드, 감자튀김이 어우러진 세트를 시켜먹어도 뭔가 허전하다고 느껴 컵라면이라도 하나 더 먹는 경우가 많다. 치킨은 통닭처럼 한 마리를 통으로 먹어야 포만감을 느끼는데 이는 패스트푸드가 아닌 치킨 프랜차이즈의 영역이다."

이런 이유에서 치킨 전문 패스트푸드도 매출의 절반 이상은 햄버거로 거두는 분위기다. 특히 대학가나 복합쇼핑몰 내 입점한 매장은 햄버거 메뉴가 많이 팔리고, 주거지에 인접한 매장은 상대적으로 치킨이 잘 팔린다고 한다. 후자의 경우 치킨 두세 조각을 포장 구매해서 집에 가져가 맥주에 곁들여 먹는 식의 소비가 많이 이뤄진다고 한다.

또 요즘은 맥도날드가 일부 매장에서 맥주를 팔기 시작했다. 그런데 일각에선 이 전략이 과연 성공적일지 의문을 제기한다. 치맥(치킨+맥주)이 한국인에게 사랑받는 조합이긴 하지만, 치킨을 치킨집에서 시켜먹듯, 맥주는 호프에 가서 먹는 게 제격이란 이유에서다. 맥도날드의 맥주 판매 실험은 보수적인 자세로 좀 더 지켜볼 필요가 있을 듯하다.

직영점을 공략하라

업계에 따르면 패스트푸드 직영점의 경우 인건비가 매출 대비 30%에 달하지만, 가맹점은 20% 안팎이라고 한다. 점주가 직접 일을 하면 몸값이 가장 비싼 매니저의 임금이 절약되기 때문이다. 점주는 주인의식을 갖고 점포 효율성을 더 끌어올리기 위해 노력하므로 매니저 체제에서 생기는 비효율이나 '대리인 비용'[9] 등을 아낄 수 있다. 이런 제반 비용이 덜 나가니 가맹점은 점주가 잘 운영만 한다면 구조적으로 직영점보다 더 수익을 내기 유리하다.

창업비용도 훨씬 덜 든다. 대개 패스트푸드 가맹본사는 점주가 직영점을 가맹 전환하려 할 때 권리금을 안 받고 내주는 편이다. 가맹본사가 점주한테 권리금을 요구하는 것도 민망할뿐더러, 가맹점으로 전환하면 수익성이 높아질 것으로 기대되니 본사도 그에 상응하는 이익을 누릴 수 있기 때문

---

[9] 기업에서 오너가 전문경영인에게 경영을 맡길 때 그가 제대로 경영을 하고 있는지 감시하거나 확인하는 데 수반되는 기회비용.

이다. 물론 그렇다고 아무 직영점이나 탐내서는 안 된다. 본사는 점포 임대료나 권리금이 너무 비싸서 어차피 수익이 나지 않을 것을 알면서도 광고나 홍보를 위해 적자를 무릅쓰고 직영점을 내는 경우가 허다하다. 따라서 예비 점주는 해당 직영점이 가맹점으로 전환해도 수익이 날 만한지 본사와 긴밀하게 협의해봐야 할 것이다.

다점포 전략으로 창업비용 아껴라

패스트푸드는 다른 업종에 비해 창업비용이 많이 든다. 그래서 상당한 재력가가 아니면 다점포를 운영하기가 쉽지 않다. 단 다점포 점주가 될 수 있다면 혜택은 다른 업종과 비할 바가 아니다. 창업비용이 비싼 만큼 다점포 점주에 대한 할인폭도 업계 최고 수준이다.

일례로 파파이스의 경우 두 번째 매장부터는 7,000만 원에 달하는 장비 구입비와 가맹비 1,500만 원을 면제해준다. 부가세를 포함하면 1억 원에 가까운 비용이 덜 드는 셈이다. 다점포 점주가 아니라도 점주와의 협의를 통해 창업비용을 일부 할인해주는 정책을 펴는 브랜드도 있다. 창업비용을 줄이면 투자 수익률이 대폭 높아지므로 잘 알아보기 바란다.

지금까지 패스트푸드의 성장 가능성과 점주의 대응전략에 대해 살펴봤다. 이제 주의사항을 살펴보자. 패스트푸드 업계의 위기요인은 뭘까.

일단 단기적으로는 광우병이나 조류독감 같은 식재료 관련 파동을 예상

해볼 수 있다. 단 이런 이슈는 패스트푸드뿐 아니라 치킨, 고깃집 등 다른 외식업계도 겪는 광범위한 영향 요인인 데다 발발 시기를 예측하기 힘든 간헐적인 사건이다. 따라서 이를 무서워해 패스트푸드 창업을 기피한다면 그야말로 구더기 무서워 장 못 담그는 격이다.

더 중장기적이고 지속적인 타격을 줄 만한 위기요인은 따로 있다. 2000년대 초중반에 그랬듯 '웰빙' 열풍이 다시 올 가능성이다. 그러나 나는 개인적으로 우리 사회가 당분간은 웰빙을 찾지 않을 것으로 본다. 적어도 예전처럼 사회 전반에 걸쳐 대대적으로는 말이다.

10여 년 전에는 거의 모든 매스컴에서 와인, 녹차, 토마토 같은 장수식품이나 슈퍼푸드를 소개하느라 바빴다. 서양의 유수 의료진이 연구한 결과 녹차를 하루에 몇 잔 마시면 기대수명이 몇 년 늘어나고, 와인을 몇 잔 마시면 노화 속도가 얼마나 늦춰진다는 식의 보도가 잇따랐다. 요즘은 달라졌다. 먹방, 쿡방 등이 인기를 끌면서 웰빙이란 두 글자가 언론에서 거의 자취를 감췄다. 장기 불황에 지친 소비자가 돈이 많이 들고 번거로운 웰빙보다는 적은 돈으로 원초적인 식욕을 채울 수 있는 식으로 구매 패턴을 바꾼 때문이다.

시청률에 민감한 매스컴도 이런 변화를 감지하고 소비자 취향에 맞는 말초적인 욕구를 자극하는 먹방과 쿡방으로 태세전환한 지 오래다. 특히 "맛있으면 0칼로리"라는 유행어는 이런 사회 변화를 압축적으로 보여준다. 맛난 음식을 먹으면서도 비만이나 성인병을 걱정하는 소비자들의 합리적이고 바람직한 방어 기제를 일거에 무너뜨린 '악마의 속삭임'이랄까. 그럼에도 이 말은 인터넷이나 일상생활에서 다이어트에 실패한 사람이 유머러스하게 자기합리화를 하는 수단으로 사랑받고 있다.

이제 과거 사랑받던 장수식품들은 소비가 눈에 띄게 줄고 있다. 와인의 제왕이었던 레드와인은 최근 달콤한 스파클링 와인에 밀려 점유율이 뚝뚝 떨어지고 있다. 녹차도 커피에 밀려 점점 설 곳이 좁아지고 있다. 이런 웰빙의 쓸쓸한 퇴장은 우리나라뿐 아니라 세계적인 현상이다. 글로벌 금융위기 이후 불황이 전 세계에 불어닥쳤기 때문이다. 웰빙 대신 정크푸드가 인기를 끈다는 사실이 개인적으로 참 쓸쓸하다. 그래도 어쨌든 예비창업자들에겐 유용한 정보이자 기회임에 틀림없다.

1인실·카페…
맞춤형 공부 환경에 만원사례

:

프리미엄 독서실

고3 수험생인 A양(18)은 시험 기간이면 공부하러 카페를 즐겨 찾는다. 독서실은 너무 조용해 기침만 해도 눈치가 보일 정도지만, 카페는 적당한 소음이 있어 마음이 편해지기 때문이다. 반면 단짝 친구인 B양(18)은 A양과 달리 아주 작은 소음에도 민감해하는 스타일이다. 때문에 둘은 시험 기간에는 서로 다른 장소에서 공부해야 했다. 요즘은 달라졌다. 다양한 환경의 공부방이 있는 프리미엄 독서실에 다니면서 둘은 시험 기간에도 같은 공간에서 공부할 수 있게 됐다. A양은 "카페는 손님이 붐비면 너무 시끄러웠던 데다 친구와 떨어져야 돼서 아쉬웠는데 프리미엄 독서실이 이런 고민을 다 해결해줬다. 친구와 함께 수능이 있는 11월까지 쭉 다닐 생각으로 6개월 이용권을 끊었다"고 말했다.

저출산으로 인한 학령인구 감소와 '물수능(수능 문제의 70%를 EBS교육방송과 연계해 수능이 쉬워진 현상)'은 사교육 시장을 침체시켰다. 교육업종 대장주인 메가스터디의 연평균 주가는 2011년 15만 115원에서 2012년 8만 729원, 2014년 6만 9,818원, 2016년 5월 6일 종가 기준 3만 9,700원으로 꾸준히 하락하는 중이다. 교육부의 교육통계연보에 따르면 국내 초등학생 수는 2014년 272만 9,000여 명으로 2004년(411만 6,000명) 대비 33.6%나 줄었다. 10년 만에 초등학생 수가 3분의 1 이상 급감한 것이다. 일각에서 "사교육 시장도 사양 산업"이란 얘기가 흘러나오는 배경이다.

그래도 한국 엄마들의 교육열이 어디 갈까. 아이템만 좋다면 사교육 시장은 언제든지 뭉칫돈이 오갈 만한 잠재력 있는 시장이라고 본다.

요즘 두각을 나타내는 건 프리미엄 독서실이다. 기존 독서실보다 더 고급스러운 분위기에 여러 가지 콘셉트(주제)의 공부방을 갖춘 게 특징이다. 앞의 A양과 B양 사례처럼 공부 환경에 대한 개개인의 욕구는 서로 다르다. 조용한 공간에서 혼자 공부해야 능률이 오르는 사람이 있는가 하면, 적당한 소음이 있어야 마음이 안정된다는 사람도 있다. 프리미엄 독서실은 이런 다양한 수요를 개인맞춤형으로 충족시켜준다는 점에서 차별화된다. 때마침 일선 고등학교에선 '강제 야자(야간자율학습)'를 폐지하는 추세여서 공부방에 대한 수요가 더욱 커지고 있다. 청년 실업으로 인해 점점 늘어나는 취업준비생도 프리미엄 독서실의 새로운 수요층이다.

독서실은 그간 독립 창업이 주를 이뤘다. 독서실 공간과 책걸상 정도만 갖춰 놓으면 운영비가 거의 안 들기 때문에 대표적인 소자본 창업 아이템이었다. 임차 보증금과 시설비(인테리어비) 등을 모두 더해도 5,000만 원이 채 안 들었다. 대신 그만큼 큰 수익을 기대하기도 어려웠다. 월 10만~15만 원가량의 등록비 외에는 추가 매출이 거의 없는 데다 학교 도서실이나 지역 내 도서관과 비교해 공부 환경이 크게 다르지 않아 만석을 채우기도 쉽지 않았기 때문이다.

프리미엄 독서실은 기존 독서실과 여러모로 다르다. 일단 대부분 프랜차이즈로 운영된다. 모임공간 토즈(TOZ)의 스터디센터를 비롯해 어썸팩토리, 온더데스크, 스터디플래닛, 그린램프스퀘어 등 현재 10여 가지 브랜드가 성업 중이다. 프랜차이즈 본사가 담당 직원을 배치해 시설이나 운영 상태를 감독하니 언제 어디서나 일정 수준 이상의 면학 분위기가 유지된다.

시설(인테리어)도 고급스럽다. 기존 독서실은 칸막이가 쳐진 책상들에 스탠드 조명이 달랑 붙어 있는 단조로운 구조였다. 프리미엄 독서실은 쾌적한 공부 환경을 위해 큰 창문을 달아 자연채광을 하거나 산소발생기로 맑은 공기를 공급한다.

무엇보다 다양한 콘셉트의 공부방이 백미다. 프리미엄 공부방은 크게 1인실로 이뤄진 개인형과 기존 독서실처럼 칸막이 책상이 있는 일반형, 그리고 카페처럼 오픈된 카페형 등 세 가지 형태의 공부 공간으로 이뤄져 있다. 온라인 강의를 청취할 수 있는 미디어룸을 갖춘 곳도 있다. 업계 관계자는 "조명이나 소음 등 주변 환경에 민감한 학생들이 '자신이 선호하는 공간에서 공부할 수 있다'는 데 큰 매력을 느낀다. 집중력이 필요한 암기 과목은

토즈 스터디센터 카페형 공부방

토즈 스터디센터 1인실 공부방

1인실에서 공부하다가 졸음이 오거나 지겨워지면 미디어룸에서 온라인 강의를 듣고, 또는 카페형 공부방으로 옮겨 공부를 계속하기도 한다"고 설명했다.

   이 같은 장점 덕분에 만석 행진을 이어가는 프리미엄 독서실이 적잖다. 업계 1위인 토즈의 경우 전국 153개(2016년 4월 초 기준) 스터디센터 등록 대기 기간이 평균 2개월에 달한다. 대치동 같은 주요 학군은 대기 인원이 공급 좌석의 세 배를 웃돌 정도. 야자가 전면 자율화된 부산시의 경우 2015년 말 토즈 스터디센터가 오픈한 지 2주 만에 100여 석이 다 찼다.

이용자의 대부분은 고등학생이다. 고등학생 비율이 전체의 70~80%에 달하며 나머지는 고시, 취업 준비 등 개인 공부를 하는 성인들이다. 중학생은 분위기를 흐릴 수 있다는 이유로 '10명 이하' 등 제한적으로 받는 경우가 많다.

프리미엄 독서실의 월 이용료는 10만 원대 후반~20만 원대 중반이다. 기존 독서실이 10만 원대 초중반인 점을 감안하면 최대 2배가량 비싸다. 프리미엄 독서실이 주로 서울 강남이나 분당, 목동, 일산 등 부촌과 신도시, 광역시 등에 위치하는 이유다.

일부 프랜차이즈는 학생들이 과외를 할 수 있도록 2인실이나 4인실을 운영한다. 가격은 인원당 두 시간에 5,000원 정도. 월 등록비가 수입의 전부인 기존 독서실에 비해 부가 수입을 창출할 수 있어 매력적이다.

인테리어 중요한 설치사업… 매출의 40%가 순이익

프리미엄 독서실을 창업하려면 비용이 꽤 든다. 쾌적한 공부 환경을 위해선 보통 60평 이상 점포가 필요한데, 이를 감안하면 인테리어 비용만 대략 2억 원이 소요된다. 여기에 임대 보증금과 권리금을 더하면 입지에 따라 3억~4억 원까지 올라간다. 단 독서실은 3층 이상에 입점하는 경우가 많아

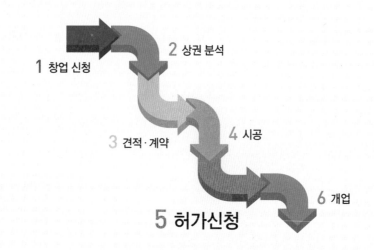

프리미엄 독서실 창업 절차

1 창업 신청
2 상권 분석
3 견적·계약
4 시공
5 허가신청
6 개업

상대적으로 임대료나 권리금이 저렴한 편이다.

초기 투자비용이 다소 비싸지만 수익률은 나쁘지 않다. 좌석이 총 70석이고 연평균 50석 정도 자리가 찬다고 가정했을 때 '50명×20만 원=1,000만 원+α'의 월 매출을 기대할 수 있다. 임대료와 관리비, 인건비 등을 제외한 예상 월 순이익은 매출의 약 40% 정도다. 성수기에는 등록률이 거의 100%에 이를 정도여서 기대수익률이 올라간다. 독서실의 성수기는 1년에 네 차례 있는 중간고사·기말고사 기간과 여름·겨울방학, 수능 전 기간 등으로 사실상 연중 대부분이 성수기에 해당한다고 볼 수 있다.

운영비가 적게 들고 업무 강도가 낮은 것도 장점이다. 독서실은 점주나 직원이 관리할 게 거의 없다. 점포가 아무리 커도 직원은 한두 명이면 충분하다. 자리만 지정해주면 각자 알아서 공부하고 나가기 때문이다. 덕분에 인건비가 적게 든다. 일이 간단하니 점주 대신 직원이나 아르바이트생한테 카운터를 맡겨도 문제없다. 실제 프리미엄 독서실 점포의 절반 이상은 점주가 아닌 매니저 체제로 운영되고 있다.

프리미엄 독서실의 또 다른 장점(?)은 학생들이 등록만 하고 자주 나오지 않는다는 것이다. 처음에는 불타는 학구열에 이끌려 독서실에 등록했지만 차츰 이런저런 핑계를 대며 출석을 게을리한다. 학생들이 등록만 해놓고 안 나오면 광열비, 감가상각비 등 각종 관리비가 절감된다. '낙전 수입(落錢收入, 정액 상품에서 구매자가 제공량을 다 쓰지 않아 남게 되는 부가수입)'이 쏠쏠하다는 점에서 헬스클럽과 비슷한 면이 있다.

담보대출 어렵고 경쟁점 포화 주의

프리미엄 독서실을 창업할 때 주의할 점은 크게 세 가지다.

첫째, 영업시간이 상당히 길다. 독서실은 보통 오전 아홉 시에 문을 열고 새벽 두 시에 닫아 영업시간이 17시간에 달한다. 점주가 직접 운영한다면 체력이 좋아야 하고, 직원을 쓴다면 인건비를 감안해야 한다.

둘째, 담보대출이 어렵다. 독서실은 교육청이 주관하는 규제 사업이다. 담보대출에 필요한 사업 허가를 받으려면 가게 계약과 인테리어 공사를 다 끝내고 교육청 실사까지 받아야 한다. 때문에 담보대출을 받고 인테리어

공사를 진행하려고 생각하면 낭패를 보기 쉽다. 강남의 한 프리미엄 독서실 점주는 "담보대출이 안 된다는 사실을 뒤늦게 알고 신용대출을 받아 겨우 창업했다. 신용대출은 담보대출에 비해 한도도 작고 금리가 높아 다소 불리한 측면이 있다"며 "사전에 자금 마련 계획을 철저히 세우는 게 중요하다"고 조언했다. '인테리어 공사를 다 해놨는데 교육청이 사업 허가를 안 내주면 어쩌나' 걱정될 수 있다. 하지만 상위 프랜차이즈의 경우 노하우가 있는 가맹본사가 인테리어나 교육청 실사 준비 등 창업 절차를 도맡아 진행해줘 사업 허가를 못 받는 경우가 거의 없다. 교육청 실사 후 출입문 위치를 조정하는 정도의 간단한 추가 공사만 진행하면 되고 이 비용은 가맹본사 측에서 대부분 부담하는 편이다.

셋째, 최근 점포가 급증하고 있어 인근 점포 현황을 잘 파악해야 한다. 프리미엄 독서실이 많지 않은 지역은 옆 동네에서 버스를 타고 오는 학생이 적잖다. 그러나 향후 점포가 늘어나면 이 같은 장거리 고객들이 급감할 수 있다. 따라서 창업하려는 지역의 학생 수와 학군 수준, 인근 프리미엄 독서실 존재 여부 등을 종합적으로 꼼꼼히 따져보는 것이 중요하다.

브랜드 대표와 만나다 | **김윤환** 토즈 창업주 겸 대표 |

"어른도 공부하는 스터디센터 만들겠습니다"

2015년 11월 토즈 스터디센터 100호점 오픈을 앞두고 김윤환 토즈 대표를 인터뷰했다. 김 대표는 한국외대 무역학과를 졸업하고 미국 공인회계사(AICPA) 자격증을 취득한 글로벌 인재다. 그럼에도 공간 임대 사업에서 비전을 찾아 창업의 길을 걷게 됐다.

"취업 준비생 시절 스터디 모임을 하려 할 때 적합한 환경이 없다는 데 늘 갈증을 느꼈습니다. 일, 공부 등 특정 목적에 최적화된 공간이 필요하다는 걸 그때 느꼈죠. 그냥 대기업에 취업할 것인지, 주위 반대를 무릅쓰고 모임 공간에 대한 갈증을 풀 것인지 고민하다 결국 창업을 결심하게 됐습니다."

2001년 모임 공간 토즈를 설립한 데 이어 2011년 토즈 스터디센터 1호점(목동점)을 열었다. 이후 신규 지점을 2012년 8개, 2013년 15개, 2014년 37개, 2015년 57개, 2016년 4월 초 현재 35개(누적 153개)씩 늘리며 가파른 성장세를 이어가고 있다. 한 달 평균 15개씩 가맹점이 늘고 있다. 이런 추세라면 2016년 총 지점수 240개 달성 목표도 거뜬히 달성할 것으로 보인다.

이렇게 신규 지점이 급증하는데도 토즈의 지난 15년간 가맹 폐점률은 0%라고 한다. 다점포율도 24.4%(2016년 2월 초 기준)로 높은 편이었다. 점주들의 만족도가 상당히 높음을 알 수 있다. 김 대표는 향후 5년 안에 국내 토즈 스터디센터 500호점을 오픈, 전국 독서실 시장의 약 10%를 점하겠다는 포부다.

"토즈 스터디센터 점유율이 10% 정도 되면 학습 공간의 패러다임이 바뀔 것으로 기대합니다. 지금은 이용자 대부분이 고등학생이지만, 앞으로는 자격증 공부나 취업 준비하는 성인들도 토즈 스터디센터를 찾도록 할 겁니다."

김 대표는 일본, 중국 등 아시아권 진출도 준비 중이다. 적어도 2020년 안에 가시적인 성과가 나올 것이라고 말했다. 국내 스터디센터 시장이 포화됐다고 판단하거나 해외 사업을 고려하고 있는 예비창업자라면, 토즈의 해외 가맹점 개설에 관심을 가져보는 것도 좋을 듯하다.

"처음부터 2개점 오픈해 '시장 선점'했죠."

"처음부터 성공에 대한 확신이 있었어요. 대구엔 토즈가 없어 잘만 하면 시장을 선점할 수 있겠다 싶어 한 번에 두 개 점포를 열었습니다. 이 전략이 잘 먹혔던 것 같습니다."

대구에서 두 개의 토즈 스터디센터를 운영하는 황윤재 점주(49)는 처음부터 다점포 점주가 된 특이한 경우다. 오랜 사업 경험에 기반해 '될 것 같다'는 느낌이 들자마자 밀어붙인 결과다. 2015년 11월 대구 범어동에 첫 매장을 연 뒤 2주 만에 매호동점을 추가 출점했다. 그 전엔 대구에 토즈가 단 하나도 없었으니 토즈 입장에서 황 씨는 신규시장 개척자인 셈이다.

그렇다고 감에만 의존한 것은 아니다. 매장 오픈 전 시장조사에 만전을 기했다. 서울 강남 등 주요 지역 매장을 돌며 눈으로 직접 확인하는 절차를 게을리하지 않았다. 시장조사 결과 대구에 토즈를 들여와도 괜찮겠다는 판단이 섰고 과감히 투자했다. "토즈는 새로운 형태의 독서실인 만큼 성공할 것이란 자신이 있었다"고. 토즈는 기존 독서실과 달리 시설이 좋고 공부하는 타입에 맞게 학습 환경을 제공한다. 아주 조용한 방, 약간 소음이 있는 방 등 학업 습관에 따라 방을 선택할 수 있다.

개업한 지 3개월이 지난 지금 그는 본사 예상을 뛰어넘는 실적을 기록하고 있다. 좌석 점유율이 범어점은 90%에 이르고, 매호점도 50% 이상을 유지하고 있다. 황 씨는 "범어점은 학원가가 인접해 있어 반응이 좋다. 매호점도 주택가라는 점을 감안하면 괜찮은 성과"라며 흡족해했다. 황 씨는 조만간 점포 1~2개를 추가할 계획을 세우고 있다.

"대구 최초로 토즈 매장을 열어 시장을 개척했다는 자부심을 느낍니다. '이런 공간이 왜 이제 생겼는지 모르겠다'며 좋아하는 이용자를 볼 때마다 뿌듯합니다."

토즈 스터디센터 다점포 점주 특징

성별: 여성(64%) 〉 남성(36%)

연령: 40대(71%) 〉 50대(21%) 〉 60대(7%)

웹툰 정주행·이색 데이트 코스로
틈새시장 공략

:

만화카페

어렸을 때 만화책 안 읽어본 사람은 없을 것이다. 여느 아이들처럼 나도 만화책을 무진장 좋아했다. 따뜻한 방바닥에 배를 깔고 엎드려 하루 종일 수십 권의 만화책을 봐재끼던 기억이 생생하다. 감명 깊게 본 만화책은 아예 전 권을 사서 집에 소장해놓고 틈틈이 다시 읽었다. 내 친구들 중에도 그런 경우가 적잖았다. 무한한 상상을 마음껏 펼칠 수 있다는 점에서 만화는 앞으로도 남녀노소 모두에게 사랑 받으리라 믿는다.

만화책을 창업 아이템으로 삼으면 어떨까. 1990년대 초반까지만 해도 만화방은 유망 창업 아이템 중 하나였다. 하지만 1990년대 중반 비디오와 만화책을 빌려주는 대여점이 우후죽순 생겨나면서 만화방 인기는 급격히 시

만화카페 '섬'

들었다. 만화책 대여점의 인기도 오래가지 못했다. 2000년대 들어 가정마다 PC가 보급되고 인터넷으로 만화를 보는 웹툰 시장이 커지면서 종이 만화책은 이제 '구시대의 유물'이 되는 듯했다.

그런데 요즘 동네에서 거의 사라진 줄 알았던 만화방이 '만화카페'로 다시 부활하고 있다. 만화카페는 만화책을 보는 공간이란 점에서 만화방과 비슷하다. 단 인테리어가 훨씬 깔끔하고 세련돼졌다. 기존 만화방은 음침한 조명에 여기저기 뜯어진 낡은 소파, 켜켜이 쌓인 먼지에 담배 냄새로 찌든 공간이란 이미지가 많았다. 주요 고객층은 30~40대 이상의 남성이었고 주로 읽히는 책도 무협지나 성인만화, 성인소설 정도였다.

만화카페는 확 달라졌다. 일단 매장 크기가 최소 50평 이상으로 넓고 조명도 환하다. 주로 비치된 책은 일반 연재만화나 웹툰, 순정만화 등이다. 무

만화카페 '콩툰'

협지나 성인만화는 아예 안 갖다놓거나 따로 마련된 흡연실에 밀어 넣었다. 무엇보다 달라진 건 내부 인테리어. 캠핑지에서나 볼 법한 그네의자와 해먹, 공풀, 매트리스, 1~2인용 캡슐형 방이 다양하게 펼쳐진다. 마치 놀이터에 온 듯해 동심의 세계로 되돌아간 느낌이다. 일부 만화카페는 실내에서 고양이를 길러 여성 고객과 애묘인을 유혹한다. 이처럼 아기자기한 환경 덕분에 만화카페 주 고객층은 20대 초중반 여성이나 남녀 커플이 대부분이다.

업계에 따르면 만화카페는 2012년 무렵부터 신촌, 홍대 등 대학가 인근에서 하나둘 생겨나기 시작했다. 입소문을 타고 인기를 끌면서 2015년부터 프랜차이즈화가 본격적으로 진행되기 시작했다. 아직은 시장 초기여서 서울에만 약 50개 안팎의 가맹점이 영업 중인 것으로 파악된다. 최근에는 대구, 부산, 포항 등 주요 도시 중심으로 지방에서도 하나둘씩 점포 개설이 이뤄지고 있다.

만화방보다 고급스럽고 깔끔… 20대 여성·커플한테 인기

웹툰 전성시대인 요즘, 만화카페가 인기를 끄는 비결은 뭘까. 크게 두 가지로 요약된다. 우선 종이 책장을 넘겨보는 '아날로그'에 대한 향수 또는 호기심이다. 1990년대 후반 대여점을 통해 만화책을 빌려 읽고 자란 30대 이상 세대에게 종이 만화책은 향수를 불러일으킨다. 때문에 30~40대 직장인 또는 아버지와 아들 등 가족 단위 고객도 적잖게 방문한다. 그렇다고 10대 청소년 고객이 적은 것도 아니다. 어려서부터 웹툰을 보고 자란 '디지털 원주민' 세대가 만화책을 찾는 이유는 간단하다. 편안한 공간에서 마우스 스크롤이 아닌, 종이 책장을 넘기면서 만화를 보는 게 색다른 경험을 제공하기 때문이다.

또 만화카페는 웹툰보다 경제적이다. 웹툰은 온라인에 연재할 때는 무료지만 연재가 끝나면 회당 300~500원으로 유료화된다. 30회를 보려면 1만 원 안팎을 내야 한다. 반면 만화카페에선 30회 분량을 묶어 만든 단행본을 한 시간에도 두세 권씩 볼 수 있다. 만화카페 이용료는 한 시간에 2,500원 정도다. 연재가 끝난 웹툰을 100회 정도 정주행(첫 회부터 마지막 회까지 한 번에 쭉 몰아 보기)하면 온라인으로 구매하는 것보다 절반 이상 저렴하다. 특히 대부분의 만화카페는 '다섯 시간+음료 한 잔 9,000원' 식의 패키지 요금제

만화카페 '카페데코믹스'

만화카페 '다락'

를 운영한다. 주머니가 가벼운 10~20대 커플이나 학생들이 주말 데이트 장소로 선호하는 이유다.

만화카페 콩툰의 정혜진 홍보팀장은 "학생들이 하교하는 평일 오후 5~9시, 그리고 주말과 방학이면 만석이어서 매장 밖에 기다리는 줄이 길게 늘어설 만큼 많이 찾는다. 가장 많이 이용하는 패키지 요금은 '두 시간+음료 한 잔 7,000원'이다. 평균 객단가도 7,000원 정도"라고 말했다.

고층이나 지하 입점해 점포비용 저렴

만화카페 창업비용은 얼마나 될까.

대부분의 만화카페 프랜차이즈가 인테리어비와 만화책 구입비 등으로 총 1억 5,000만 원 정도를 제시한다(50평 매장 기준). 만화카페를 운영하려면 기본적으로 만화책을 2만~3만 권 정도는 구비해야 하는데, 이를 비치하려면 적어도 매장 크기가 45평 이상 돼야 한다. 점포는 크지만 주로 지하나 3층 이상 고층에 입점하기 때문에 점포 비용(보증금+권리금)은 상대적으로 적게 드는 편이다. 상권에 따라 점포 비용이 달라지지만 인테리어비와 점포 비용을 포함해 대략 2억 원대 중반~3억 원 정도를 생각하면 된다.

만화카페 '섬'의 오승민 대표는 "만화카페 입지로 가장 좋은 곳은 유동인구가 많은 도심지와 대학가 상권이다. 걸어갈 수 있는 거리라면 메인 상권에서 조금 떨어진 이면 도로도 나쁘지 않다. 대규모 주거단지가 근처에 있

만화카페 창업하려면		
인기요인		만화책 향수 + 저렴한 이색 데이트 공간
주 고객층		20대 초반 여성, 커플
매장 면적		50평 이상
창업 비용	인테리어 + 만화책 구입	8,000만 – 1억 500만 원
	보증금	3,000만 – 7,000만 원
예상 매출		500만 – 2,000만 원
예상 순이익		200만 – 1,000만 원
주요 브랜드		놀숲, 카페데코믹스, 섬, 즐거운작당, 콩툰, 애니북스
기타 특징		대학가 상권이 최적 입지, 업무 강도 낮음, 오픈빨 없음

다면 대여도 함께 진행해 부수적인 매출까지 기대할 수 있다"고 조언했다.

만화카페는 시간 요금제로 운영되고 음료·라면 등 식음 매출이 부수입으로 발생한다는 점에서 PC방 창업과 비슷하다. 단 종이책은 한 대 수십만 원하는 컴퓨터보다 저렴해 초기투자비가 적게 들고 감가상각도 거의 없어 이익률이 더 좋은 편이다.

매월 신간 만화책과 음료 식자재를 구입하는 비용은 다 합쳐서 150만 원안팎이다. 한창 바쁜 시간 외에는 점주 혼자서도 운영할 수 있을 만큼 업무강도도 그리 세지 않다.

2016년 2월 서울 화곡동에서 만화카페를 개업한 모 점주는 "고객들이 음료를 주문하고는 자리에 가서 만화책을 보며 기다리니까 커피전문점처럼 음료를 빨리 만들어야 하는 부담이 별로 없다. A급 상권만 아니면 주부 혼자 운영해도 무리가 없다. 음료, 라면 등 부식 매출도 전체 매출의 30% 정도를 차지해 쏠쏠하다. 음료 가격은 커피전문점과 같은데 1인당 2500원씩 시간 요금이 추가로 걷히고 거의 100% 순이익으로 이어지니 커피전문점보다 더 낫다"고 흡족해했다.

고객이 평일 30명, 주말 100명씩 방문한다면 월 매출 약 1,000만 원, 순이익 500만 원 정도를 기대해봄직하다. 이건 점주가 직원을 두지 않고 혼자 운영했을 때 기준이다. 직원을 풀타임으로 돌린다면 인건비만큼 순이익이 줄어드는 점을 감안해야 한다.

'오픈빨' 없고 만화 지식 갖춰야

우선 개업 초기 안정화 기간이 3~6개월 정도 걸리는 점을 감안해야 한다. 보통 식당이나 주점 같은 외식업은 신장개업을 하면 '저기는 어떤 맛일까' 하는 호기심에 고객들이 몰려온다. 이른바 '오픈빨'이다. 그런데 만화카페는 오픈빨을 기대하기 어렵다. "만화카페는 아직 시장 초기여서 상권마다 고객층이 형성돼 있지 않다. 점주가 해당 상권에서 개업한 뒤 3~6개월 정도 홍보를 통해 신규 수요를 창출해야 한다"는 게 박형준·박일열 카페데코믹스 공동대표의 설명이다.

업계에선 50대 이상 베이비붐 세대보다는 젊은 감성을 가진 점주가 창업하는 것을 추천한다. 젊은 고객층에게 인기 있는 만화책이 무엇인지 파악해

재빠르게 신간을 채워 넣어야 하는 데다, SNS 홍보도 중요하기 때문이다.

　박형준 대표는 "젊은 고객층이 잘 안 읽는 무협지나 성인만화를 섞어 3만 권을 채우는 것보다는 인기 있는 웹툰이나 연재만화로 2만 권을 채우는 게 낫다. 만화책의 수량보다는 구성이 더 중요하다는 얘기"라고 말했다. 오승민 대표는 "만화카페를 창업하면서도 만화에 대해 공부하는 이들은 별로 없더라. 만화카페 창업에 관심이 있다면 만화 관련 지식을 어느 정도는 갖추고 접근하길 바란다"고 말했다.

　만화카페가 최근 트렌드와 부합하는 만큼 프랜차이즈 창업 문의도 늘고 있다. '애니북스'처럼 프랜차이즈는 아니지만, 독립 점포로 창업하는 것을 지원해주는 곳도 성업 중이다. 때문에 창업하려는 입지 인근에 비슷한 점포가 얼마나 있는지 따져보는 건 필수다.

실내에서 던지고 때리고…
'야구 열기' 돈 되네

⋮

스크린야구

868만 명.

한국야구위원회(KBO)가 발표한 2016년 정규시즌 목표 관중수다. 우리 국민 여섯 명 중 한 명이 야구를 즐길 것이란 기대다. 야구에 대한 관심이 높아지면서 창업시장에서도 스크린야구가 각광받고 있다. 2000년대 후반 열풍을 일으켰던 스크린골프처럼 새로운 놀이문화로 자리 잡을 수 있을지 관심을 모은다.

야구 포털사이트 '게임원'에 따르면 국내 공식 야구 동호인 클럽은 약 3,600개, 회원수는 10만 명에 육박한다. 사회인 야구 동호회는 2만여 개, 회원 규모는 약 50만 명으로 추산된다. 이처럼 야구 관람에만 그치지 않고

스트라이크존

직접 해보고 싶은 이들이 많지만 인프라가 크게 부족한 수준이다. 문화체육관광부에 따르면 국내 야구장과 야구연습장은 각각 200개, 1,000개 수준이다.

　이런 상황에서 야구 동호인들에게 대안으로 떠오른 곳이 바로 스크린야구장이다. 야구공, 배트, 운동장 등 야구 장비나 공간이 부족한 야구 동호인들이 쾌적한 실내에서 야구를 즐길 수 있다는 게 강점이다.

　업계에 따르면 스크린야구장은 2014년 상반기부터 하나둘 생겨나기 시작, 2016년 상반기 현재 전국에 150개 안팎에 불과하다. 스크린골프장이 전국에 무려 7,000여 개나 있는 점을 감안하면 시장이 '극초창기'라는 게 업계 설명이다. 부산, 창원, 대구, 광주 등 야구 열기가 뜨거운 지방 도시에서 먼저 인기를 끌고 최근 수도권으로 올라오는 추세다.

스크린야구는 시뮬레이션 장비(HW)와 프로그램(SW) 수준이 게임의 질을 좌우한다. 때문에 장비를 공급하고 프로그램을 2~3년에 한 번씩 업그레이드해주는 업체가 사실상 가맹본사 역할을 하는 프랜차이즈 사업이다. 100개 안팎 매장을 연 리얼야구존이 업계 선두이며 스트라이크존, RSB 스크린야구, 야구스타, 레전드야구존 등이 10개 안팎으로 뒤를 잇고 있다 (2016년 5월 기준). 매장 인테리어나 공이 날아오는 속도, 스크린 화질, 경기 방식 등이 브랜드별로 조금씩 다르지만 사실상 큰 차이는 없다. 이용자가 준비 자세를 취하면 투수 모습의 스크린에서 야구공이 날아오고, 공을 방망이로 치면 센서가 작동해 안타인지 파울인지 등을 스크린을 통해 보여준다.

주고객층은 20~30대 남성이 70%, 여성과 청소년 및 가족 이용객이 나머지 30% 정도다. 여성과 청소년을 위해 공의 속도나 비거리를 조정하는 핸디캡 기능도 있어 남녀노소 누구나 경기를 즐길 수 있다. 아직 시장 초기여서 야구를 좋아하는 남성 고객이 대부분이지만, 차츰 시장이 커지고 대중화되면 가족 이용객 비중이 더 늘어날 것으로 보인다.

김종선 리얼야구존 경영관리팀 전무는 "평일은 저녁 여섯 시부터 밤 열한 시까지, 주말은 거의 하루 종일이 피크타임인데, 이 시간에는 미리 예약을 안 하면 방이 없어 기다려야 할 만큼 인기가 뜨겁다. 평일 저녁에는 회식하는 직장인들이, 주말이면 아이들을 동반한 가족들이 많이 온다. 스크린골프는 공을 칠 때 집중해야 하니까 여럿이 가도 조용해야 하지만, 야구는 응원도 하고 소리도 지를 수 있어 스트레스가 더 해소된다"고 분위기를 전했다. 스트라이크존 관계자는 "올 초 가맹 사업을 시작한 지 3개월 만에 벌써 30여 개 가맹점 계약이 이뤄졌다. 연말까지 40개 가맹점 오픈을 계획했는데, 반응이 뜨거워 70개로 목표치를 상향조정했다. 2016년 5월에는 스트라이크존 가맹점인 서울 잠실구장이 월 매출 7,000여만 원, 일 매출 420여만 원을 기록했으며 직영점인 논현구장의 월 매출 역시 5,500여만 원을 달성했다"고 귀띔했다.

최소 100평 이상 넓은 매장 필요

스크린야구장을 창업하려면 최소 100평 이상 넓은 매장이 필요하다. 공이 날아오는 거리가 있어야 하는 특성상 스크린골프장보다 방이 더 크기 때문이다. 점포 비용이 저렴한 지방의 경우 최고 250평 이상 대형매장도 있다고 한다.

리얼야구존의 경우 이용자에게 가장 인기가 있어 회사가 권장하는 방 크기는 4.5미터×15미터 정도다. 특실 개념의 대형방은 세로 길이가 18.44미터에 달한다. 실제 투수와 타자 사이 간격과 일치해 사회인 야구인들이 선호한다고 한다.

스크린야구 장비 가격은 한 대에 5,000만~6,000만 원 정도다. 매장마다 보통 네다섯 개 들어가므로 장비 구입비만 2억~3억 원이 든다. 여기에 인

스크린야구장 창업하려면		
인기요인		국민적인 야구 인기, 실내에서 쾌적하게 야구 경기 가능
주 고객층		20~30대 남성 대부분이지만 가족 고객도 증가
매장 면적		100평 이상
창업 비용	인테리어비	평당 130만 원 안팎
	장비 구입비	장비당 5,000만 – 6,000만 원대(리스 가능)
이용요금		시간당 3만 5,000 – 5만 원
순이익율		매출의 약 50%
주요 브랜드		리얼야구존, 스트라이크존, RSB스크린야구, 야구스타, 레전드야구존 등
기타 특징		설치사업이므로 매장 크기나 인테리어가 중요 야구 열기 높은 도시가 유리

테리어비(평당 130만 원 안팎)와 점포비용(보증금+권리금)을 더하면 창업비용은 4억~5억 원 안팎이 소요된다. 단 장비를 리스로 구입할 경우 초기 투자비는 다소 줄어든다. 대신 연 8~10% 정도의 이자를 부담해야 한다. 입지는 점포비 부담을 줄이기 위해 지하나 고층에 입점하는 경우가 대부분이다. 직원은 한두 명이면 충분하다.

스크린골프장은 이용자 한 명당 2만 원 안팎의 요금을 받는다. 반면 스크린야구장은 노래방처럼 이용시간에 과금한다. 방 크기에 따라 한 시간당 3만 5,000~5만 원의 요금을 받는다. 한 시간이면 9이닝 경기를 진행할 수 있어 이용 빈도가 높다.

이를 기준으로 예상 수익률을 따져보자. 평균 이용요금 4만 원에 일평균

30팀이 한 시간씩 이용할 경우 월 매출 3,600만 원, 월 순이익 1,800만 원(순이익률 50%)이란 계산이 나온다. 일반음식점 및 주류 판매 허가를 내면 부수입도 올릴 수 있다. 야구를 즐기면서 시원한 맥주를 찾는 고객이 많아 식음 매출이 전체의 10% 정도다.

김종선 전무는 "적게는 평일에 25팀, 많게는 주말에 100팀까지도 온다. 매출이 잘 나오는 매장은 월 매출 5,000만~6,000만 원도 나온다. 스크린야구장은 설치사업이어서 초기 투자비용 외에는 운영비가 많이 안 드는 게 장점"이라고 말했다.

대표적인 설치 사업… 인테리어가 경쟁력

스크린야구장을 창업할 때 주의사항은 다음과 같다.

우선 스크린야구 프로그램은 버그(오류) 없이 잘 돌아가야 한다. 버그 발생이 잦고 고치는 데 시간이 오래 걸리면 소비자는 지루함을 느껴 재방문을 꺼릴 수 있다. 가맹본사의 프로그램 개발 및 AS 관리 역량은 물론, 소비자의 인지도나 선호도를 함께 고려해서 브랜드를 선택해야 한다.

로열티 수취 방식도 브랜드마다 조금씩 다르다. 스트라이크존은 게임당 2,880원(VAT포함)씩 받는 일종의 '정률제'지만, 리얼야구존은 장비당 월 30만 원만 받는 '정액제'다. 고객이 일정 수준 많으면 정액제, 적으면 정률제가 유리하다.

계절에 따른 매출 변동성도 감안해야 한다. 스크린야구는 실내스포츠 특성상 야외활동이 제한되는 여름과 겨울, 그리고 프로야구 시즌이 성수기다. "아직은 시장 초기여서 연중 내내 매출 변동성이 크지 않다. 하지만 시장이 성숙기에 접어들면 비수기에 매출이 떨어질 수 있다"는 게 업계 설명이다.

스크린야구장이 위치하는 도시의 야구 열기도 중요하다. 업계 1위인 리얼야구존도 서울에는 매장이 아직 신논현점 한 개밖에 없다. 야구 열기가 뜨거운 지방에서 먼저 출점이 시작됐기 때문이다. 매장 포화 여부와 도시의 야구 열기 등을 감안해 입지를 선택해야 한다.

스크린야구는 아직 대중화가 덜 돼서 그 존재를 잘 모르는 이들도 많다. 리얼야구존 신논현점의 경우 지나가다 우연히 간판을 보고 알게 돼서 들어오는 손님도 적잖다고 한다. 따라서 시장이 어느 정도 성장할 때까지는 젊은 유동인구가 많은 번화가나 유흥가 등 목이 좋은 곳을 노리는 게 유리해 보인다. 주요 상권을 선점하기 위해 리얼야구존 매장을 다섯 개나 창업, 운영 중인 다점포 점주도 있다. 아직 매장이 많지 않은 서울은 공략할 곳이 많다. 김종선 전무는 건대, 노원, 수유, 신림 등을 추천했다. 홍대도 좋지만 임대료가 너무 비싸고 100평 이상 매장을 열 만한 큰 건물이 부족한 점이 아쉽다고.

또 스크린야구장에 가보면 카운터 옆에서 야구용품을 갖다 놓고 파는 경우가 많다. 하지만 사가는 고객은 거의 없다고 하니 판매 이익은 기대하지 않는 편이 좋겠다. 인테리어의 일종이라고 생각하자.

스크린야구 시장에 대한 전문가들의 전망은 대체로 긍정적이다. 강재성 현대증권 애널리스트는 "야구는 국내 4대 프로스포츠 중 하나로, 경기 당 평균 관중 순위에서 상위 다섯 개 구단 중 세 개가 야구일 정도로 인기가 매우 높다. 국내 프로야구 관람객은 2016년 800만 명에 이를 것"이라며 "이 중 절반 수준인 300만~400만 소비자가 스크린 야구시장에 참여한다면, 시장규모가 스크린 골프 시장의 40% 수준인 1조 원 규모까지 성장 가능할 것"이라고 내다봤다.

강병오 FC창업코리아 대표도 비슷한 의견이다. 그는 "우리나라는 그동안 노래방, 비디오방, 스크린골프장 등 '방' 문화가 쭉 인기를 끌어왔다. 스크린야구장 역시 가까운 매장에서 연인이나 친구, 가족 단위로 안락하게 야구를 즐기고 싶어 하는 소비자들에게 큰 인기를 얻을 것으로 보인다. 아직 시장 초기인 만큼 블루오션이라고 판단하고 매장이 급증할 것"이라며 "단 스크린야구장은 설치사업 특성상 매장이 어느 정도 크고 고급스러워야 한다. 당장 작은 매장으로라도 급하게 창업했다가 옆에 더 고급 매장이 들어서면 고객을 뺏길 수 있으니 주의가 필요하다"고 조언했다.

스크린야구는 정부 시책과도 부합한다. 문화체육관광부는 스포츠 산업 발전과 국민건강 증진을 위한 '스포츠 비전 2018' 정책을 통해 우리 국민들의 생활체육참여율을 2013년 43.3%에서 2017년 60%로 끌어올리겠다고 밝혔다. 이를 위해 스포츠 시뮬레이션 산업 시장도 2017년까지 53조 원 규모로 육성하겠다는 방침이다. 스크린야구는 스크린골프보다 관람 인구나 세대 구성이 훨씬 많고 다양한 데다, 공을 던지거나 때리는 단순한 게임 방식 특성상 스크린(시뮬레이션) 스포츠로 키우기에 가장 적합하다는 평가다.

승마나 사격도 기술적으로는 이미 스크린 스포츠로 개발할 수 있는 상황이다. 하지만 시장 규모가 작고 즐기려면 전문성이 필요하다는 단점 탓에 산업으로 발전하지 못했다. 특히 사격은 위험하다는 이유로 총알 대신 레이저로 게임이 진행되다 보니 타격감이 떨어진다는 게 치명적이었다.

업계에선 향후 스크린 스포츠가 가상현실(VR) 기술과 만나 더욱 활성화될 것으로 기대한다. 골프와 야구 다음으로 유망한 스크린 스포츠 종목은 레이싱이다. 가상현실 헤드셋을 쓰고 시뮬레이션으로 운전을 하면 실제 레이싱을 하는 듯한 속도감과 박진감을 즐길 수 있을 것이란 관측이다.

다양한 가상현실 콘텐츠를 체험할 수 있는 '가상현실방(VR방)'도 서울 강남에 오픈 예정이라고 한다. IT담당이기도 한 나는 가상현실 시장을 취재하면서 오큘러스(페이스북)와 기어VR(삼성전자), 구글 카드보드 등 현재(2016년 5월)까지 개발된 최신 VR헤드셋을 두루 체험해봤다. 그 결과 '아직 현실과 혼동할 만큼의 극사실적인 체험을 제공하기는 역부족'이라고 판단된다. 현재로서는 콘텐츠도 부족하고 무엇보다 화면에 격자가 보여 몰입을 방해한다. 단 VR기술이 매년 놀라운 속도로 발전하고 있는 만큼 적어도 2020년 안에는 VR방이 DVD방 같은 형태로 대중화되지 않을까 기대한다.

03

어서 와,
창업은 처음이지?

편의점·수입차·병원서
카드 더 긁었다

⋮

빅데이터로 읽는 창업 트렌드

바야흐로 빅데이터[10] 시대다. 방대한 데이터를 분석해서 요즘 뜨고 지는 업종이나 상권을 알려주는 서비스가 유행이다. 특히 수천만 명의 회원을 보유하고 있는 신용카드 업계나 이동통신업계, 도시철도공사 같은 곳에서 활발히 이뤄지고 있다.

2016년 5월 〈매경이코노미〉 커버스토리 '빅데이터로 본 불황극복 10대 업종'을 취재하면서 삼성카드 빅데이터연구소가 삼성카드 개인회원 1,100

---

10 인터넷 검색이나 구매 기록 등 일상에서 디지털 형식으로 생성되는 방대한 데이터. 현금 대신 신용카 드나 체크카드 사용 증가, SNS(소셜네트워크서비스) 사용 증가 등으로 일상의 기록이 점점 디지털 화되면서 빅데이터를 분석해 소비자들의 구매 패턴이나 트렌드를 파악하는 비즈니스가 뜨고 있다.

만 명의 지난 3년간(2013~2016년) 신용카드 이용내역을 조사한 자료를 볼 수 있었다. 편의점, 커피전문점, 네일아트, 완구 등 내수시장의 233개 주요 업종에서 삼성카드 가맹점수와 이용건수, 이용금액이 얼마나 변화했는지 분석한 자료였다. 1,100만 명이면 어림잡아 우리 국민 다섯 명 중 한 명 꼴이다. 이 정도 빅데이터면 국내 시장 흐름을 상당 수준 반영할 수 있다고 본다[11].

전반적인 분석 결과는 이렇다. 지난 3년간 233개 업종에서 삼성카드 가맹점수는 평균 9%, 이용건수는 26%, 이용금액은 10% 증가했다. 가맹점수가 늘었다는 건 해당 업종에서 카드단말기를 설치한 점포가 늘었다는 얘기다. 기업이나 자영업자가 그 업종이 유망하다고 판단해서 점포를 늘린 것으로 해석된다. 이용건수나 이용금액 증가는 소비자들이 그 업종에서 카드를 많이 긁었다, 즉 소비가 많이 늘었다는 얘기다.

단 가맹점수와 이용금액 증가율에 비해 이용건수 증가율이 더 높다는 건 의미심장하다. 소비자들이 예전보다 현금 대신 카드를 더 많이 쓰게 됐음을 보여준다. 나만 해도 현금을 전혀 갖고 다니지 않는다. 현금 없는 사회가 점점 가까워오는 것이다. 카드 이용금액 평균 증가율(10%)보다 더 높으면 뜨는 업종, 낮으면 지는 업종이라고 볼 수 있다. 전체 업종 대비 상대적으로 성장성이 높거나 낮은 업종이기 때문이다.

---

11 자세한 내용은 〈매경이코노미〉 '빅데이터로 본 불황 극복 10大 업종' 기사 참조. 2016. 5. 11.

항목별 상승률 상위 10개 업종

〈단위: %〉

순위	가맹점수	상승률	이용건수	상승률	이용금액	상승률
1	커피전문점	55.2	가구	128.0	편의점	96.4
2	주차 서비스	54.9	주차 서비스	93.1	수입차	60.3
3	차량 견인	54.1	편의점	89.5	병원	58.9
4	캠프장	53.1	전문용역서비스	79.5	전문용역서비스	57.8
5	전문용역 서비스	52.5	완구	71.5	주차서비스	57.4
6	발관리 네일아트	43.8	커피 전문점	61.7	가구	56.8
7	병원	33.3	캠프장	59.1	완구	56.6
8	세차 서비스	29.5	병원	58.5	동물원 박물관	52.4
9	피부미용	28.3	놀이방 어린이집	50.2	피부미용	49.0
10	청소	25.1	인테리어 자재	44.2	커피전문점	46.8

자료: 삼성카드

카드 이용금액 증가율: 편의점, 수입차, 병원, 전문용역, 주차 순

지난 3년간 이용금액 증가율이 가장 높았던 상위 10개 업종을 살펴보면, 편의점이 96%로 압도적인 1위였다. 수입차가 60%로 2위, 병원이 59%로 3위, 이어서 컨설팅이나 경비 같은 전문용역 서비스, 주차 서비스, 가구, 완구, 동물원과 박물관, 피부미용, 커피전문점이 47~58% 성장률을 보여 10위권을 형성했다.

편의점이 1위로 나타난 데 대해 고개를 갸웃하는 사람은 거의 없을 것이다. 그만큼 최근 편의점의 성장세는 단연 돋보인다. 빅데이터로도 여지없이 드러났다.

주의할 점 한 가지가 있다. 빅데이터를 분석할 때는 숫자를 곧이곧대로 믿으면 안 된다. 지난 3년간 편의점 업종에서 삼성카드 이용금액이 96% 증가했다 해서 편의점 매출이 3년간 거의 두 배 늘었다고 볼 수는 없다는 얘기다. 원래 현금으로 결제하던 소비자들이 카드로 결제하는 비율이 늘면서 카드 이용금액이 증가하는 착시 효과도 있을 수 있기 때문이다. 실제 앞서 언급한 이용금액 증가율 상위 10개 업종은 대부분 카드 이용건수 증가율 순위에서도 상위권에 속했다.

업계에 따르면 편의점은 오피스 상권이나 유흥가 상권에 입지한 경우 카드 결제율이 거의 90%에 육박한다고 한다. 요즘은 1,000원 이하 소액결제도 카드로 할 수 있고, 삼성페이나 카카오페이 같은 간편결제도 활성화되면서 갈수록 카드 이용비율이 높아지는 추세다. 만일 현금 구매에서 카드 구매로 단순히 결제 수단만 바뀐 것이라면 편의점 등 해당 매장의 수익성은 오히려 감소했을 것이다. 카드 결제가 늘면서 2% 안팎의 카드 수수료만 더 뗄 테니 말이다.

이런 점을 감안하면 편의점 매출이 3년 전보다 두배 늘었다고 그대로 믿기는 어렵다. 그래도 카드 이용금액 증가율은 분명 상당한 수준이므로, '요즘 소비자들이 편의점 등 상위 10개 업종에서 카드를 많이 긁고 있구나(소비를 많이 하고 있구나)' 하는 방향성만 감지하는 정도면 족하다.

뜨는 업종 얘기로 다시 돌아오자.

카드 이용금액 증가율 2위 업종은 수입차였다. 이것도 말이 된다. 한국수입자동차협회(KAIDA)에 따르면 2015년 국내에서 팔린 승용차 대수는 총 157만 676대. 이 가운데 수입차는 24만 3,900대로 15.5%를 기록했다. 2014년(13.9%)보다 1.6%포인트 올라 사상 최고치를 경신했다. 국내에서 팔리는 자동차 6~7대 중 한 대는 수입차라고 할 만큼 수입차 전성시대다.

수입차 업종에서 다시 연령이나 성별로 분석을 해봤더니 20대를 제외한 모든 연령층에서 여성의 이용금액 증가율이 남성보다 높게 나타났다. 절대적으로 보면 남성 고객이 여성 고객보다 두 배 정도 많긴 하지만, 상대적으로는 여성 운전자들이 수입차를 구매하는 비율이 더 빠르게 늘고 있는 셈이다.

주차, 세차서비스 업종에서 카드 이용금액이 각각 57%, 30% 증가한 것도 수입차 구매 증가와 연계해서 해석할 수 있다. 비싼 차를 사면 그만큼 관리에 더 신경 쓰게 되니까 주차나 세차 같은 서비스도 더 많이 이용하게 됐을 터다.

이는 가치소비 트렌드와도 맞물린다. 요즘 젊은 사람들 중에는 '내가 집은 좀 좁은 데서 살아도 차는 좋은 거 타고 다니겠다'는 경우가 많다. 무리하게 할부로 수입차나 고급차를 뽑기도 한다. 이렇게 '내가 좋아하는' 자동차에 돈을 아끼지 않는 포미족(For Me族) 덕분에 자동차 관련 소비는 당분간 계속 증가할 것으로 보인다.

병원과 완구도 카드 이용금액이 많이 늘었다. 병원은 고령화 시대, 완구는 저출산 시대를 반영하는 것으로 보인다. 병원은 양방 병원과 한의원을 모두 포함해 가맹점수가 3년간 33% 늘었지만 이용건수나 금액은 50% 이상 증가한 것으로 나타났다. 병원이 늘어나는 속도보다 환자가 늘어나는 속도가 더 빨랐다는 얘기다. 개별 병원 입장에서는 수익성이 높아졌을 것으로 짐작된다.

완구도 가맹점수는 24%만 증가했는데 이용건수는 72%, 이용금액은 57%나 증가했다. 출산율 저하로 아동 인구가 급감하고 있음을 감안하면 완구 시장이 침체할 것이란 관측도 나올 만하다. 그러나 결과는 반대였다. 오히려 시장이 더 커졌다. 집집마다 아이가 귀해지다 보니 장난감도 더 비싸고 좋은 것으로 많이 사주고 잘 해주는 '소황제(小皇帝, 과보호를 받으며 자라는 외동아이. 중국에서 유래)' 또는 '에잇포켓(Eight Pocket, 한 명의 아이를 위해 부모, 친조부모, 외조부모, 삼촌, 이모 등 8명의 지갑이 열린다는 의미)' 트렌드가 반영된 것으로 풀이된다.

유학원 인기 시들, 커피전문점은 포화

카드 이용금액이 줄어든 곳도 있다. 유학원이 대표적인 예다. 가맹점수는 17%, 이용건수 26%, 이용금액은 각각 2%씩 감소했다. 지난 3년간 유학원이 늘어나기는커녕 기존 유학원도 손님이 줄어서 폐점이 진행됐음을 유추할 수 있다.

이유가 있다. 2000년대에는 '기러기 아빠'라는 말이 유행할 만큼 조기유학이 인기였지만 요즘은 트렌드가 달라졌다. 조기유학을 잘 안 보내는 분위기다. 한국교육개발원에 따르면 2006년 2만 9,000여 명이었던 초중고 유학생이 2014년에는 1만 1,000여 명으로 8년 만에 절반 이상 감소했다. 특히 30대에서 이용회원수가 50% 이상 가장 크게 줄었다. "늦게 결혼하는 만혼이나 저출산 추세로 인해 30대 부부의 자녀 유학에 대한 소비가 대폭 감소했다"는 게 삼성카드 빅데이터연구소의 분석이다.

커피전문점 시장은 어떨까. 시장은 지속 성장하지만 점주 수익성은 갈수록 줄어드는 것으로 보인다. 커피전문점에서 카드 이용건수는 62%, 이용 금액은 47% 증가했다. 카드 이용금액 증가율이 전체 업종 중 10위에 해당한다. 이를 보면 커피 시장 규모가 전반적으로 성장하고 있는 건 분명 맞다. 문제는 지난 3년 동안 가맹점수도 55%나 증가했다는 점이다. 카드 이용금액보다 증가세가 더 가팔랐다. 고객들이 커피전문점에서 지출을 늘리는 속도보다 경쟁 점포가 늘어나는 속도가 더 빨랐다는 얘기다. 이렇게 되면 점주 수익성은 악화되기 쉽다.

카드 이용건수 증가율(62%)이 이용금액 증가율(47%)보다 더 높은 건 고객들이 이전보다 더 적은 금액으로 더 자주 카드를 긁었음을 의미한다. 최근 저가커피 확산 트렌드와 부합한다. 손님은 늘었는데 객단가는 낮아져 점주의 일손은 바빠지고 수익성은 줄었음을 시사한다.

그러니 전체 커피시장 성장세만 보고 섣불리 커피전문점 창업을 단행하지는 말라. 내가 보기에 유망하면 남들이 봐도 유망한 법. 경쟁자가 너무 많은 포화 시장이다.

제2의 허니버터칩
당신도 만들 수 있다

:

맛도 유행을 탄다

옷이나 헤어스타일만 유행이 있는 게 아니다. 맛도 유행을 탄다. 신메뉴를 개발하거나 프랜차이즈를 선택할 때 유행하는 맛을 일찍 알고 벤치마킹한다면 쏠쏠한 재미를 볼 수 있다.

2014년 8월 출시되자마자 전국을 강타한 허니버터칩은 맛의 유행을 보여주는 대표 사례다. 품귀 현상을 빚은 허니버터칩의 유례없는 성공으로 식품업계에선 한동안 비슷한 맛의 미투(Me-too) 상품이 수십 개나 쏟아져 나왔다. 달콤하면서도 짭짤함이 가미된 허니버터맛은 한국인이 기존에 맛보지 못한 참신한 매력으로 인기를 독차지했다.

그런데 사람들이 잘 모르는 사실이 있다. 허니버터칩이 꿀맛 열풍의 진

2014년 하반기 품귀 현상을 빚으며 돌풍을 일으킨 허니버터칩

원지는 아니다. 프랜차이즈 업계에선 이미 2013년부터 꿀맛을 이용한 메뉴가 인기를 끌고 있었다. 소프트리, 밀크카우 등이 선보인 '벌집 아이스크림'이 그 예다. 소프트 아이스크림 위에 꿀을 밀랍 채로 얹어 달콤한 맛으로 인기를 끌었다. 또 2014년 초에는 한 치킨 프랜차이즈가 꿀맛이 가미된 신제품을 내놓아 소리 없이 인기를 끌기도 했다.

하지만 당시만 해도 업계에선 꿀맛이 유행하는 맛이라고는 미처 생각하지 못했다. 그리고 몇 개월 뒤 해태제과의 허니버터칩이 날개 돋친 듯 팔리자 그제야 무릎을 탁 쳤다고 한다. "아! 그래서 꿀맛 들어간 메뉴들이 잘 팔렸구나!"

최근엔 허니버터칩을 비롯한 꿀맛의 인기도 한풀 꺾인 듯하다. 유행은

돌고 도는 법. 2015년 하반기부터는 매운맛이 사랑을 받고 있다. 예전처럼 자극적인 매운맛이 아니라 '중독성 있고 맛있게 매운맛'이 인기다. 불닭볶음면과 짬뽕라면 열풍이 그 예다. 유행에 편승하기 위해 롯데리아는 짬뽕맛 햄버거인 마짬버거를 출시했다. 교동짬뽕, 홍콩반점 등 짬뽕 프랜차이즈 가맹점도 늘었다. BBQ, BHC치킨, 굽네치킨 등 치킨 프랜차이즈들도 앞다퉈 매운맛 신제품을 선보여 쏠쏠한 재미를 보고 있다.

식품업계에선 '불황일 때 매운맛이 인기를 끈다'는 속설이 있다. 매운 음식을 먹으면 스트레스가 풀린다는 이유에서다. 하지만 매운 음식을 잘 못 먹는 나로서는 수긍하기 힘든 해석이다. 불황이 어제오늘의 일도 아니지 않은가. 그보다는 매운맛이 워낙 강렬하고 한국인에게 익숙하다 보니 비교적 쉽게 유행을 타게 된 것 아닌가 싶다.

'매운맛 다음에는 단맛이 인기'라는 속설도 있다. 그래서 그런지 2016년 봄부터는 바나나맛 제품이 쏟아진다. 오리온이 42년 만에 초코파이의 자매품 '바나나맛 초코파이'를 출시하면서 품귀 현상을 빚기도 했다. 빙그레 바나나맛 우유도 출시한 지 42년이나 됐는데 2016년 들어 판매가 전년 동기 대비 15% 증가했다. 바나나맛이 제2의 허니버터맛이 될 것이란 얘기가 무성하다. 이외에도 막걸리, 카레, 타르트, 생크림빵 등 바나나맛을 차용한 신제품이 2016년 들어서만 수십 개 쏟아져 나왔다.

우리 국민이 늘 먹던 바나나인데 새삼 인기를 끄는 이유는 뭘까. 역시 몇 가지 해석이 나온다. 일단 그동안 허니버터맛이나 매운맛 같은 자극적인 맛이 인기였으니 이번엔 상대적으로 부드러운 맛을 찾게 된 것 아니냐는 분석이다. 바나나의 부드러운 맛이 짜고 매운맛에 지친 속을 달래주고 중

2016년에는 바나나맛 식품이 인기다

화시켜준다는 것이다. 바나나가 다른 음식이랑 같이 먹기에 좋다는 의견도
있다. 오리온 홍보팀에 "왜 바나나맛을 선택했냐"고 묻자 "사내 연구소에
서 2년 넘게 시장 조사하고 연구한 결과 바나나가 초코렛이랑 가장 궁합이
잘 맞는다는 결론에 이르렀다"는 대답이 돌아왔다. 그러고 보면 커피전문
점에선 진작부터 딸바(딸기&바나나), 망바(망고&바나나) 등의 생과일주스가
잘 팔렸던 것 같다. 이태원에선 바나나 튀김을 파는 가게도 성업 중이다.

어떤 해석이 맞는지는 단정하기 어렵다. 사실 창업을 하려는(혹은 이미 한)
입장에선 유행의 원인보다는 유행의 강도와 지속 기간이 더 중요하다. 창
업 아이템을 정할 때 현재 유행하는 것을 좇아도 될지 고민해야 하기 때문

이다. 유행이 한동안 지속될 것이란 확신이 든다면 잘나가는 프랜차이즈 가맹점을 내고, 그렇지 않다면 다음에 유행할 것을 기다려야 할 것이다.

내 생각엔 바나나맛 유행이 그리 오래, 또 세게 지속될 것 같지는 않다. 바나나가 우리 국민한테 전혀 새롭고 참신한 과일도 아닌 데다 자주 먹으면 느끼하기 때문이다. 이러한 생각에 동의한다면 바나나맛 이후 유행할 맛을 찾아볼 만하다.

2016년 하반기나 2017년에 유행할 맛은 무엇일까. 누구도 분명하게 예측하기 어려울 것이다. 단 그동안 유행했던 맛의 패턴을 보면 앞으로 유행할 맛이 어떻게 탄생할지 대충은 짐작할 수 있을 듯하다.

일단 웰빙 트렌드를 계속 눈여겨볼 만하다. 2000년대 초반 세계적으로 웰빙 열풍이 불면서 레드와인, 토마토, 녹차, 블루베리 등 이른바 장수 식품, 또는 슈퍼푸드로 불리는 음식이나 식재료가 인기를 끌었다. 일례로 프랑스 보르도에선 1963년 당시 화이트와인 생산량이 전체 와인의 51%에 달했는데, 2003년에는 레드와인 생산량이 89%에 이를 정도로 역전됐다. 보르도는 대서양과 맞닿은 바닷가 지역이라 전통적으로 생선 요리가 발달했다. 때문에 생선 요리와 궁합이 맞는 화이트와인을 많이 생산한 건 당연한 일이었다. 그런데 웰빙 열풍으로 레드와인 소비량이 급증하자 재빠르게 레드와인으로 아이템을 갈아탄 것이다.

물론 2000년대 초중반처럼 사회 전반에 걸쳐 대대적인 웰빙 트렌드가 다시 불 것 같지는 않다. 당시에는 웰빙이란 개념이나 신조어 자체가 참신해서 국민들에게 더 큰 파괴력을 가졌다. 그러나 요즘은 웰빙이 익숙하고 오래된 개념이고 용어가 됐다. 또 웰빙을 강조하는 건 개혁을 강조하는 것만큼이나 소비자를 피곤하게 하는 일이다. 소비자는 몸에 좀 안 좋아도 맛있는 음식을 먹고 싶은데 매스컴이 자꾸 웰빙만 강조하니 죄책감이 들기 때문이다.

요즘 먹방에서 "맛있으면 0칼로리"라는 식으로 소비자의 죄책감을 덜어주는 멘트가 인기를 얻는 건 이런 맥락에서다. 따라서 웰빙 트렌드가 앞으로 아주 큰 물결로 다가오기는 힘들겠지만, 그래도 식품 안전사고 등 관련 이슈가 발생할 때마다 웰빙은 꾸준히 소소하게나마 매력적인 개념으로 다가올 것이다.

해외의 고유 음식이나 과일이 국내에 새로 소개돼 인기를 끌 수도 있다.

우리나라 해외여행객 수는 해마다 200만~300만 명씩 급증하고 있다. 인천국제공항공사에 따르면 지난 2015년 한 해에만 약 2,000만 명의 우리 국민이 해외여행을 다녀왔다. 해외에 나가면 당연히 그 나라 음식을 맛보게 될 터. 그중에 한국에서 맛본 적 없는, 아주 맛있는 음식도 분명 있을 것이다. 이런 음식이 국내에 소개되면 히트를 칠 가능성이 있다. 실제 신흥 프랜차이즈의 상당수가 이런 식으로 성공 기회를 잡는다(해외에서 보편화된 서비스를 국내에 들여와 성공하는 건 음식뿐만이 아니다. 부동산 정보 앱 1위 '직방'과 소셜커머스 등 적잖은 벤처들이 해외 서비스를 벤치마킹했다).

2000년대 중반에 베트남 쌀국수 프랜차이즈가 등장해 인기를 끈 게 대표적인 예다. 망고와 자몽, 레몬도 해외 수입량이 증가하면서 관련 식품이 쏟아져 나왔다. 또 2010년대 초중반에는 대만에서 들여온 타피오카로 만든 버블티와 공차 프랜차이즈가 등장해 순식간에 국민들의 입맛을 사로잡았다.

그렇다면 어떤 나라의 음식이나 과일이 인기를 끌게 될까. 이를 알기 위해선 우리 국민들의 해외여행 트렌드를 살펴볼 필요가 있다. 최근 우리 국민이 해외여행을 많이 떠난 지역은 일본과 동남아다. 휴가를 안 내고도 주말에 훌쩍 떠날 수 있을 만큼 지리적으로 가까워 관련 여행상품이 많이 출시되었기 때문으로 보인다. 자주 보면 정이 드는 법. 처음에는 이국적으로 느껴지던 생소한 맛도 자꾸 가서 먹다 보면 익숙해지고 좋아하게 될 수 있다. 단 일식과 중식은 워낙 많이 알려져 '히든 챔피언' 같은 숨겨진 참신한 맛을 찾아내기가 쉽지 않을 듯하다. 일본의 문어빵인 타코야키 맛이 요즘 인기라는데, 이것 역시 10년도 더 전부터 국내에서 길거리 음식으로 팔리던 것이다.

나는 동남아 지역에 주목한다. 동남아 지역은 주변 강대국인 중국과 인도의 영향을 받아 짜고 매우며 향신료가 강한 음식이 발달했다. 그러면서도 자국의 전통 식재료를 활용한 독창적인 요리도 많다. 적당히 짜고 매운 음식은 한국인 입맛에 잘 맞다. 또 동남아만의 독창적인 요리 중 일부는 너무 이국적이어서 입맛에 안 맞지만, 또 일부는 타피오카처럼 새로운 영감을 줄 수도 있다.

내 경험을 얘기해보겠다. 나는 지난 2014년 10월 싱가포르에서 길거리 음식을 50여 가지 먹어봤다. 싱가포르는 세계 무역의 거점답게 전통적으로 다양한 길거리 음식이 발달한 나라다. 리콴유 전 싱가포르 총리는 도시 미관과 위생 관리를 이유로 길거리 음식을 파는 노점상들을 호커 센터

(Hawker Center)라는 현대식 푸드코트 건물에 몰아넣었다. 가로 세로 2미터씩 약 4제곱미터 크기의 점포수십 개가 서너 개 층에 걸쳐 다닥다닥 붙어 있다. 각 매장에 가서 음식을 주문하고 받아와서 중앙홀에 마련된 식탁에 앉아 먹는 구조다. 이런 호커 센터가 싱가포르 전역에 120여 개 포진해 있다. 서민층 직장인들도 아침 일찍 출근하거나 퇴근하는 길에 호커 센터에 들려 간단히 끼니를 때우곤 한다.

호커 센터에서 가장 눈에 띄었던 음식은 하이난식 치킨라이스(Hainanese Chicken Rice)다. 싱가포르로 이주한 하이난 섬 출신 중국인들이 고안해낸 음식으로, 싱가포르 사람들이 가장 즐겨 먹는 음식 중 하나다. 점심시간이면 호커 센터 어딜 가나 이 매장 앞에 2~3미터 이상 긴 줄이 늘어섰다. 닭가슴살을 연하게 쪄서 퍽퍽하지 않고 부드러운 식감이 일품이다. 닭가슴살에 칠리소스나 감식초를 뿌리고 생오이와 곁들여 먹으면 느끼한 맛을 잡아준다. 오이 대신 치킨무(무피클)로 국내에 현지화하는 것도 좋을 것 같다.

호커 센터가 아닌 일반 싱가포르 식당에서 맛본 음식 중에선 커피포크립(Coffee Pork Ribs)이 인상적이었다. 돼지 등갈비에 커피잼 소스를 발라 구운 요리다. 커피잼 소스는 커피 가루에 사과잼과 토마토소스, 시럽을 섞어 만든다. 돼지고기와 커피의 궁합은 한국에선 상상도 못 해봤는데 의외로 맛있었다. 커피의 알싸하고 진한 향과 사과잼의 새콤달콤함, 돼지갈비의 낮익은 식감이 어우러져 별미 중의 별미였다. 맛은 못 봤지만 커피 대신 코카콜라 소스를 바른 코카콜라립도 있다고 들었다. 언젠가 내가 외식 창업을 하게 된다면 한 번쯤 이색 메뉴로 개발해보고 싶다.

이외에도 기억에 남는 독특한 음식들이 많았다. 필리핀에 갔을 때도 마찬가지다. 동남아를 비롯해 해외여행을 하다가 맛있는 음식을 먹어봤다면 레시피를 연구해뒀다가 비슷하게라도 만들어서 팔아 보라. 혹시 아는가. 당신이 내년에 유행하는 맛을 창조하게 될지.

단일 메뉴 창업은 위험… 유행 편승이 안전

창업 트렌드를 설명하면서 나는 창업을 곧잘 주식에 빗대곤 한다. 유행도 주식과 비슷한 면이 많다. 둘 다 예측하기 어렵다는 점부터 그렇다. 장이 끝나면 주식 담당 기자들은 그 날 시황에 대한 분석 기사를 쏟아낸다. 알고 보면 끼워 맞추기식 설명이 대부분이다. 예측이 어려우니 그럴 수밖에. 유행도 마찬가지다. 지나고 봐야 보인다.

유행이 언제 시작해서 어느 정도까지 올라갔다가 언제 사그라질지는 전문가들도 장담하기 힘들다. 전문 인력이 즐비한 대기업이라고 나을 게 없다. 꼬꼬면과 허니버터칩이 공급 물량이 달릴 만큼 잘 팔리자 팔도와 해태제과는 그 인기가 계속될 줄 알고 공장을 증설했다. 그러나 공장을 다 짓기도 전에 인기는 한풀 꺾이고 말았다. 주가는 고점을 찍고 떨어지면 그제야 '아! 그때가 고점이었구나!' 돌이켜볼 뿐이다. 팔도와 해태제과의 공장 증설은 주식으로 치면 상투를 잡은 셈이다.

예비 창업자들도 상투 잡기를 경계해야 한다. 지금 매운맛과 바나나맛이 한창 인기라고 해서 이것만 믿고 창업하는 것은 위험하다. 단일메뉴 창업은 고위험 고수익 전략이다. 잘되면 대박이 나지만 안 되면 쫄딱 망한다.

반짝 유행에 그친 꼬꼬면

　그보다는 기존 메뉴에서 유행하는 맛을 활용한 신메뉴를 두세 개 개발해
'유행에 편승하는' 전략이 안정적이다. 2014년에 설빙의 눈꽃빙수가 돌풍
을 일으키자 커피전문점과 빵집 프랜차이즈 등에서도 눈꽃빙수 메뉴를 선
보여 재미를 본 것처럼 말이다. 잘되면 중박이고 안 되도 거의 본전이다. 물
론 얌체짓이지만 어쩌겠는가. 맛에는 특허가 없으니 모방해도 괜찮다.

먹고 마시는 장사는 그만
경험을 팔아라!

$\vdots$

블루오션 비외식 창업

창업을 준비하는 당신, 어떤 업종을 생각하고 있는가? 짐작컨대 외식 분야로 알아보고 있지 않을는지. 국내 창업시장의 약 70%는 외식 분야에 쏠려 있다. 굳이 통계를 안 들춰봐도 누구나 실감할 수 있을 듯하다. 거리에 나가보면 한 집 건너 음식점이고 한 집 건너 치킨집이니 말이다. 치킨, 커피전문점, 피자, 패스트푸드, 디저트 등도 다 먹고 마시는 것들이다.

음식점이나 커피전문점 등은 진입장벽이 낮아 창업이 쉬운 편이다. 특별한 기술이 필요하지 않으며 프랜차이즈 본사가 재료도 다 납품해주고 조리법도 가르쳐 주니 많은 예비창업자들이 선호한다. 하지만 시장이 포화 상태다 보니 그만큼 망하기도 많이 망하는 '다산다사(多産多死)' 구조다.

이쯤 되면 떠오르는 의문들. 남들 다 하는 거 따라 해서 과연 승산이 있을까. 너무 포화 상태여서 장사가 안 되지 않을까. 내가 과연 음식 맛으로 차별화에 성공할 수 있을까. 모두 현실적이고 필요한 고민들이다.

공급이 많아도 수요가 또 그만큼 뒷받침되면 너도나도 먹고는 살 것이다. 하지만 안타깝게도 외식 수요는 점점 줄어들고 있다. 통계청에 따르면 도시 2인 이상 가구의 월 평균 외식비 지출이 2000년대 중반 30만 원 정도였는데 10년이 지난 2015년에도 계속 30만 원 선에서 제자리걸음한 것으로 나타났다. 같은 기간 우리나라 1인당 GDP가 1만 8,000달러에서 2만 7,000달러로 50%가량 증가한 데 비춰보면 사실상 외식비 지출이 줄어든 셈이다. 국민들이 예전처럼 나가서 사 먹는 데 돈을 잘 안 쓴다는 얘기다. 왜 그럴까. 이유는 다음과 같다.

» 불황으로 가벼워진 주머니

불황이 장기화되면서 소비자들의 구매 여력은 갈수록 줄어들고 있다. 이런 상황에서 외식비는 지출이 가장 큰 폭으로 줄어드는 항목이다. '가구 소득이 줄거나 재정 상황이 악화됐을 때 가장 먼저 줄일 소비 지출 항목은 무엇인가'를 묻는 설문에 외식비는 언제나 50% 이상 압도적인 지지율로 수년째 1위를 차지하고 있다.

» 가구 형태 변화

통계청에 따르면 1인 가구는 2005년 20%에서 2015년 27%로 10년 동안 7%포인트 증가했다. 반면 4인 가구 비중은 1995년 50%에서 2005년 27%,

2015년에는 20% 정도로 급감했다. 이제 한국에서 일반적인 가구 형태는 4인 가구가 아닌 1~2인 가구다. 주말에 온 가족이 외식을 하며 도란도란 즐거운 한때를 보내는 건 드라마에서나 볼 만한 얘기가 됐다.

가구 형태 축소는 외식 기피로 이어진다. 요즘 혼밥(혼자 밥먹기), 혼술(혼자 술마시기) 등의 신조어가 회자되지만, 이는 새로운 현상이어서 화제가 될 뿐 아직 일반적인 현상이라고 보기는 어렵다. 식당에서 혼자 밥을 먹거나 술을 마시는 건 아무래도 적적하고 남의 눈치도 보이기 마련이다. 무언가에 쫓기듯 식사만 간단히 하고 황급히 일어나게 되고, 자연스레 객단가도 떨어지게 된다.

대신 1인 가구는 집에서 배달음식을 시켜 먹거나, 밖에서 산 음식을 포장해 집에 와서 먹는 경우가 많다. 최근 편의점 도시락이나 가정간편식(HMR), 배달음식 시장이 성황을 이루는 이유가 여기에 있다.

» 경험·가치 소비 트렌드

요즘 소비자들은 젊은층을 중심으로 돈을 쓰는 트렌드가 예전과 사뭇 달라졌다. 먹는 건 편의점 도시락으로 간단히 해결하고, 대신 나만의 취미나 경험을 즐기는 데 지갑 열기를 주저하지 않는다. 이른바 가치 소비 또는 경험 소비 트렌드다.

가치 소비란 소비자가 개인적으로 좋아하는 것이라면 그게 아무리 비싸도 가격에 구애받지 않고 선뜻 구매하는 것을 말한다. 또 경험 소비는 유형의 재화를 구입하는 것은 아니지만, 두고두고 기억에 남을 만한 특별한 경험을 할 수 있는 기회를 구매하는 것이다. 가령 수십만 원짜리 값비싼 장난감 피규어를 사 모으는 키덜트족이나, 주말을 이용해 새벽까지 알차게 동남아 여행을 즐기는 올빼미족 등이 대표적인 예다. 요즘 창업시장에서 인기 아이템으로 떠오르는 것들도 이런 가치 소비, 경험 소비 트렌드를 노린 사례가 많다.

만화카페의 경우 만화책 자체는 옛날에 보던 것과 별 차이가 없다. 그러나 만화책을 보는 환경이 기존 만화방보다 더 쾌적하고 아기자기한 공간으로 변신했다. 여름에는 서늘하고 겨울에는 따뜻한 공간에서 음료도 마시고 고양이도 만지면서 편안하게 즐길 수 있다. 기존 만화방이 제공하지 못했던 새로운 경험을 소비하는 것이다.

2015년 상반기에는 방탈출 카페가 한창 인기를 끌었다. 밀폐된 방 안에 들어가서 한 시간 안에 수수께끼를 풀어 열쇠를 찾아내는 게임이다. 소비자가 직접 추리소설의 주인공이 된 것처럼 두뇌를 풀가동해서 수수께끼를 푸는 색다른 경험을 선사해 입소문을 탔다. 이용료가 한 시간에 1인당 2만원 이상이었는데도 오전 10시부터 밤 11시 30분까지 주 7일 내내 예약이 가득 찼다. 한 번 이용하려면 2~3개월은 족히 기다려야 할 정도였다.

프리미엄 독서실도 비근한 예다. 일반 공부방이 칸막이로 막혀서 단조로운 느낌이라면 프리미엄 독서실은 카페처럼 오픈형으로 꾸며놓거나 숲에 온 것처럼 자연채광을 하는 식으로 인테리어를 차별화했다. 학생들이 공부하는 공간에서 새로운 재미를 제공한 것이다.

편의점, 세탁, 코인노래방… 잘나가는 비외식 창업

외식 창업시장의 엄청나게 과열된 경쟁, 그리고 이런 세 가지 트렌드를 종합적으로 고려할 때 나는 개인적으로 외식이 아닌 비(非)외식 창업을 권하고 싶다. 1인 가구 증가와 가치 소비, 경험 소비 트렌드는 창업시장에서 새로운 기회를 제공한다. 빨래나 다림질을 간편하고 저렴하게 해결할 수 있는 세탁 프랜차이즈나 코인셀프세탁소, 혼자 노래방에 가서 딱 몇 곡만 부를 수 있는 코인노래방 등도 비외식 창업의 좋은 예다. 비외식 창업은 손에 물을 묻히지 않고 식재료 준비를 따로 안 해도 돼 업무 강도가 상대적으로 낮다는 장점도 있다.

최근에는 야놀자가 모텔 프랜차이즈 사업을 시작, 비외식 창업시장에 출사표를 던졌다. 기존에는 모텔을 하나 운영하려면 건물 한 채는 소유하고 있거나 최소 임차해야 된다고 생각했다. 하지만 프랜차이즈로 하면 도심 상권에서 층 하나만 임차해서 객실 열댓 개 정도만 돌리는 식으로 영업이 가능하다. 덕분에 창업비용도 3~4억 원 정도 선으로 낮아졌다.

야놀자의 프랜차이즈 모텔은 2015년에만 전년 대비 두 배 늘어 현재 100여 개가 성업 중이다. 2016년에도 야놀자 모텔 가맹점 신규 출점이 2015년만큼이나 많이 일어날 전망이다. 그간 퀴퀴하고 음침한 공간이었던 모텔이 프랜차이즈화됨으로써 밝고 깔끔한 공간으로 탈바꿈하는 추세가 당분간 계속될 것으로 본다. 향후에는 모텔도 편의점이나 커피전문점처럼 브랜드를 따지는 시대가 오지 않을까 싶다.

비외식 업종 창업 시 주의사항

비외식 창업에도 약점은 있다. 어떻게 보면 외식 창업보다 더 치명적인 약점이다. 전에 해본 적 없는 '경험'을 구매하는 게 양날의 칼이 될 수 있다는 점이다. 그동안 안 해본 새로운 경험을 하고 싶어서 구매를 했는데, 이렇게 한 번 구매하고 나면 이제 그 경험은 더 이상 새로운 것이 아니게 된다. 이미 한 번 해본 경험은 금방 매력이 떨어져 싫증이 나서 재방문을 안 할 가능성이 적잖다.

내 경험을 얘기해보겠다. 2015년 방탈출 카페가 한창 인기를 끌 때 호기심에 한번 이용해봤다. 처음에는 한 시간이 어떻게 흘러가는지 모를 정도로 매우 재미있었다. 게임이 끝나고 아쉬운 마음에 친구를 꼬드겨 다시 찾았다. 이미 2개월 이상 예약이 차 있어서 기다려야 했지만 기꺼이 기다렸다. 그렇게 2개월 뒤 다시 해본 방탈출 게임은 첫 경험과는 너무도 달랐다. 게임 방식이나 레퍼토리가 뻔히 보여서 지루하게 느껴졌다. 결국 나는 주어진 한 시간을 다 채우지 않은 채 게임을 포기하고 방을 나왔다. 그러고는 지금껏 두 번 다시 방탈출 카페에 가지 않고 있다. 그런데 이게 나만의 이야기는 아닌 듯하다. 최근 방탈출 카페 예약 현황을 보니 대기기간이 2주일도 채 안 됐다. 한 번 이용해본 소비자들이 재구매를 많이 안 한다고 유추할 수 있다.

경험 구매 트렌드를 노리고 비외식 창업을 할 때는 바로 이 점에 주의해야 한다. 경험 자체의 참신함만으로 승부하는 것은 오래 못 간다. 그보다는 참신한 경험과 함께 소비자에게 유용한 가치도 제공해야 한다. 예를 들어 프리미엄 독서실은 '독서실'이란 서비스 자체가 유용하니까 공간에 대한 새로운 느낌이 줄더라도 학생들이 계속 찾게 된다. 모텔도 숙박 서비스는 여행객들에게 꼭 필요하니 재방문이 이뤄질 만하다. 반면 두뇌게임이나 방탈출게임, 보드게임 같은 아이템은 꼭 유용하다고 보기 어렵다. 스트레스를 풀게 해주는 게임의 순기능은 물론 유용하지만 이는 노래방이나 만화카페, 힐링카페 등 다른 아이템에 의해 얼마든지 대체될 수 있다. 실제 보드게임 카페도 2000년대 후반에 우후죽순 생겨났다가 지금은 대부분 문을 닫지 않았던가.

아이템의 참신함으로만 승부하는 것의 위험성은 외식 창업에도 물론 그대로 적용된다. 전에 없던 새로운 메뉴가 등장해 반짝 인기를 끌다가 이내 시들해진 경우들이 적잖다. 석화구이, 찜닭, 닭강정, 밥버거, 눈꽃빙수, 버블티 등이 대표적인 예다. 그래도 음식은 가끔 먹으면 '별미'라도 된다. 앞의 음식들이 예전의 불같은 인기는 식었지만 여전히 명맥을 유지하고 있는 이유다. 이에 반해 경험은 음식보다 훨씬 쉽게 질리는 편이므로 더 주의가 필요하다. 기억하라. "참신함은 기본이요, 유용함은 생명이라."

배신자여,
그대 이름은 고객

⋮

스마트한 소비자는 '충성'하지 않는다

장사의 기본은 제품과 서비스다. 대기업이든 자영업자든 마찬가지. 이 두 가지만 제대로 갖춰지면 일단 '해볼 만'하다. 아니 이것만으로도 크게 성공할 수 있는 시대가 있었다. 1950~1980년대다. 물자가 부족했던 당시에는 기업의 공급보다 시장의 수요가 훨씬 많았다. 마침 고도성장기여서 우리 국민의 소비 여력도 갈수록 높아지던 시기였다. 그야말로 만들면 팔리는, 장사하기 좋은 시절이었다. 이를 소품종 대량생산 시대라고 부른다.

요즘은 상황이 바뀌었다. 웬만한 생필품은 집집마다 다 갖춰져 일상적인 교체수요만 있을 뿐 신규수요는 많지 않다. 기업의 공급은 많은데 시장 수요가 뒷받침되지 않아 재고가 남아도는 공급과잉 시대다.

자영업도 마찬가지. 동네마다 치킨집과 편의점 등이 수십 개씩 들어차 박 터지는 과열 경쟁을 벌인다. 여기에 한국경제가 저성장기에 접어들며 우리 국민의 소비 여력은 갈수록 줄어들고 있다. 소비자 개개인의 성향에 맞게 맞춤형 상품과 개인화된 서비스를 제공해야 겨우 거들떠볼까 말까 하는 다품종 소량생산 시대. 정말 장사하기 힘든 때다.

이런 상황에서 기업의 경영진이나 마케팅 담당자들이 하는 선택은 무엇일까.

크게 두 가지로 생각해볼 수 있다. 제품과 서비스를 업그레이드해서 다른 회사와 차별화 전략을 꾀하거나, 가격 할인 또는 할부 판매 전략 등을 활용해 소비자의 구매 여력을 높여주는 것이다. 보통 시장이 성장기일 때는 전자, 성숙기에 도달하면 후자의 전략을 쓰게 된다.

가령 스마트폰 시장이 성장기이던 2010년대 초반에는 삼성전자와 애플 모두 업그레이드에 여념이 없었다. 이통사들도 3G에서 4G(LTE)로 업그레이드된 속도 경쟁을 벌이며 통신비를 더 받았다. 요즘은 달라졌다. 스마트폰 시장이 성숙기에 접어들면서 삼성, 애플, 이통사 모두 렌탈폰 서비스를 들고 나왔다. 2년 약정 후 매달 할부금을 내며 사용하다가 1년~1년 6개월이 지나고 중고폰을 반납하면 남은 1년 치 할부금은 면제하고 새 폰으로 교체해주는 방식이다. 이는 지난 1998년 삼보컴퓨터가 벌인 '체인지업' 마케팅과 비슷하다. 당시 삼보컴퓨터는 IMF 외환위기로 소비심리가 얼어붙자 구입 2년 후 CPU와 메인보드를 무상으로 교체해주는 마케팅으로 재미를 봤다. 제품만 잘 만들어서는 소비자의 지갑을 열기가 쉽지 않다고 판단한

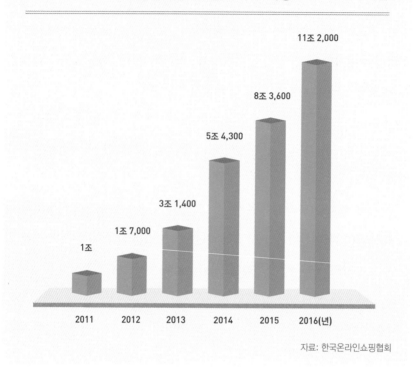

급성장하는 소셜커머스 시장 〈단위: 억 원〉

11조 2,000

8조 3,600

5조 4,300

3조 1,400

1조 7,000

1조

2011 2012 2013 2014 2015 2016(년)

자료: 한국온라인쇼핑협회

대기업들이 새로운 마케팅 전술을 들고 나오는 모양새다.

　이런 마케팅은 소비자가 1~2년 후에도 자사 제품을 구매하게 된다는 점에서 '충성도 높은 고객'을 타깃으로 했다고 볼 수 있다. 또는 가격 할인이나 무상 업그레이드에 이끌려 구매한 고객이 최소 3~4년 이상 오랜 기간 자사 제품을 쓰게 되면서 자연스럽게 충성도가 높아지고 재구매하는 효과를 기대했을 것이다. 제품력에 자신이 있는 회사라면 이런 전략을 써볼 만하다. 말하자면 이런 식이다. "한 번 와서 무료로(또는 저렴하게) 이용해 보세

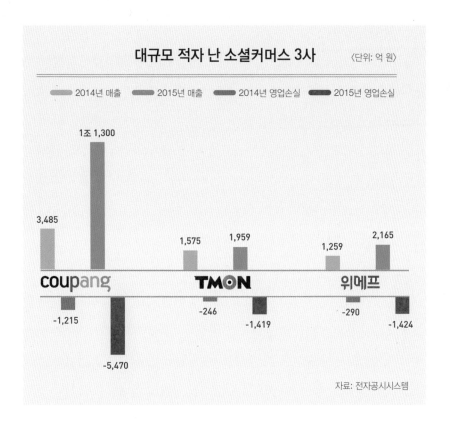

대규모 적자 난 소셜커머스 3사 〈단위: 억 원〉

2014년 매출　2015년 매출　2014년 영업손실　2015년 영업손실

1조 1,300

3,485

coupang
-1,215
-5,470

1,575　1,959
TMON
-246
-1,419

1,259　2,165
위메프
-290
-1,424

자료: 전자공시시스템

요. 우리 회사의 우수한 제품과 서비스를 경험해보면 앞으로도 우리 회사만 찾게 될 테니까요." 자영업자라면 여기서 '회사'라는 단어를 '가게'로 바꾸면 된다.

헌데 요즘은 고객들의 충성도라는 게 갈수록 사라져가는 듯하다. 브랜드와 자신을 동일시하는 정체성 구매 또는 과시형 소비 패턴이 줄어들고 자신의 이익을 극대화하려는 성향의 '실속 추구형 체리피커(Cherry Picker)[12]'가

---

12 신 포도는 먹지 않고 맛있는 체리만 골라 먹는 사람. 실속만 챙기는 얌체형 소비자를 뜻함.

늘어나는 분위기다.

대표적인 예가 소셜커머스 시장이다[13]. 지난 2010년 혜성같이 등장한 쿠팡, 티몬, 위메프 소셜커머스 3사는 '국내 최저가'를 표방하며 단숨에 소비자들을 진공청소기처럼 빨아들였다. 본전도 못 뽑을 만큼 저렴한 미끼 상품을 내세워 엄청난 트래픽을 그러모았다. 소셜커머스는 백화점, 대형마트, 편의점(이상 오프라인), TV홈쇼핑, 오픈마켓(이상 온라인) 등 주요 유통업태 중 가장 늦게 등장한 후발주자다. 당연히 초반 고객몰이를 위해 어느 정도 공격적인 마케팅은 불가피했을 것이다.

하도 싸게 파는 탓에 적자가 속출했지만 소셜커머스 3사는 저가 공세를 멈추지 않았다. 할인 쿠폰을 뿌리면 당장 눈에 띄게 순방문자수가 급증했으니 그럴 만했다. 소셜커머스 3사는 이렇게 방문한 소비자가 '이왕 온 김에 다른 제품도 둘러보고 추가 구매를 하거나, 이번에는 그냥 가더라도 다음 쇼핑 때는 다시 우리 회사를 찾을 것'이란 일말의 기대감을 가졌던 것으로 보인다. 그러나 결과는 8,300억 원이란 막대한 영업손실뿐, 기대했던 미끼상품 효과나 소비자 충성도 제고 효과는 없었다.

왜 그랬을까. 요즘 소비자는 예전 소비자랑 많이 달라졌음을 소셜커머스 3사가 간파하지 못한 탓이다.

생각해보자. 예전에는 어디가 저렴한지 알아보려면 소비자가 발품을 많이 팔아야 했다. 이런 기회비용이 아깝고 귀찮아서 그냥 어느 정도 괜찮은 사이트를 발견하면 쭉 이용하는 게 예전 소비자의 쇼핑 방식이었다. 요즘

---

13 자세한 내용은 〈매경이코노미〉 '[스페셜리포트] 영업손실 1조 육박 소셜커머스 3社 어쩌나… 레드오션서 치킨게임 6년째 적자, 출혈경쟁 벗어나 新수익원 찾아야' 기사 참조. 2016. 4. 27.

은 이런 기회비용이 크게 줄었다. 스마트폰과 SNS, 가격 비교 사이트, 온라인 커뮤니티, 비콘 서비스[14] 등의 확산은 소비자들을 점점 더 스마트(Smart)하게 만들고 있다. 이제 소비자는 어느 업체가 얼마나 더 저렴하게 파는지 거의 실시간으로 알 수 있다. 어디서 할인 쿠폰 뿌렸다고 SNS나 커뮤니티에서 알려주면 소비자들이 순식간에 우르르 몰려가는 식이다.

상황이 이렇다 보니 소셜커머스가 할인 쿠폰을 아무리 뿌려도 효과는 그때뿐, 지속적인 재방문으로 이어지지 않는다. 여자의 마음처럼, 스마트한 소비자의 마음도 갈대와 같아진 것이다. 그 어떤 정성과 친절로도 붙잡을 수 없다. 특히 10~20대 소비자는 30대 이상 소비자보다 훨씬 냉정한 체리피커 성향을 띤다. 과거 전통시장에서 상인들과 흥정을 하며 인간적인 정이나 유대감을 느껴본 경험이 부족하기 때문이다. 저성장으로 소비 여력이 갈수록 줄어드는 상황도 기존 충성스런 소비자를 체리피커로 변모시키는 기제로 작용하고 있다.

이제 소비자는 더 이상 특정 회사나 가게에 고마워하거나 의존하지 않는다. 장사꾼의 출혈을 기억하지 않고 신경도 쓰지 않는다. 그저 싸게 사는 것이 자신의 고유한 권리라고 생각할 뿐이다. 소비자가 충성도가 없고 체리피커다 하면 왠지 '의리 없는 얌체' 같은 인상을 줄 것 같다. 그러나 소비자 입장에서 보면 사실 그게 당연한 것이다. 자신의 이익을 극대화하는 것이니까. 오히려 현명하고 스마트한 소비 행태다. 그동안 소비자가 이리저

---

14 Beacon. 소비자가 상점 인근을 지나갈 때 스마트폰 앱을 통해 할인 정보나 쿠폰 등을 제공, 소비자를 매장으로 유도하는 마케팅 도구다.

리 알아보는 번거로움과 기회비용 때문에 '호갱' 노릇을 했을 뿐이다. 소셜커머스는 요즘 소비자가 여전히 호갱일 것으로 생각했다가 큰 코 다친 셈이다.

가격 경쟁으로 망한 사례는 소셜커머스 외에도 많다.

리워드앱[15] '애드라떼'는 아예 이용자에게 용돈을 주는 마케팅을 선보였지만, 결국 1년여 만에 문을 닫아야 했다. 광고를 틀고 딴짓을 하거나 앱을 설치하고 바로 지워버리는 체리피커가 급증하면서 광고주가 원했던 광고 효과를 거두지 못한 탓이다.

창업시장에선 저가커피, 저가주스 등이 제2의 소셜커머스가 되지 않을까 걱정이다. 커피나 주스에서 정작 중요한 맛이 아닌, 가격 경쟁력만 내세운 아이템들이 적잖기 때문이다. 빽다방이 반면교사로 꼽힌다. 빽다방은 1,000원대라는 파격적인 가격과 백종원 대표의 높은 인지도 덕분에 초기 저가커피 시장 강자로 급부상했다. 그러나 커피 맛이 별다른 감동을 주지 못하고 후속 저가커피 브랜드가 우후죽순 생겨나면서 벌써 정점을 지난 모양새다. 단순히 가격만 저렴해서는 소비자의 마음을 붙잡아둘 수 없는 것이다.

그럼 어떻게 해야 할까.

단언컨대 이제 국내 유통시장에서 '충성스런 소비자'는 존재하지 않는다

---

15 기업 광고를 보거나 특정 앱을 설치하면 보상으로 50~500원씩 현금 대용 포인트를 주는 앱.

고 생각하는 게 바람직하다. 설령 존재하더라도 유통업체는 소비자의 충성도를 기대하지 않는 게 안전하다. 괜한 기대가 뼈저린 실망으로 이어질 수 있기 때문이다. 오프라인 시장도 그렇지만 온라인 시장에선 특히 그렇다. 클릭 한 번으로 스마트폰 앱이나 웹사이트를 빠져나올 수 있으니 온라인 시장에서 쇼핑몰을 옮기는 '전환비용'은 거의 제로(0)에 수렴한다.

최근 기업들도 이런 낌새를 알아챈 듯하다. 저렴한 가격만을 전면에 내세우는 마케팅을 조금씩 지양하는 움직임이 나타나고 있다. 그중에서도 '환불 마케팅'이 눈에 띈다.

티몬은 2015년 11월 전 품목에 대해 무료반품 서비스를 시작했다. 구매 전 제품의 실물을 직접 확인하기 어려운 전자상거래의 특성을 감안해 상품을 받은 후 단순 변심에 의한 반품이라도 바로 환불해 준다. 반품하는 배송비(2,500원)도 티몬이 대신 내준다. 이는 특히 실제 색감과 착용감이 중요한 의류 고객한테 유용하다. 티몬이 소셜커머스 이용 고객 550명을 대상으로 무료반품 서비스에 대한 고객만족도를 조사한 결과, 이용고객 중 94.8%가 해당 서비스에 만족했다고 답했다. 티몬 관계자는 "서비스를 시작한 후 반품이 급증할 줄 알았는데 평소보다 크게 늘지 않아 의외였다"고 전한다.

롯데슈퍼와 11번가도 2016년 들어 환불 마케팅을 시작했다.

롯데슈퍼는 2016년 4월 창립 16주년을 맞아 '과일 당도 보증제'를 포함한 '신선식품 신(新) 경영' 전략을 발표했다. 롯데슈퍼에서 과일을 구입한 고객이 맛에 불만을 제기하면 100% 교환 또는 환불해주고 보상 차원에서 3,000원 할인권까지 제공한다. 롯데슈퍼 측은 "아무리 값이 싸고 크기가 큰 과일이라도 맛이 없으면 아무 소용이 없다. 소비자가 맛이 없다고 느꼈다면 당도가 일정 수준 이상이더라도 조건 없이 교환 또는 환불해주겠다"
고 말한다. 이 같은 환불 마케팅 이후 롯데슈퍼의 신선식품 매출은 한 달 만
에 10% 증가했다. 역시 환불 건수는 평소와 큰 차이가 없었다.

11번가는 아예 오프라인에 환불 업무를 담당하는 고객센터인 'V센터'를
오픈했다. 11번가 고객이 반품을 원하는 상품을 들고 V센터를 찾으면 현
장에서 즉시 직원이 판매자와 협의해 바로 반품, 환불 처리를 진행한다. 이
전에는 고객이 온라인으로 반품을 신청하면 택배기사가 수거한 뒤 판매자
가 상품을 확인한 후 환불 처리를 진행하는 데 최소 3~5일 이상이 걸렸는
데, 이를 대폭 단축한 것이다. 2016년 4월 서울 구로동에 1호점을 연 데 이
어 반응이 좋아 6월에 대구 동인동에 2호점을 열었다. 특히 대구 V센터는
고객이 반품을 신청하면 11번가 직원이 고객의 집이나 회사로 직접 방문해
현장에서 반품, 환불 처리하고 상품을 수거하는 '찾아가는 반품 서비스'도
시범운영 중이다. 어린 아기 때문에 외출이 힘든 주부나 바쁜 업무로 따로
시간을 내기 어려운 직장인들에게 유용할 것이란 기대다. 11번가 측은 "구
로 V센터를 이용한 고객들을 대상으로 설문조사한 결과, 반품 완료 소요일
이 기존보다 절반 이상 줄어 고객 만족도가 98%에 달했다. 연내 10곳까지
V센터를 늘려 고객 접점 채널을 확대해 나갈 계획이다"라고 밝혔다.

나는 무분별한 가격 할인이나 미끼상품 마케팅보다는 환불 마케팅이 더
바람직하다고 생각한다. 환불 마케팅은 기본적으로 가격 경쟁이 아닌 품질
경쟁이다. 품질에 자신이 없으면 환불 마케팅을 시도조차 할 수 없다. 상품
에 실망한 소비자들의 환불 요청이 쏟아지면 손해가 극심해지기 때문이다.
게다가 환불 마케팅은 출혈 경쟁으로 이어질 가능성이 낮다.

물론 일부 소비자의 경우 멀쩡한 상품을 바꿔달라는 식으로 환불 마케팅을 악용할 수도 있다. 그러나 이는 체리피커나 스마트한 소비자가 아닌, 블랙컨슈머[16]로 인한 애로사항이다. 블랙컨슈머는 전체 소비자 중 극히 일부에 지나지 않으므로 매출에 큰 영향을 주기는 힘들 것으로 보인다. 1만 명의 고객에게 100원씩 할인해주면 1만 원의 비용(또는 출혈)이 발생하지만, 제값을 받는 대신 100명의 소비자에게 환불해주는 게 환불로 인한 일부 손실(감가상각 등)을 감안해도 더 이익일 수 있단 얘기다.

마케팅 부문 세계적 석학인 앤드류 피터센과 쿠마르 교수는 의류와 액세서리를 판매하는 대형 리테일 회사를 대상으로 6년 동안 환불 정책을 연구했다. 그러고는 '제품군이나 규모에 따라 차이는 있지만, 환불 비율이 13% 정도일 때 수익이 가장 크다'는 연구 결과를 내놓기도 했다. 구매를 망설이던 소비자들의 믿음을 이끌어내 고객이 증가하는 것도 추가적인 장점이다.

요컨대 가격 경쟁은 필연적으로 출혈 경쟁으로 이어지기 마련이다. 이는 다 같이 망하는 지름길이다. 창업시장에선 가맹본사만 부유해질 뿐, 점주들은 하루 종일 바쁘게 장사해서 쥐꼬리 수익만 얻다가 트렌드가 바뀌고 나면 적자를 내기 쉽다. 따라서 예비창업자라면 창업 아이템이 가격 외에 다른 지속적인 경쟁 우위를 갖췄는지 반드시 점검해보기 바란다.

---

16 제품이나 서비스의 하자를 문제 삼거나 피해 사실을 고의로 부풀려 기업이나 매장에 과도한 보상금을 요구하는 '진상' 소비자.

뭉치면 살고
흩어지면 죽는다

:

'한 지붕 多아이템' 하이브리드 전략

창업시장에서 '하이브리드(Hybrid) 전략[17]'을 구사하는 프랜차이즈가 늘고 있다. 한 매장에서 두 가지 아이템을 취급해 추가 매출을 일으키는 전략이다. 갈수록 경쟁이 치열해지면서 한 가지 아이템만으로는 충분한 수익을 기대할 수 없게 된 탓이다. 하이브리드 전략의 장·단점은 명확하다. 잘하면 수익원을 다각화해 집객 효과 등 시너지를 일으킬 수 있다. 대신 잘못하면 브랜드 정체성이 약해지는 역풍을 맞게 된다. 하이브리드 전략의 적용 사례를 살펴보고 내 매장에 어떻게 도입하는 게 좋을지 고민해보자.

---

17 혼성, 잡종이란 본래 뜻처럼 여러 아이템을 더해 수익원을 늘리는 일종의 사업 다각화 전략. 갈수록 시장이 포화되고 아이템 경쟁이 치열해지면서 최근 새로운 매출 확대 전략으로 각광받고 있다.

이제 매장도 원플러스원 시대

하이브리드 전략에도 종류가 있다. 최근 가장 눈에 띄는 건 원플러스원 (1+1), 즉 복합 매장 전략이다. 한 매장을 반으로 나눠 두 가지 아이템을 동시에 취급하는 경우다.

놀부가 대표적인 예다. 놀부는 보쌈이나 족발, 부대찌개 매장을 같이 운영하는 곳이 많다. 전체 800여 개 매장 중 211곳(27.3%)이 복합 매장이다 (2015년 말 기준). 보쌈이나 족발은 술안주 특성상 낮보다 밤에 손님이 많은 '낮져밤이(낮에는 지고 밤에는 이긴다)' 업종이다. 부대찌개는 반대로 점심식사 수요가 많은 '낮이밤져'다. 놀부는 두 브랜드를 동시에 운영함으로써 '낮이밤이'가 될 수 있다고 강조한다. 놀부 관계자는 "낮에는 부대찌개로 점심식사를 하려는 고객을 끌어모으고, 저녁에는 보쌈이나 족발로 술안주를 내세워 시간대별로 강점을 발휘할 수 있다. 매장 방문 고객이 다른 브랜드의

보쌈, 부대찌개, 설렁탕 메뉴를 모두 하는 놀부 광명역점 매장

메뉴를 추가 주문해 객단가도 높아진다. 복합 매장은 개별 매장보다 평균 30% 이상 매출이 높고 본사도 가맹비 면제 혜택을 제공하기 때문에 점주들이 만족해한다. 놀부 창업을 문의하는 예비 점주들이 본사가 권장하기도 전에 먼저 복합 매장 콘셉트를 요청하는 사례가 늘고 있다"고 자랑했다.

커피식스 쥬스식스도 최근 두각을 나타낸다. 커피식스와 쥬스식스는 망고식스가 운영하는 독립적인 두 브랜드다. 각각 커피와 생과일주스 전문점을 표방하며 홈페이지도 따로 있다. 그러나 두 브랜드를 동시에 운영하는 복합매장이 대부분이다. 전체 150여 개 매장 중 130여 개(약 85%)가 '커피식스 쥬스식스' 매장이다. 보통 커피전문점이나 주스전문점도 커피와 주스 메뉴를 같이 판매한다. 그럼에도 커피식스와 쥬스식스는 굳이 브랜드를 나눠 마치 두 개 매장처럼 보이게 한다. 왜 그럴까. "복합매장은 단일매장보다 계절, 날씨 등에 따른 영향을 덜 받아 매출의 기복이 적다"는 게 강훈 망고식스 대표의 설명이다. 놀부가 '낮이밤이'라면 커피식스 쥬스식스는 '여이겨이(여름도 이기고 겨울도 이긴다)'인 셈이다.

"망고식스를 운영해보니 커피를 파는데도 고객들이 망고주스전문점으로만 인식하는 경향이 많았다. 커피를 원하는 고객이 잘 찾아오지 않더라. 메뉴만 추가해서는 고객들이 알아볼 수 없겠다 싶어 아예 복합매장 전략을 선택했다. 주스는 여름이 성수기지만 겨울은 비수기인데, 커피식스가 겨울에 매출을 보완해줄 것으로 기대한다. 점주들도 획기적이란 반응이어서 2016년 초 3개월여 만에 100개 가맹점 계약이 이뤄졌다."

죽 전문점 '본죽'도 복합매장 전략으로 '여이겨이'가 됐다고 자랑한다. 본죽은 비빔밥 매장과 합체한 '본죽&비빔밥카페'를 2008년 선보였다. 주 메

본죽&비빔밥 카페

뉴인 죽이 여름에는 인기가 떨어지는 점을 보완하기 위해서다. 현재 전국 1,300여 개 본죽 매장 중 140개가 이런 복합매장이다. 본죽을 운영하는 본 아이에프 관계자는 "송도신도시점의 경우 2016년 2월 기존 본죽 매장을 본죽&비빔밥카페로 전환한 후 매출이 약 30% 증가했다"라며 "기능식인 죽과 일반식인 비빔밥을 함께 판매해 남녀 구분 없이 전 연령대를 아우를 수 있는 외식공간으로 거듭날 수 있었다"고 말했다.

이외에도 원앤원이 원할머니보쌈과 박가부대찌개, 리치푸드가 피쉬앤 그릴(주점)과 치르치르(치킨)를 복합 매장으로 운영하고 있다.

'메인 아이템+α' 복합 판매 전략

기존 아이템에 보조 아이템을 추가하는 것도 방법이다. 별도 부스나 창구가 있는 건 아니지만 새로운 업종의 아이템을 덧붙이는 것만으로 신규 고객을 발굴할 수 있다.

보조 아이템으로 가장 사랑받는 건 커피다. 전 국민이 즐기는 데다 전자동 기계만 구비하면 어렵지 않게 값싸고 맛있는 커피를 제공할 수 있기 때문이다. 파리바게뜨, 뚜레쥬르, 한솥, 배스킨라빈스31, 다이소, 편의점 등 다양한 업종과 브랜드에서 광범위하게 활용되는 인기 전략이다.

파리바게뜨와 뚜레쥬르는 현재 거의 모든 매장에서 커피를 팔고 있다. 원래는 베이커리 전문점으로 시작했지만 2000년대 초반 일찌감치 커피 메뉴를 덧붙였다. 최근 감지되는 변화는 네이밍(Naming), 즉 커피에 이름 붙이기다. 파리바게뜨는 '아다지오', 뚜레쥬르는 '그랑 드 카페'로 네이밍했다. 커피가 그저 그런 보조 메뉴로 무시당하지 않고 눈에 더 잘 띄도록 브랜드화한 것이다. 커피를 파는 곳이 하도 많은 데다 커피에 대한 소비자 니즈도 점점 고급화되는 데 따른 차별화 전략으로 풀이된다. 뚜레쥬르는 "국내 소비자들의 유럽 등 서구권 여행 경험이 많아지면서 빵과 커피를 함께 먹는 문화가 확산되는 변화에 주목했다. 단순히 다과나 간식으로 빵을 즐기는 것이 아니라 식사대용으로 빵을 먹기 시작하면서 곁들일 음료가 필요해진 점을 반영해 커피 메뉴를 선보였다"고 밝혔다.

배스킨라빈스31도 2015년 1월 '카페브리즈'라는 자체 커피 브랜드를 선보였다. 전체 1,200여 개 매장 중 3분의 1인 400여 개 매장에서 판매 중이다. 배스킨라빈스31 관계자는 "아이스크림과 커피 모두 식후 디저트로 사랑받는 품목이다. 카페브리즈를 도입한 매장의 경우 일반 매장에 비해 낮이나 겨울 시즌 매출이 높은 편이다. 아이스크림뿐 아니라 커피를 구입하는 고객을 유입하는 효과가 있는 것으로 보인다"고 말했다.

한솥은 2011년 페루 찬차마요시에서 커피를 직접 수입하는 방식으로 커피 판매를 시작했다. 현재 700여 개 모든 매장에서 찬차마요 캔커피를 판매하며 도시락뿐 아니라 커피 사업으로 영역을 확장했다. 최근에는 테이크아웃(포장 판매)뿐 아니라 매장 안에서 도시락과 커피를 즐길 수 있는 카페형 매장도 늘리는 중이다. 일부 특수 상권에서는 맥주나 생과일주스를 동시에 판매하는 매장도 생겨나고 있다. 한솥 관계자는 "커피 판매가 단순 매출 상승만이 아닌, 찬차마요시와의 협력을 위한 목적도 있었기 때문에 아직 커피 매출 비중이 크지는 않다. 향후 도시락과 커피 패키지 메뉴 개발 등 다양한 커피상품 개발을 지속해나갈 계획"이라고 말했다.

편의점 업계도 하이브리드 전략을 적극 이용하고 있다. 커피와 택배를 덧붙였다. CU는 매장 내 에스프레소 커피의 전년 대비 매출 성장률이 2014년 32%, 2015년 41%에 이어 2016년 1분기에는 62%까지 성장했다. 즉석원두커피 시장이 계속 커지자 2015년 말에는 'Cafe GET'이라는 자체 브랜드도 론칭했다. 택배 서비스도 마찬가지다. CU와 GS25는 2002년부터 편의점에서 물품을 수령하는 픽업서비스를 처음 시작하고 2009년부터는 '포스트박스(택배 무인 접수 장비)' 서비스를 선보였다. 한국편의점산업협회에 따르면 2014년 편의점을 통해 주고받은 택배건수는 1,029만 4,200건으로 2011년에 비해 75.7% 늘었다. 2016년에는 택배건수가 1,500만 건에

하이브리드 전략 쓰는 브랜드들

유형	브랜드	특징
복합매장 (1+1)	놀부, 원할머니보쌈	보쌈·족발+부대찌개로 점심·저녁 손님 동시 공략
	커피식스 쥬스식스	여름엔 생과일주스, 겨울엔 커피로 비수기 매출 보완
	본죽	죽+비빔밥으로 식사 손님도 공략
메인아이템 + 알파(α)	파리바게뜨, 뚜레쥬르	베이커리 + 커피
	배스킨라빈스	아이스크림 + 커피
	한솥	도시락 + 커피
	다이소	생활용품·식음료 + 중저가폰
	CU, GS25	편의점 + 커피 or 택배
시간대별 콘셉트 변경	BBQ	레스토랑, 커피전문점, 바(bar)로 변신 '멀티콘셉트 카페'
	커피펍스	낮에는 디저트카페, 밤에는 수제맥주펍
	맥도날드	매장 내 커피 or 수제버거 판매
숍인숍 (매장 속 매장)	MPK(미스터피자, 마노핀)	매장 내 화장품 판매
	더본코리아	외식 브랜드 매장 내 빽다방 운영

육박할 것으로 추산된다. CU 관계자는 "편의점 입장에서는 택배 물품을 찾기 위해 매장을 방문한 고객 덕분에 매출이 증가할 수 있다. 또 택배사로부터 수수료 등의 부가수익도 얻게 돼 일석이조인 셈"이라고 말했다.

다이소는 생활용품 외에도 커피와 음료, 과자 등을 판매한다. 또 150여 개 매장에선 중저가폰도 판다. 생필품을 저렴한 가격에 판매하는 다이소 브랜드 특성과 연계해 중저가 상품의 플랫폼 기능을 강화하려는 복안이다. 서울에서 다이소 매장 네 개를 운영하는 강신욱 점주는 "슈퍼마켓이나 마트가 인근에 있는 매장에선 식품이 상대적으로 덜 팔리더라. 무턱대고 아이템을 늘리지 말고 처음에는 조금씩 해보다가 반응을 본 후 잘되면 그때 키워도 늦지 않다"고 조언했다.

낮에는 카페, 밤에는 호프

단일 브랜드 매장이지만 낮과 밤의 콘셉트를 달리해 'All Day peak time'
을 추구하는 사례도 있다.

BBQ는 2011년 기존의 배달 중심 매장에서 탈피한 'bbq 프리미엄 카페'
를 선보였다. 'BBQ=치킨'이란 공식을 깨고 종합 외식 브랜드로의 변신이
필요하다는 판단에서다. 현재 70여 개 매장이 운영 중이다. bbq 프리미엄
카페는 하루에도 네 번이나 옷을 갈아입는다. 오전과 점심에는 식사 메뉴
중심의 캐쥬얼 레스토랑, 오후에는 간식과 음료가 주가 되는 커피전문점,
저녁에는 온 가족이 푸짐한 요리를 즐길 수 있는 패밀리 레스토랑, 밤에는
맥주와 칵테일이 중심이 된 바(Bar)로 바뀌는 멀티콘셉트 카페 전략이다.

BBQ 관계자는 "특정 시간에 구애받지 않고 매출을 이어갈 수 있는 'All
Day peak time'이 가능하다. 치킨을 비롯한 파스타, 피자, 샐러드, 베이커리
류, 주류, 커피 등 다양한 메뉴를 선보인다. 인테리어와 분위기도 치킨집이
아닌 고품격 외식 공간으로 설계했다. 하루 종일 전 연령층이 방문하고 단
체 손님 유치가 수월해 매출이 높은 편이다. 은퇴한 베이비붐 세대에 생계
형 치킨집이 아닌, 투자형 매장으로 적극 독려하고 있다"고 말했다.

신생 프랜차이즈 커피펍스도 '낮이밤이' 전략을 들고 나왔다. 낮에는 커
피와 아이스크림 메뉴로 디저트 카페를, 밤에는 수제맥주와 쉐이크 포테이

낮과 밤에 콘셉트가 바뀌는 BBQ 프리미엄 카페

토 메뉴로 맥주펍을 표방한다. 소형 음료냉장고 크기의 장비 하나로 모든 조리가 가능한 자동튀김기도 개발, 단일 매장에서 다양한 메뉴를 취급하는 데 필요한 공간 문제를 해결했다.

식사, 디저트, 쇼핑을 한 번에

기존 매장 한 편에 작은 매장을 넣는 방식의 '숍인숍' 전략도 있다. 식사부터 커피, 디저트, 쇼핑까지 한자리에서 이뤄지게 해 고객의 지갑을 최대한 더 열게 하려는 의도다.

맥도날드는 34개국에서 매장 내 커피전문점인 맥카페를 숍인숍 형태로 운영 중이다. 바리스타가 100% 아라비카 원두로 직접 커피 음료를 만들어 제공한다. 독일과 중국의 경우 맥카페 도입 후 매출이 두 배 이상 증가한 것으로 알려진다. 국내에선 2012년에 도입, 현재 전국 430여 개 매장 중 40개 매장에 적용했다. 커피 가격을 최저 600원까지 내리는 등 가성비를 앞세워 인기몰이 중이다. 한국맥도날드는 20%대를 유지하던 연매출 성장률이 2010년대 들어 10%까지 추락했다. 그러나 맥카페의 흥행 덕분에 2013년 25.7%, 2014년 17.6%로 다시 성장 속도를 높일 수 있었다. 특히 2014년 영업이익은 전년 대비 39.5%나 증가했다.

맥카페로 숍인숍 전략의 재미를 본 맥도날드는 2015년부터 매장 한쪽에서 프리미엄 수제버거인 '시그니처 버거' 판매를 시작했다. 현재 41개 매장에서 운영 중이다. 맥도날드 관계자는 "시그니처 버거는 출시 당일 1,000

개 이상 팔릴 정도로 폭발적인 인기를 얻었다"면서 "맥카페로는 저가 메뉴를, 시그니처 버거로는 프리미엄 메뉴를 보완해 고객의 가격대별로 넓은 선택권을 제공할 수 있게 됐다"고 말했다.

미스터피자와 마노핀을 운영하는 MPK그룹은 기존 매장 안에 화장품 매장을 추가한다는 전략이다. 2015년 인수한 화장품 회사 '한강인터트레이드'를 활용해 포화 상태인 피자와 커피 시장에서 새로운 수익원을 찾으려는 의도로 풀이된다. 아직 마노핀 방배동 직영점에서만 시범 운영 중이지만 반응이 좋아 고무적이라고. MPK그룹 관계자는 "인근에 위치한 대학교의 여대생들이 즐겨 찾는 덕분에 색조화장품이 잘 팔린다. 일정 수준 성과가 나면 가맹점으로 확대 적용해 점주들의 수익성을 높여줄 것"이라고 전했다.

맥도날드 시그니처 버거 매장

새마을식당, 홍콩반점 등 수십 개 외식 브랜드를 운영 중인 더본코리아도 일부 매장에 숍인숍 형태로 빽다방을 넣고 있다. 매장에서 식사를 마치고 '식후땡'으로 커피를 찾는 고객의 발길을 붙잡는다. 더본코리아 관계자는 "상권 분석 결과 승산이 있다고 판단되면 숍인숍 형태 출점을 진행하고 있다"고 귀띔했다.

창업 비용·인건비 증가 고려해야

하이브리드 창업 증가가 갖는 사회적 함의는 적잖다. 그동안은 각자 영업권이나 아이템 영역이 명확히 구분됐다. 가령 커피전문점과 편의점이 붙어 있어도 두 매장이 경쟁 상대라고는 생각하지 않았다. 피자집이 화장품점이랑 경쟁할 것으로도 생각 못 했다. 그런데 이제 너도나도 아이템을 추가하면서 점점 더 경쟁이 심화되고 있다. 조금 과장되게 말하면 '만인에 대한 만인의 투쟁'이 돼버렸다고나 할까. 이제 상권 보호의 의미도 퇴색된 듯하다.

그렇다고 하이브리드 창업이 무조건 따라야 할 모범 답안은 아니다. 섣부른 아이템 덧붙이기는 역효과를 불러올 수도 있다. 다양한 아이템을 소화할 수 있는 일정 규모 매장 공간 확보, 여러 아이템을 능숙하게 다룰 수 있는 기술 숙련도, 추가 투자비와 운영비를 감당할 수 있는 자본금, 주변 상권에 대한 분석 등 철저한 준비가 선행돼야 한다는 게 업계 중론이다.

본아이에프 관계자는 "본죽은 10평(33제곱미터) 규모로 창업할 수 있지만 본죽&비빔밥카페는 25평(82.5제곱미터)부터 창업이 가능하다. 때문에 창업 비용(1억 2,000만 원)도 본죽(6,590만 원)보다 82% 정도 높다"고 설명했다. 놀부 관계자는 "두 개 이상 브랜드를 동시에 운영해야 하는 만큼 브랜드와 메뉴에 대한 많은 학습과 이해가 필요하다. 놀부의 경우 실평수 50평 이상이 돼야 복합매장 운영이 가능하다. 마케팅도 점주 역량에 달렸다. 하이브리드 매장 점주들은 두 브랜드의 메뉴를 묶어 세트메뉴를 자체적으로 구성해 객단가와 매출을 극대화한다. 또 권유 판매를 통해 고객의 넓은 선택권을 상기시켜주는 것도 방법이다"라고 조언한다. BBQ 관계자 생각도 비슷하다. "캐쥬얼 레스토랑 형태의 매장이기 때문에 매장 규모가 어느 정도 커야 한다. 또 일반 매장에 비해 아침부터 밤 시간까지 직원이 더 필요해 인건비가 높아질 수 있다."

하이브리드 전략을 썼다가 재미를 못 보고 접은 사례도 있다. 한 패스트 푸드 업계 관계자는 "햄버거 매장 한쪽에서 커피와 생과일주스를 파는 숍인숍 형태로 가맹점 출점을 진행한 적이 있다. 그런데 기대했던 만큼 매출이 안 오르더라. 햄버거와 커피, 생과일주스의 궁합이 생각보다 맞지 않았던 것 같다"라며 "가끔 숍인숍 형태 출점을 희망하는 점주가 있어도 과거 사례를 들어 설득하고 있다"고 말했다. 서울에서 다이소 매장 네 개를 운영하는 강신욱 점주는 "슈퍼마켓이나 마트가 인근에 있는 지역은 식품이 상대적으로 덜 팔리더라. 무턱대고 아이템을 늘리지 말고 처음에는 조금씩 해보다가 반응을 보고 잘되면 그때 키워도 늦지 않다"고 조언했다.

전문가들은 하이브리드 매장 확산이 창업시장에 지각변동을 불러올 것으로 전망한다. 너도나도 아이템을 추가하면서 점점 더 경쟁이 가열되고, 이로 인해 경쟁력이 없는 브랜드의 도태가 더 가속화될 수 있다는 것이다.

강병오 FC창업코리아 대표는 "여기저기서 커피를 판다고 해서 소비자들이 갑자기 커피를 더 많이 마시게 되는 건 아니다. 시장 자체가 커지지 않으면 결국 다른 매장의 수요를 빼앗아오는 것"이라며 "저렴한 가격만 내세워 소비자 충성도가 약하거나 하이브리드 전략을 구사하기 힘든 중소 브랜드의 몰락이 빠르게 진행되는 식으로 시장이 재편될 것"이라고 내다봤다. 그는 이어 "단 시너지가 안 나는 아이템을 어정쩡하게 붙이면 브랜드 정체성이 흐려지는 등 역효과가 날 수 있다. 하이브리드 전략을 쓰는 데 인건비 등이 크게 추가되지 않도록 효율성 있게 운영하는 게 중요하다. 특히 전문성이 필요한 브랜드의 경우에는 기존 아이템에 집중하는 게 유리하다"고 조언했다.

놀부 가맹점 상위 3%… "복합 매장 전략 통했죠!"

경기도 광명시 일직동에는 104평 부지에 놀부 매장 세 개가 연이어 있다. '놀부보쌈', '놀부부대찌개', 그리고 '놀부맑은설렁탕담다'다. 이른바 다브랜드 점주인 윤태선씨가 운영하는 매장들이다.

"원래는 치킨집만 12년 넘게 했어요. 장사가 잘됐지만 겨울에 조류독감 얘기가 나올 때마다 불안하더군요. 설렁탕으로 업종을 변경해볼까 해서 찾다보니 놀부에 설렁탕 브랜드도 있다는 걸 알게 됐죠. 어렸을 때 집 근처에 놀부 직영점이 있어서 마침 친숙한 브랜드였어요. 처음에는 매장 전체를 설렁탕으로만 하려 했는데 놀부는 보쌈과 부대찌개도 유명하니까 세 개를 같이 하게 됐습니다."

다브랜드 운영의 장점은 '상호 보완 효과'다. 여름과 저녁 시간에는 보쌈, 겨울과 점심시간에는 부대찌개나 설렁탕이 잘 팔린다. 덕분에 광명역점은 1,000개 가까운 놀부 가맹점 중 매출이 30위 안에 들 만큼 잘된다.

"요즘 트렌드가 소비자의 '결정장애'를 해소해주는 거잖아요. 보쌈, 부대찌개, 설렁탕 중 먹고 싶은 게 제각각일 때 저희 매장에 오면 한 번에 같이 드실 수 있습니다. 배후 인구가 300세대 정도밖에 안 돼요. 손님 대부분이 안양 등 외지에서 찾아와 주차장도 따로 계약했습니다."

물론 어려운 점도 있다. 메뉴가 많으니 품질 관리가 쉽지 않다. 윤 씨는 메뉴마다 전문 직원을 둬서 이 문제를 해결했다.

"놀부 직영점이나 개인 매장을 5년 이상 해본 직원들이 각 메뉴를 담당하고 있어요. 특히 부대찌개는 놀부 직영점에서 30년 가까이 근무한 직원이 맡고 있어 맛이 끝내줍니다."

복합 매장의 또 다른 애로사항은 직원 구하기다. 일반 매장보다 직원이 많이 필요해 인력 관리가 상당히 중요하다고 한다.

"직원들의 경조사도 꼭 챙기고 가족같이 대해주려 합니다. 생일이면 케이크를 사서 직원들과 꼭 파티를 하죠. 손님을 가장 먼저 상대하는 사람은 점주가 아니라 직원이잖아요. 직원이 만족해야 손님도 만족합니다. 저희 매장은 직원 15명이 모두 1년 이상 근무 중일 만큼 직원 만족도가 높다고 자부합니다."

그 밖의 매장 관리 노하우를 묻자 '청소'를 강조한다. 매장 영업은 청소로 시작해서 청소로 끝낸다고. 향후 계획은 제2의 광명역점 출점이다. 광명역점 콘셉트가 어지간히 괜찮은가 보다.

"광명역점 운영이 안정권으로 접어들면 박달동에 광명역점과 똑같은 다브랜드 매장을 오픈할 계획입니다."

1년 넘은 옛날 자료
트렌드 반영 못 해

⋮

정보공개서를 믿지 마세요

프랜차이즈 창업을 할 때 예비 점주는 가맹본사와 계약 체결 15일 전에 무조건 정보공개서를 받아보게 돼 있다. 정보공개서는 한마디로 '프랜차이즈의 사업보고서'와 같다. 사업 내용과 매출, 가맹점수, 마케팅비 지출, 경영진 변동 등 프랜차이즈의 경영 현황이 연도별로 제시돼 있다. 매출이나 가맹점수가 우상향 곡선을 그리는지 여부를 보면 그 브랜드의 성장성을 가늠할 수 있다. '이 회사가 경영을 어떻게 하고 있는지 최소한 이 정도는 알고 2주 정도 곰곰이 생각해보고 나서 창업하라'고 정부가 마련해놓은 안전장치인 셈이다.

예비 창업자라면 '정부가 공인한 사업보고서니까 믿을 만하겠지', '이것만

꼼꼼히 보고 창업하면 되겠지'라고 생각할 수 있다. 그런데 프랜차이즈 창업의 안전장치인 정보공개서가 제 역할을 제대로 하고 있는지는 의문이다. 그러기엔 허점이 너무 많기 때문이다. 정보공개서의 허점은 다음과 같다.

» 1년 6개월이나 늦은 시의성

가맹본사는 직전연도 사업성과를 종합해 4월 말까지 공정위에 정보공개서를 등록 신청하게 돼 있다. 이를 받은 공정위는 가맹점수가 정확히 기재됐는지, 빠뜨린 내용은 없는지 검수한 뒤 7~8월에 공정위 가맹사업 홈페이지에 최종 공시한다. 2015년 사업성과가 2016년 7~8월쯤 돼야 국민에게 공개되는 것이다. 2016년 6~7월까지는 그 어떤 예비창업자도 2015년 말 기준 정보공개서만 확인할 수 있다. 최대 1년 6개월 전의 사업성과만 보고 창업을 결정해야 한다.

이는 창업시장에서 상당한 시차다. 프랜차이즈는 1년에도 수차례 트렌드가 바뀔 만큼 변화가 빠른 시장이다. 예를 들어 2014년에는 한식뷔페나 커피전문점, 눈꽃빙수 같은 업종이 한창 잘됐다. 요즘은 아니다. 2015년부터 벌써 시들해졌다. 그럼에도 2016년 6월에 2014년 기준 자료만 보고 창업을 준비한다면 전혀 트렌드에 맞지 않은, '한물 간' 아이템으로 창업을 하기 십상이다.

때문에 2016년 6~7월에 프랜차이즈 창업을 준비하는 예비창업자가 있다면 적어도 1~2개월은 더 기다렸다 창업하길 권한다. 그래야 그 브랜드의 2015년 정보공개서를 받아보고 최신 사업 성과 자료를 확인할 수 있기 때문이다. 물론 이렇게 기다리는 사이에도 트렌드는 계속 바뀔 수 있다. 결국 예비창업자가 정보공개서를 통해 최신 정보를 신속하게 제공받을 수 있으려면 정보공개서 공시 주기가 현행 1년에서 6개월(반기), 3개월(분기) 단위로 단축돼야 한다. 증권 시장에서도 상장사는 분기별로 경영 성과를 보고하게 돼 있다.

≫ 점포 크기 무시한 가맹점당 평균 매출

가맹점당 평균 매출 항목도 그대로 믿었다간 큰 코 다친다.

가맹점당 평균 매출은 전체 가맹점 총매출에서 가맹점수만큼 나눈 수치다. 가맹본사가 '우리 가맹점들은 평균적으로 1년에 이 정도 매출을 올립니다'라고 어렴풋이나마 보여주기 위한 장치다.

그런데 함정이 있다. 이렇게 평균해서 보여주는 매출은 사실 아무 의미가 없다. 평균 매출은 가맹점마다 다른 면적 차이를 전혀 반영하지 않고 있기 때문이다. 보통 수백 개, 수천 개에 달하는 가맹점은 매장마다 면적이 다 천차만별이기 마련이다. 편의점이나 치킨집만 해도 과거에는 포장(테이크아웃)이나 배달 판매만 하는 10평 안팎 소형 점포가 대부분이었지만 요즘은 20평 안팎 카페형으로 넓게 꾸며놓은 곳들이 늘고 있다. 이런 카페형 매장은 매출이 잘나올 수밖에 없다. 포장이나 배달 매출뿐 아니라 홀 매출도 발생하니 당연한 결과다. 대신 그만큼 창업비용이나 월세 등 운영비도 많이 든다. 매출이 높다 해서 수익성도 높다고 보기 어려운 이유다.

가장 바람직한 건 모든 가맹점을 면적별로 구분해서 매출을 집계하는 것이다. 예를 들어 '10평 매장에선 평균 매출이 얼마, 20평 매장에선 얼마' 이렇게 보여줘야 한다. 매장 크기가 천차만별이어서 계정을 나누기 어렵다면 면적을 모두 더한 뒤 가맹점수로 나눠 '면적당 평균 매출'을 구하면 된다. 그럼 평수가 달라도 매출을 어느 정도 공정하게 비교할 수 있다. 아파트 분양가를 '평당 분양가'로 비교하는 것과 같은 이치다. 이때 면적당 평균 매출은 지역별로 집계돼야 한다. 서울 강남의 10평짜리 편의점 매출과 지방 시골 마을의 10평짜리 편의점 매출은 차이가 클 수밖에 없으니 말이다.

하지만 현재 정보공개서는 이런 면적 차이를 무시하고 그냥 점포수로만 나눠서 평균을 낸다. 평균 점포 크기도 알 수 없거니와, 상대적으로 작은 점포로 창업하는 이들에게 평균 매출은 상당히 과장된 숫자일 수밖에 없다.

치킨업계 발칵 뒤집은 치킨 프랜차이즈 순위 발표

2016년 2월 21일 공정위 산하 공정거래조정원(이하 조정원)이 발표한 보도자료 〈치킨 가맹점을 하려면 이 정도는 알아야〉는 이런 정보공개서의 허점을 인지하지 못해 일어난 대형 참사였다.

당시 조정원은 예비창업자에게 유용한 정보를 제공한다는 취지로 치킨 프랜차이즈 상위 15개를 비교해서 매출 순위를 발표했다. 조정원 보도자료에 따르면 치킨 프랜차이즈 중 매출 1위는 교촌치킨이었다. 이를 본 예비창업자라면 당연히 '교촌치킨이 장사가 가장 잘되는구나'라고 생각하게 된다. 실제 〈중앙일보〉는 보도자료를 그대로 받아서 '가장 흔한 치킨집은 비비큐, 장사 잘되는 곳은 교촌'이란 제목으로 기사를 썼다.

그러나 교촌치킨은 전체 가맹점의 20% 이상이 카페형 매장으로 이뤄져 있다. 네네치킨, 굽네치킨처럼 100% 배달형 매장으로만 이뤄진 브랜드에 비해 매출이 높을 수밖에 없다. 교촌치킨의 매장 평균 크기는 13평 정도로, 10평 정도인 네네치킨과 굽네치킨보다 30% 정도 크다. 당연히 교촌치킨 매출이 높게 나올 수밖에 없다. 이를 두고 교촌치킨이 장사를 잘한다고 말하는 게 과연 의미가 있는 걸까. 매출이 높게 안 나오면 그게 더 이상한 상황이다. 이런 정보만으로는 어느 치킨 브랜드의 수익성이 높은지를 전혀 보여줄 수 없다. 오히려 '교촌치킨이 장사 잘된다'는 잘못된 정보를 양산해 예비창업자에게 혼란을 줬을 뿐이다.

조정원 보도자료는 시의성도 크게 떨어졌다. 조정원이 보도자료를 작성한 2016년 2월에는 활용할 수 있는 자료가 2014년 기준 정보공개서밖에 없었다. 결국 조정원은 1년도 더 지난 자료를 근거로 브랜드 순위를 매겼다. 2015년 한 해 동안 각 업체들의 순위가 어떻게 달라졌는지, 업종 자체의 부침이 어땠는지 등은 전혀 반영되지 않았다.

피해는 2015년에 장사를 잘해서 순위가 올라간 브랜드들의 몫이었다. 2014년 기준 자료를 근거로 한 조정원 보도자료에 따르면 BHC치킨은 가맹점 수가 873개로 7위, 호식이두마리치킨은 802개로 9위다. 하지만 내가 직접 업체에 물어봐서 2015년 말 기준으로 재조사해본 결과는 딴판이었다. BHC치킨은 1,197개, 호식이두마리치킨은 917개로 각각 업계 3위, 7위로 올라섰다. BHC치킨은 2015년에 뿌링클 치킨 신제품이 대박을 터뜨리면서 소비자들한테 큰 인기를 끌었다. 호식이두마리치킨도 가성비(가격 대비 성능) 바람을 타고 장사가 잘됐다. 그럼에도 조정원 자료만 믿고 창업을 준비한다면 이런 트렌드 변화를 놓쳤을 가능성이 높다.

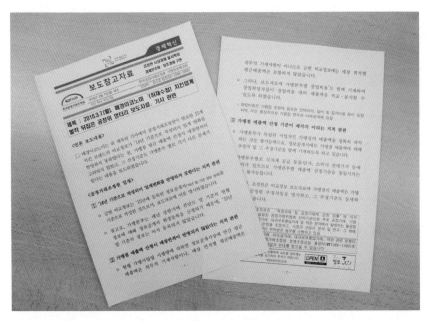

공정거래조정원이 해명하며 발표한 보도참고자료. 결국 공정위는 정보공개서에 평당 매출기재를 의무화하는 내용을 담은 '가맹사업법 시행령 개정안'을 2016년 5월 입법예고했다.

나는 취재수첩을 통해 조정원 보도자료의 문제점을 고발했다(257페이지 '취재수첩' 기사 참조). 그러자 공정위와 조정원 측에선 일요일은 물론, 밤 10시가 넘은 평일에도 내게 전화를 걸어 "기사를 쓰지 말아 달라", "굳이 써야 한다면 톤다운 해달라"고 요구했다. 이미 지상파 방송 등 메이저 매체를 포함해 100여 개의 '잘못된' 기사가 쏟아졌으니 이를 바로잡기 위해서라도 기사를 안 쓸 수 없었다.

기사가 나간 날 공정거래조정원장과 담당 팀장을 만나 2시간 동안 얘기를 했다. 나는 치킨 브랜드 순위를 2015년 기준 최신 데이터 기준으로 재조사하고, 매출도 면적당 매출로 다시 비교할 것을 요구했다. 또 이미 보도된 기사들은 각 매체와 기자들에게 연락해 정정보도를 요청할 것을 주문했다. 예비창업자들이 잘못된 조정원 보도자료와 기사만 믿고 특정 브랜드로 창업했다가 피해를 당하는 일을 막기 위한 최소한의 조치였다.

조정원 측은 보도자료의 문제점을 인정하면서도 재조사나 정정보도 요청은 못 하겠다는 입장을 고수했다. 또 면적당 매출은 현행법상 정보공개서에 의무 기재 사항이 아니어서 알 수가 없다고 답했다. "그럼 지금이라도 가맹점 평균 면적 기재를 의무화하면 되지 않냐"고 되물었더니 "그러려면 가맹사업법 시행령을 고쳐야 된다. 쉬운 일이 아니다"라는 답이 돌아왔다[18].

현행 가맹사업법 시행령은 2007년에 개정됐다. 당시에는 편의점이나 치킨집의 점포 크기가 다 고만고만했기에 평균 면적을 따지는 게 그리 중요한 일이 아니었다. 하지만 2010년대 들어 카페형 매장이 생기기 시작하면서 얘기가 달라졌다. 이제는 점포 크기에 따라 가맹점별로 매출이 최대 두 배 이상 벌어진다. 이런 상황에서 가맹점 면적당 평균 매출이 아닌, 가맹점당 평균 매출만 보여주는 건 의미 없는 일이다. 상황이 이렇게 달라졌으니 당연히 가맹사업법 시행령도 개정해야 한다.

조정원은 원래 2월에 치킨 업종의 가맹점수와 매출을 비교하고 3월에는 커피 업종, 또 이후에는 편의점, 피자, 빵집 프랜차이즈를 비교하겠다고 계획을 세웠다. 이를 2016년 역점사업으로 추진하겠다고 연초에 대통령 업

---

18 공정위는 2016년 5월 9일 프랜차이즈 정보공개서에 가맹점의 매장 전용 면적 한 평(3.3㎡)당 연간 평균 매출액, 매장 전용 면적 한 평당 인테리어와 설비비용 등의 기재를 의무화하는 '가맹사업법 시행령 개정안'을 입법예고했다. 내가 공정거래조정원장과 만난 지 3개월이 안 돼 이뤄진 조치다. 개정 안은 규제개혁위원회 및 법제처 심사, 차관·국무회의를 거쳐 2016년 9월 30일부터 시행될 예정이다. 늦었지만 이제라도 프랜차이즈별 공정한 비교 근거를 마련할 수 있게 된 건 다행스런 일이다.

무보고까지 했다. 그러나 내가 치킨업종 비교자료의 문제점을 지적하자 결국 관련 사업을 다 올스톱시킨 상황이다(2016년 6월 현재).

나는 "3월 말 발표를 목표로 커피전문점 비교 자료를 거의 다 만들어 놨다"고 말하는 조정원장과 담당 팀장에게 이렇게 말했다.

"커피전문점도 2014년 기준 자료로 비교하면 분명 또 순위가 왜곡되기 쉽습니다. 2014년에 대형 커피전문점 기준 가맹점수가 1위였던 카페베네는 2015년 한 해 동안 40~50개가량 가맹점이 줄었습니다. 반면 2위였던 엔제리너스는 10개 이상 가맹점이 늘어 카페베네와 거의 비슷해졌습니다. 만일 2015년 정보공개서가 확정됐을 때 엔제리너스가 카페베네를 제친 것으로 나온다면, 2014년 기준으로 카페베네가 1위라고 발표한 조정원 보도 자료는 또 비판을 받을 겁니다."

결국 조정원은 "거의 다 만들어 놨다"던 커피업종 비교자료를 아직도 (2016년 6월 현재) 발표하지 않고 있다. 2015년 정보공개서가 확정되는 8월 이후로 연기했단다. 한쪽에선 프랜차이즈 비교자료 발표를 아예 백지화하는 것도 검토 중이란 얘기가 들려온다.

이게 다 정보공개서의 허점 때문에 생긴 일이다. 정보공개서가 너무 늦게 업데이트되고, 가맹점 평균 면적 기재를 의무화하지 않은 현재 상황을 개선하지 않는다면 예비창업자에게 제대로 된 프랜차이즈 비교 정보를 제공할 수 없다.

사실 정보공개서의 허점은 이뿐만이 아니다. 브랜드별로 매출 작성 기준이 다른 점, 시스템 문제로 가맹본사가 점주의 매출을 정확히 파악하기 어려운 점, 작성 양식과 파일 형태가 제각각이어서 동종 브랜드와 비교하기 어려운 점, 온라인에서 정보공개서를 열람하기까지 설치해야 하는 소프트웨어가 너무 많은 점, 정보공개서에 대한 홍보가 부족한 점 등 지적할 게 너무도 많다. 정보공개서 하나만으로도 책을 한 권 쓸 수 있을 정도다. 하루빨리 모두 바로잡아야 한다. 필요하다면 가맹사업법 시행령도 당연히 개정해야 한다.

그나마 다행스러운 건 2017년부터 정보공개서 업데이트 시기가 조금 앞당겨질 것이란 점이다. 현재 수작업으로 이뤄지는 정보공개서 검수 과정을 자동화하는 시스템이 2016년 말이나 2017년 초쯤 구축될 예정이기 때문이다. 사실 21세기에 수작업으로 문서를 옮겨 적는 일부터가 어처구니없는 일이었다. 조정원 관계자는 "지난 2월 치킨 프랜차이즈 비교 자료도 다 일일이 타이핑해서 옮겨 적은 건데, 발표하고 나서 확인해본 결과 오타가 없어서 안도했다"고 말했다. 예비창업자에게 필요한 내용이 제대로 들어갔는지를 살펴도 모자랄 시간에 오타 걱정이나 하고 있으니 한심하기 짝이 없는 일이다. 그동안 자동화 시스템 구축 예산을 확보하지 못해 어쩔 수 없이 수작업을 해야 했다는 설명이 돌아왔다. 정작 필요한 곳에 국가 예산이 배정되지 않은 대표 사례라 할 만하다.

아무튼 자동화 시스템이 구축되면 가맹본사의 정보공개서 작성과 공정위의 검수 작업이 훨씬 속도를 낼 것으로 기대된다. 이를 통해 공정위와 조정원이 정보공개서 발표 기간을 얼마나 앞당길지, 예비창업자가 쉽게 열람할 수 있게 만들지, 브랜드별로 통일된 매출 작성 기준은 마련할지 등 정보공개서 관련 제반 문제 개선 과정을 창업 담당 기자로서 앞으로도 계속 지켜볼 것이다.

치킨업계 발칵 뒤집은 공정위 엉터리 보도자료

"말도 안 되는 자료입니다. 지난해 열심히 해서 점포를 훨씬 늘렸는데 하나도 반영이 안 됐어요. 치킨집 포화 우려에도 선방했다고 점주와 예비창업자에게 자랑했는데 양치기 소년이 됐습니다."

2016년 2월 21일 공정거래위원회 산하 공정거래조정원(이하 조정원)이 '치킨 가맹점을 하려면 이 정도는 알아야'란 제목의 보도자료를 발표하자 치킨 프랜차이즈 업계가 발칵 뒤집혔다. 상위 15개 치킨 브랜드의 가맹점수와 매출 등을 정리해 1~15위까지 순위를 낸 자료였다.

그러나 이는 1년도 더 된 데이터로 만든 자료였다. 조정원이 15개 치킨 브랜드의 순위를 뽑은 근거는 2014년 말 기준 정보공개서다. 이에 따르면 BHC치킨은 가맹점수가 873개로 7위, 호식이두마리치킨은 802개로 9위다. 하지만 2015년 말 기준으로 보면 얘기가 달라진다. BHC치킨은 1,197개, 호식이두마리치킨은 917개로 각각 업계 3위, 7위로 올라선다.

게다가 공정위는 브랜드별로 평균 점포 크기나 물류 매출 포함 여부가 제각각인데도 이를 무시했다. 가령 카페형 매장은 15~20평인 반면, 일반 배달전문 매장은 8~10평이어서 두 배가량 차이가 난다. 이를 감안해서 '평당 매출'로 비교했어야 했다. 그런데도 공정위는 단순히 점포당 매출로 비교했다. 또 정보공개서에 기재된 매출은 가맹본사의 물류 매출이 포함된 곳도 있고 안 된 곳도 있다. 물류비용이 전체 매출의 15% 정도니 포함 안 된 곳은 매출이 급락한다. 연결재무제표와 별도재무제표를 비교한 셈이다. 엉터리다.

공정위는 비교 근거에 문제가 있음을 인지하면서도 치킨 프랜차이즈 재조사 요구는 묵살했다. "다음부터 잘하겠다"는 말만 되풀이할 뿐이다. 다음은 다음이고 이미 잘못된 건 바로잡아야 한다. 지금이라도 치킨 업계에 대한 엉터리 조사 결과를 시인하고 재조사할 것을 촉구한다. 그게 결자해지의 길이다.

설명 안 하는 직원
질문 안 하는 점주

:

'불완전 창업'의 진원 창업설명회

　예비 점주가 프랜차이즈 창업을 하는 데까지 과정은 보통 이렇다. 일단 매체 광고나 인터넷, 지인과의 정보 교환, 개인적인 이용 경험 등을 통해 1차적으로 브랜드에 대한 관심을 갖게 된다. 그리고 일정 수준 창업 의지가 생겼을 때 그 브랜드의 창업설명회(또는 사업설명회)에 참석해 구체적인 창업 정보를 얻는다. 창업설명회는 가맹본사와 예비 점주가 직접 만나는 첫 접점이라 할 수 있다.

　그런데 이렇게 중요한 창업설명회가 제대로 진행되고 있는지는 의문이다. 나는 창업시장을 취재하며 10여 개 프랜차이즈의 창업설명회에 가봤다. 물론 예비 점주인 척하고 말이다. 다행히 요즘은 20~30대 청년 점주도 많기 때문에 "젊은 나이에 벌써 창업하려 하느냐"는 식의 질문이나 의심(?)
은 한 번도 받아본 적 없었다. 때로는 뒷자리에서 조용히, 때로는 맨 앞자리
에서 담당 직원에게 적극적으로 질문하며 설명을 들었다. 창업 의지가 상
당한 것처럼 말해 지역 매니저와 따로 날을 정해서 만나기도 했다. 이런 경
험을 통해 내가 느낀 국내 프랜차이즈 창업설명회의 문제점은 한둘이 아니
다. 창업을 고려 중인 독자라면 이번 장을 이 책에서 가장 집중해서 읽기를
바란다. 그만큼 예비 점주에게 창업설명회가 미치는 영향은 지대하기 때문
이다.

못 믿을 정보공개서

창업설명회에 참석한 점주는 가맹본사로부터 두세 가지 인쇄물을 받게
된다. 보통 브랜드 소개 책자(브로슈어)와 정보공개서, 그리고 창업 관련 내
용이 정리된 책자 정도다.

정보공개서는 앞장에서 설명했듯 1년도 더 전에 작성된 게 대부분이다.
공정거래위원회가 7~8월은 돼야 직전연도 기준으로 작성된 정보공개서를
공표하므로 그 전까지는, 그러니까 2016년 6~7월까지는 2014년 기준 정보
공개서를 예비 점주들에게 제공한다. 문제는 담당 직원도, 예비 점주도 아
무도 정보공개서의 이런 문제를 인지조차 못 한다는 것이다.

2016년 5월 A커피전문점 창업설명회에서 일어난 일이다. 한 예비 점주
가 "가맹점당 평균 매출이 어느 정도냐"고 질문했다. 담당 직원은 "그건 정

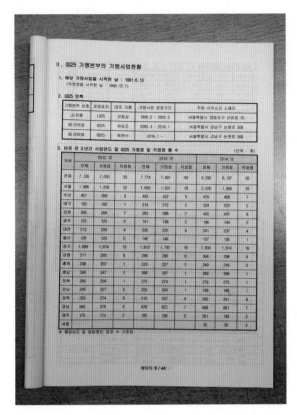

GS25 창업설명회에서 나눠 준 정보공개서.
2016년 4월이었음에도 2014년 기준 자료까지만 나와 있다. GS25뿐 아니라 모든 프랜차이즈의 정보공개서가 이런 식이다.

보공개서에 나와 있다"며 친절하게 정보공개서의 몇 페이지를 보라고 알려줬다. 거기에는 당연히 2014년 기준 가맹점당 평균 매출이 기록돼 있었다. 예비 점주는 그것을 보고 "이게 몇 평짜리 매장 기준 매출인 거냐"고 되물었다. 담당 직원은 답을 할 수 없는 질문이다. 정보공개서에는 점포 면적은 고려하지 않고 전체 매출에서 가맹점수로 나눈 숫자만 기록돼 있기 때문이다. 직원이 아니라 창업주가 나와도 설명할 수 없다.

담당 직원은 당황하지 않고 이렇게 말했다. "매장 크기는 조금씩 다른데

평균적으로 이 정도 나온다고 보시면 돼요." 어중간하지만 정확하지는 않은 답변이었다. 그럼에도 날카로운 질문을 던지던 예비 점주는 '그런가 보다' 하는 표정으로 고개를 끄덕끄덕할 뿐이었다.

그때 내가 짐짓 모른 척 다시 질문했다. "그런데 이거 2014년 기준이라고 나오는데, 벌써 1년 반이나 됐잖아요. 시의성이 떨어지는 거 아닌가요?" 담당 직원은 역시 프로였다. 조금도 당황하는 기색 없이 이렇게 말했다. "지금이랑 별 차이 없어요."

정보공개서의 문제점을 잘 모르는 점주들은 담당 직원의 말을 그대로 믿을 수밖에 없다.

설명 안 해주는 창업'설명'회

B커피전문점 창업설명회에서 일어난 일이다. 예비 점주가 나를 포함해서 겨우 세 명만 참석했다. 그중 두 명은 같이 온 지인들이었다. 나를 제외하면 사실상 한 팀만 신청을 한 것이었다. 창업설명회를 매일 여는 프랜차이즈는 이렇게 예비 점주가 한두 팀만 신청하는 경우가 종종 있다.

생각보다 적은 참석자에 실망해서였을까. 담당 직원은 창업설명회를 시작한 지 겨우 10여 분 만에 모든 설명을 끝냈다. 그 안에 자사 브랜드의 대표 메뉴, 주요 입점 상권, 창업비용을 모두 설명했다. 간단히 훑기만 했으니 가능한 일이었다.

10여 분 만에 설명을 끝낸 그 직원은 "남은 시간 동안은 질문을 받겠다"

고 말했다.

물론 창업설명회를 질의응답 식으로 진행하는 것도 좋은 방법이다. 그러나 질문도 어느 정도 지식이 갖춰져야 잘할 수 있다. 요즘은 인터넷을 통해 미리 예습을 해오는 예비 점주들도 많을 것이다. 그러나 그런 사례를 일반화해서 모든 점주에게 제대로 된 설명을 생략하는 것은 문제가 있다. 이는 마치 중학교 1학년 선생님이 학생들이 미리 예습을 해왔을 것으로 믿고 수업을 대충 하는 것과 같은 일이다. 잘 모르고 간 예비 점주는 당할 수밖에 없다. 명심하자. 아는 것이 힘이다!

질 대신 양으로 승부해 '속 빈 강정'

편의점과 일부 커피전문점은 예비 점주들의 창업 수요가 많은 편이다. 그래서인지 평일은 물론, 주말에도 매일 창업설명회를 여는 곳이 많다. 문제는 너무 잦은 창업설명회가 담당 직원들의 업무 강도를 높여 설명의 질을 떨어뜨린다는 것이다. 앞서 10분 만에 설명을 끝낸 B커피전문점 직원도 이 사례에 속한다.

C편의점은 반대되는 사례다. 담당 직원은 PPT로 수십 장의 장표를 넘기며 한 시간 가까이 열띤 설명을 했다. 그런데 말이 너무 빨라 도무지 알아듣기 힘들었다. 그 날은 토요일 오전이었다. 창업설명회 때문에 출근한 그 직원은 어쩌면 빨리 설명을 끝내고 남은 주말을 즐기고 싶었을 것이다. 그나마 설명해야 하는 내용은 다 설명했으니 B커피전문점 직원보다는 직업의

모 편의점의 창업설명회 모습

식이 투철했다고 해야 할까.

　D편의점의 경우 내가 창업설명회를 신청하고 나서 사정이 생겨 못 간다고 한 적이 있다. 그러자 직원이 한 말이 뜻밖이었다. "사장님이 계신 곳으로 저희가 갈 수도 있습니다." 편의점이 출장 창업설명회를 하는 건 익히 알고 있었지만, 단 한 명의 예비 점주를 대상으로도 출장을 나가는 줄은 생각지 못했다. 이쯤 되면 직원이 영업사원처럼 느껴진다. 도대체 회사가 담당 직원들에게 얼마나 많은 가맹점 추가 임무를 줬기에 이러나 싶을 정도

였다.

 나는 창업설명회가 일주일에 한두 번만 이뤄져도 충분하다고 생각한다. 어쩌면 이것도 너무 잦을 수 있다. 창업에 정말 의지가 있는 예비 점주라면 어떻게든 시간을 내서 참석할 테니 말이다. 예비 점주를 진정으로 위한다면 직원을 괴롭혀가며 매일 창업설명회를 진행할 일이 아니다. 2주일에 한 번, 매월 한 번이라도 알차게 준비해서 충분한 정보를 제공하는 게 더 바람직하다.

기자회견하듯 묻고 따져야

 창업설명회에 참석하는 예비 점주들의 태도에도 아쉬운 점이 있다. 궁금한 게 하나도 없는지, 아니면 미리 예습을 다 해온 건지(그렇다면 창업설명회에 올 일이 없겠지만), 질문을 전혀 하지 않는 예비 점주가 많았다.

 잠시 내 얘기를 하겠다. 내가 기자 생활을 5년 넘게 하면서 뼈저리게 배운 것은 바로 질문의 중요성이다. 사회적으로 성공한 기업인이나 유명 인사를 만나 인터뷰하는 것은 좀처럼 얻기 힘든 귀한 시간이다. 기자는 그 짧은 시간 안에 자신이 원하는 정보를 얻기 위해 인터뷰이(Interviewee)에게 충실한 답변을 이끌어내야 한다. 그런데 인터뷰이의 답변은 대체로 기자의 질문 수준과 비례한다. 쉬운 걸 물어보면 편하게 대강 답하고, 어려운 걸 물어보면 곤란해 하면서도 깊이 생각해서 답한다. 결코 '우문현답'을 기대해선 안 된다. 그래서 질문을 중시하는 혹자는 기자를 '기록하는 자(記者)'가 아닌, '질문하는 자'라고 정의 내린다.

창업설명회도 마찬가지다. 창업이란 게 예비 점주에겐 생계가 걸린 일이지 않은가. '어떤 아이템으로 창업하는 게 좋을까' 의사결정을 하기 위해 참석하는 매우 의미 있는 시간이다. 결코 허투루 흘려보내서는 안 된다. 특히 창업설명회에서 담당 직원은 자사에 불리한 얘기는 일부러 안 하는 경우가 대부분이다. 이때 예비 점주는 기자, 담당 직원은 기자간담회에 나온 인터뷰이나 마찬가지다. 한정된 시간 안에 직원이 진땀을 흘릴 만큼, 그가 일부러 숨겼거나 깜빡하고 설명하지 않은 창업 정보를 캐물어야 한다.

"요즘 창업시장 트렌드는 이렇게 달라지고 있는데, 이 브랜드는 그 트렌드를 못 따라가고 있는 것 아닌가요?" "계약기간을 못 채우고 폐점했을 때 위약금이 얼마나 발생하나요?" "다점포율이 낮아졌다는 건 기존 다점포 점주들의 브랜드 만족도가 그만큼 떨어졌다는 얘기 아닌가요?" "직영점을 왜 운영하지 않고 있나요?" "커피 원두 납품가는 얼마인가요?"

질문은 아무 기자나 할 수 있지만 날카로운 질문은 아무 기자나 못 한다. 내공이 있어야 한다. 그래서 기자들은 인터뷰를 하기 전 인터뷰이에 대해 기본적인 공부나 연구를 하고 간다. 창업설명회도 마찬가지다. 예비 점주가 여러 브랜드의 창업설명회에 참석해서 꼼꼼히 분석했다면 훨씬 밀도 있는 질문을 던지고 더 유용한 정보를 알아낼 수 있을 것이다. 다시 한 번 명심하자. 아는 것이 힘이다!

＃ 04

대한민국 창업 애상

실업난에 지친 청춘
창업시장 밀려와도 찬밥 신세

⋮

부르면 아픈 이름, 대한민국 청년

요즘 창업시장의 주요 트렌드 중 하나는 '청년 창업 증가'다. 30대도 아닌, 20대 젊은층의 창업 사례가 급증하는 추세다. 청년 실업 장기화, 프랜차이즈 운영 자동화 등이 맞물려 취업 대신 창업을 선택하거나 투잡(Two-job)을 뛰는 청년들이 증가하고 있다는 분석이다.

원래 창업시장을 주도하는 이들은 40~50대다. 중소기업청에 따르면, 2015년 신설법인 9만 3,768개 중 대표자가 40대와 50대인 비율은 각각 38.1%(3만 5,699개), 26.1%(2만 4,469개)로 전체의 64.2%에 달했다. 30대는 21.8%(2만 418개), 30세 미만은 5.3%(4,986개)에 그쳤다.

단 전년(2014년) 대비 증가율로 보면 얘기가 달라진다. 30세 미만 창업자

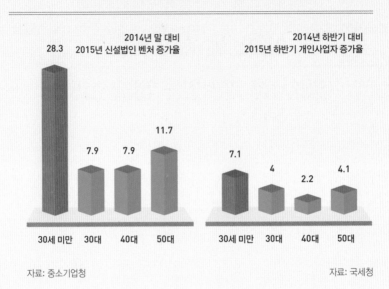

벤처도 개인 점포도 20대 청년 사장 급증 〈단위: %〉

2014년 말 대비
2015년 신설법인 벤처 증가율

28.3

11.7

7.9   7.9

30세 미만   30대   40대   50대

자료: 중소기업청

2014년 하반기 대비
2015년 하반기 개인사업자 증가율

7.1

4

2.2

4.1

30세 미만   30대   40대   50대

자료: 국세청

의 전년 대비 증가율은 28.3%. 30대(7.9%), 40대(7.9%), 50대(11.7%)보다 최고 세 배가량 높았다. 개인사업자 증가율도 30세 미만 창업자가 7.1%를 기록, 같은 기간 30대(4%), 40대(2.2%), 50대(4.1%)보다 월등히 높았다(2014년 하반기 대비 2015년 하반기 기준, 국세청 자료).

창업시장에 '20대 사장'이 가파르게 늘고 있다는 얘기다. 2016년 3월 10~12일에 열린 '2016 프랜차이즈산업박람회'를 찾은 예비창업자도 30대와 20대가 각각 26.2%, 23.3%로, 40대(28.6%)를 바짝 추격했다. 이쯤 되면 '젊었을 때는 취업, 은퇴하고는 창업'이란 기존 창업 공식이 무색해진다.

청년 창업이 급증하는 이유는 뭘까.

우선 사상 최악의 실업난이 원인으로 꼽힌다. 통계청의 고용동향에 따르면 2016년 2월 기준 우리나라 청년(15~29살) 실업률은 12.5%에 달했다. 1999년 6월 통계기준 변경 이후 역대 최고치다. 취업이 안 되니 청년들이 창업시장으로 밀려드는 건 당연지사다. 이석원 다이소 가맹기획부장은 "청년 실업이 심화되면서 부모가 자녀에게 가게를 차려주거나 기존 점주가 자녀에게 물려주는 경우가 늘고 있다"고 전한다.

프랜차이즈 매장 관리가 시스템화되면서 젊은 직장인들이 투잡을 하기 용이해진 것도 한몫했다는 분석이다. 편의점, 커피전문점, 간편식, 프리미엄독서실 등의 경우 스마트폰 앱을 통해 매출 확인, 신규 물량 발주, 매장 관리 등을 실시간으로 할 수 있다. 점주가 직장을 다니면서도 얼마든지 원격 운영이 가능하다 보니 추가 수입을 노리고 창업에 관심을 갖는 젊은층이 늘고 있다.

위드미 관계자는 "최근 20~30대의 편의점 창업 문의가 많아졌다. 사업 설명회 참석자의 약 30%가 20~30대 예비창업자"라고 말했다. 한솥도시락 관계자는 "점포 운영이 용이하다는 사실이 알려지면서 20~30대 젊은 여성 예비창업자들의 문의가 꾸준히 늘고 있다"고 전한다. 김희철 양키캔들 홍보팀장은 "향초는 '경단녀(경력 단절 여성)'도 1인 창업이 가능할 만큼 쉽고 육체적 피로도가 낮아 다점포 운영에 대한 부담이 적은 편이다. 본사에서도 창업 광고를 하기보다는 기존 점주의 추가 출점이나 지인 소개를 권장하는 편"이라며 "처음 가맹사업을 시작했을 때는 30~50대 여성 예비창업자 문의가 대부분이었다. 최근에는 20~30대 초반의 창업 문의가 높아지는 추세"라고 말했다.

대학진학률의 꾸준한 감소도 중장기적으로 주목할 만한 대목이다. 교육부에 따르면 한때 80%가 넘었던 대학진학률이 2010년 75.4%, 2015년에는 70.8%로 줄었다. 대학 진학에 따른 기회비용은 적어도 5,000만 원 이상으로 추산된다. 2015년 기준 사립대 4년 평균 등록금(2,930만 원)과 4년간 경제활동을 하며 월 50만 원씩 저축했을 경우(2,400만 원)를 단순 합산한 값이다. 적어도 소자본 창업을 할 수 있는 마중물 확보가 가능하다.

청년 창업이 증가하는 걸 어떻게 바라봐야 할까.

젊은 감각과 열정으로 무장한 청년들이 창업시장에 새로운 바람을 불러일으킬 거란 기대는 일면 긍정적이다. 하지만 나는 걱정이 더 앞선다. 청년 창업이 중·장년 창업에 비해 생존율이 낮기 때문이다.

통계청이 2015년 말 발표한 '2014년 기준 기업생멸 행정통계'에 따르면, 2014년에 30세 미만 창업자의 1년 생존율은 49.6%로, 다른 연령대보다 최고 13.3%포인트 낮았다. 특히 5년 생존율은 30세 미만이 16.6%로 50대(33.6%)의 절반이 채 안 됐다. 젊은 감각과 열정보다는 세상에 대한 지식과 지혜, 연륜이나 노하우가 창업시장에서 더 중요한 요소가 아닌가 생각되는 대목이다.

무엇보다 벤처창업이 우후죽순 증가하는 게 불안하다. 벤처(Venture)는 '모험'이란 뜻처럼, 100명 중에 겨우 몇 명만 성공하는 시장이다. 열 명 중 아홉 명 이상은 실패한다. 특히 우리나라는 아직 벤처가 성공할 수 있는 생태계가 완성되지 않아 성공 확률은 더 떨어진다.

VC(벤처투자회사)가 투자자금을 회수하려면 크게 두 가지 방법이 있다. 상장(IPO)을 해서 시장에 지분을 팔거나 대기업이 인수(M&A)해주는 방식이다. 중소기업청에 따르면 2015년 우리나라에서 VC들이 투자자금을 회수한 방법 중 대기업이 벤처를 인수해준 비율은 1.5%밖에 안 됐다. 2014년 2.1%에서 더 줄었다. 상장한 비율도 27.2%에 불과했다. 나머지 약 70%는 투자한 벤처 회사로부터 투자자금을 상환 받거나 VC가 지분을 매각하는 방식으로 투자금 회수가 이뤄졌다. 이게 무슨 말이냐면 벤처 회사에 투자했던 자본금을 다시 빼왔거나 다른 VC한테 지분을 넘겨서 '손바꿈'을 했다는 얘기다. 이렇게 되면 벤처창업자는 자본금을 잃고 사업이 중단되거나 새로운 VC에게 다시 투자의 타당성을 설득하는 지난한 작업을 거쳐야 한다.

실리콘밸리가 있는 미국은 다르다. 대기업 인수 50%, 상장 50% 정도로 투자자금 회수가 이뤄진다. 이렇게 되면 어떤 경우에도 벤처창업자는 성공한 창업가가 될 수 있다. 대기업에 인수되면 막대한 매각 대금을 받고 엑시트(Exit, 투자 회수)할 수 있고, 상장을 하면 주가에 따라 막대한 지분 차익을 챙기고 경영권도 유지할 수 있다. 대기업이 벤처 인수를 도통 하지 않아 엑시트가 힘든 국내 벤처환경과 비교하면 그야말로 천지차이다.

말이 나온 김에 국내 벤처생태계에 관한 얘기를 좀 더 하겠다.

구글은 1년에 수십 개씩 벤처를 인수한다. 인공지능 알파고를 개발한 딥마인드도 2010년에 데미스 허사비스 대표가 만든 벤처를 2014년 구글이 약 5,000억 원에 인수한 사례다. 결과는 '누이 좋고 매부 좋고'였다. 딥마인드는 2년 동안 구글의 투자를 받아 연구에 매진할 수 있었던 덕분에 단기간에 알파고라는 막강한 인공지능을 만들어낼 수 있었다. CPU 1,200개를 연결해 알파고 성능을 최대로 끌어낼 수 있었던 것도 구글 데이터센터의 도움 없이는 불가능했을 것이다. 구글은 알파고와 이세돌 9단과의 바둑 대결에서 딥마인드가 승리함으로써 주가가 상승, 시가총액이 50조 원 이상 늘었다. 이렇게 인수한 벤처 하나만 성공시켜도 투자자금의 100배 넘는 경제효과를 누릴 수 있다.

반면 우리나라는 대기업이 벤처를 인수하는 데 너무도 인색하다. 수백억 원, 수천억 원을 투자해서 벤처를 인수했다가 성과가 안 나오면 임원이나 전문경영인이 책임져야 하니까 이를 회피하는 경향 탓이다. 대신 대기업들은 높은 연봉으로 유혹해 인력을 빼가거나 아이디어와 기술을 모방해서 골목 상권에 침투하는 방식을 선호한다. 우리나라는 재벌을 중심으로 기업이 운영되기 때문에 벤처 인수 전략에 대해 오너들이 먼저 적극적으로 관심을 가져야 한다. "실패해도 임기를 보장하거나 책임을 묻지 않을 테니 소신껏 벤처를 인수하거나 투자해보라"고 전문경영인들한테 힘을 실어줘야 한다. 그렇지 않고서는 앞으로도 국내 벤처생태계 선순환은 요원하다.

젊은 벤처창업자들이 모바일 벤처로 쏠리는 것도 문제다. 모바일 앱은 구글과 애플의 앱마켓을 이용하기 때문에 언어 장벽 말고는 사실상 국경이 없다. 미국에서 개발한 앱도 국내 스마트폰으로 얼마든지 다운로드받을 수 있다. 때문에 모바일 앱 개발 경쟁은 국내뿐 아니라 세계적으로 이뤄진다고 봐야 한다.

경쟁률은 어마어마하다. 지난 2014년 한 해 동안 세계 각국에서 새로 출시한 신규 앱은 무려 20만여 개에 달했다. 하루에 500개 넘게 쏟아져 나온 셈이다. 이 중에 3년 동안 살아남는 건 10%도 안 된다. 앱마켓에서 앱을 다운로드 받아서 설치해보니 이미 서비스가 중지돼서 못 쓰고 삭제한 경험이 누구나 한두 번쯤 있을 것이다. 장사가 안 돼서 관리를 중단하고 개점휴업한, 한마디로 '죽은 앱'이다. 지금 앱마켓은 어떻게 보면 치열한 앱 경쟁에서 밀려나 도태된, '죽은 앱들의 거대한 공동묘지'라고 볼 수 있다. 이런 상황에서 모바일 앱을 또 개발해 도전한다는 건 십중팔구 공동묘지에 묘를 하나 더 늘리는 결과로 이어질 것이다.

사실 지금 활발하게 서비스를 하고 있는 앱들도 속을 들여다보면 적자투성이다. 국내에서 많이 쓰이는 소셜커머스나 배달앱, 쇼핑앱, 쿠폰앱, 부동산정보앱도 손익분기점을 넘긴 곳이 거의 없다. 이런 회사들에 물어보면 한결같이 이런 대답이 돌아온다. "아직은 투자를 더 해야 하는 시기다. 곧 있으면 흑자전환할 테니 지켜봐 달라." 이 말을 벌써 수년째 하고 있다.

문제는 지켜봐 줄 수 있는 시간이 얼마 남지 않았다는 것이다. 벤처들이 끝내 흑자를 못 내면 인내심이 고갈된 VC들은 투자자금 회수에 들어가게 된다. 벤처투자조합의 평균 운영기간은 7년 정도다. 우리나라에서 스마트폰이 2010년경 처음 보급됐으니 이제 벌써 6년째다. 슬슬 곡소리 날 때가 됐다.

투자자금을 그대로 회수하면 VC 입장에선 시간만 낭비한 꼴이 된다. 투자한 벤처에서 기대했던 만큼 이익을 내지 못했으니 다음 벤처에 재투자할 수 있는 여력이 줄어든다. 먼저 투자한 벤처가 성공해서 다시 다른 벤처에 재투자하는 선순환 고리가 끊기는 것이다. 최근 박근혜 정부가 벤처활성화 정책을 강조하다 보니 공공기관이나 민간 VC들이 벤처 투자에 적극 나서고 있지만 이런 분위기가 과연 언제까지 지속될 수 있을까. 정권이 바뀌면, 또 투자했던 벤처들이 잘 안 돼서 VC의 재투자 여력이 줄어들면 이후에는 국내 벤처투자자금이 순식간에 위축될 수 있다. 혹시 지금 여기저기서 투자해주는 손길이 많다고 이를 믿고 벤처를 준비하는 이들이 있다면 다시 생각해보기 바란다. 2~3년 뒤 벤처활성화 정책이 동력을 상실해서 추가 투자를 못 받게 되면 그야말로 낙동강 오리알 신세가 될 수 있다.

벤처 투자가 중단되면 소비자한테도 피해가 돌아간다. 회사가 문을 닫고 다른 데 매각도 안 되면 결국 운영자금이 바닥나 서비스를 중단할 수 있다. 2013년에 한창 인기를 끌었던 리워드앱 '애드라떼'가 대표적인 예다. 소비자가 광고를 보면 몇십 원, 몇백 원씩 돈(포인트)을 줬는데, 광고 효과가 생각보다 크지 않다고 판단한 회사들이 애드라떼 광고를 중단했다. 광고 수입이 끊기고 추가 투자도 유치하지 못한 애드라떼는 결국 서비스를 중단해야 했다. 애드라떼를 믿고 광고를 보며 한푼 두푼 모아뒀던 소비자들의 돈(포인트)도 지급이 중단됐고 애드라떼는 '먹튀앱'이란 오명을 쓰게 됐다.

대기업의 벤처 인수와 IPO가 활성화돼 국내 벤처생태계가 선순환 구조를 갖추기 전까지 이런 벤처 실패 사례는 앞으로도 무수히 반복될 것이다. 실업난에 치여 '자의 반 타의 반'으로 창업시장에 내몰리는 청년들의 심정은 안타깝지만, 그럴수록 조심 또 조심하기 바란다. 앞서 이야기했듯 실패 확률이 너무도 높으니 말이다.

갑질보다 중요한 건
점주의 '먹고사니즘'

⋮

바보야, 문제는 수익성이야!

2016년은 연초부터 프랜차이즈 갑질 논란이 연이어 터져 나왔다. 미스터피자, 피자헛 등 피자 업종과 프리미엄 김밥 업종인 바르다김선생이 내부갈등을 표출했다.

2016년 3월 30일 서울 강남에 위치한 바르다김선생 본사 앞에는 수십 명의 점주가 모였다. 본사가 125가지에 이르는 식자재를 지정업체를 통해서만 구입케 하고는 시중 가격보다 비싼 가격에 납품해 폭리를 취하고 있다며 목소리를 높였다. 식자재비가 부담스러워 김치, 계란 등을 개인적으로 구입한 점주에 대해선 가맹 계약을 해지했다며 본사를 규탄했다.

정우현 MPK그룹 회장의 경비원 폭행 사건으로 물의를 빚은 미스터피자도 점주들이 단체행동에 나섰다. "미스터피자가 주재료인 치즈 가격을 정상 수준보다 30%가량 높게 받고 있다"는 주장이었다. 정우현 회장의 다섯 문장짜리 짤막한 사과문에 대해선 회장 대신 점주들이 고개 숙여 사과하는 진풍경을 벌이기도 했다.

피자헛도 신제품 출시를 놓고 본사와 가맹점주 간 마찰이 빚어졌다. 피자헛 가맹점협의회는 피자헛이 신제품이라며 출시한 '트리플박스'가 모두 기존 제품으로 구성돼 있어 신제품으로 볼 수 없다고 지적했다.

가맹본사들은 점주들이 '생떼'를 쓰고 있다며 펄쩍 뛰었다. 점주들의 주장이 사실과 다르다는 반박이다.

바르다김선생은 "식자재 납품 가격이 비싼 건 그만큼 최상의 식자재를 공급하기 때문이며, 본사가 취하는 마진은 업계 평균 수준에 불과하다"는 해명을 내놨다. 가맹계약이 해지된 세 개 가맹점에 대해선 "정보공개서에 반드시 본사에서 제공하는 상품을 사용해야 하는 규정을 위반해 최소 6개월 이상의 유예기간을 두고 절차에 따라 가맹점 계약을 해지했다"고 밝혔다.

피자헛도 "신제품 트리플박스의 테스트 매장 매출이 다른 매장보다 24% 포인트 높아 시장성이 있는 것으로 판단했다"는 입장이다. 미스터피자는 "가맹점과의 상생 차원에서 2016년 2월 치즈 가격을 기존 9만 4,950원에서 9만 2,950원으로 인하했다"고 밝혔다.

여기까지는 아주 흔히 볼 수 있는 프랜차이즈 본사와 점주 간 갈등 양상이다. 사실 가맹본사의 갑질 문제는 잊을 만하면 한 번쯤 터져 나오는 단골 레퍼토리다. 이런 뉴스가 나오면 사람들은 '그럼 그렇지' 하고 가맹본사의 갑질을 나무라며, 부도덕한 회사로 낙인 찍어버리는 경향이 있다. 점주들은 사회적 약자이자 선량한 피해자가 돼 동정을 받는다. 언론도 대체로 이런 프레임의 보도를 선호한다. 쉽게 독자들의 공감을 살 수 있기 때문이다. 이를 악용하는 점주들이 도리어 '을질'을 하는 경우도 있다고 한다.

나는 여기서 누가 잘했고 잘못했나를 가리려는 건 아니다. 중요한 건 저 세 개 프랜차이즈에는 한 가지 공통점이 있다는 것이다. 바로 '요즘 장사가 예전만큼 잘 안 되는 업종들'이란 사실이다.

피자는 1인 가구 증가 수혜를 보지 못하고 저가피자에 밀려 하향곡선을 그리는 중이다. 프리미엄 김밥도 2015년 초 돌풍을 일으켰지만 2016년 들어서는 정점을 찍고 한풀 꺾인 모양새다. 결국 점주들은 본사의 갑질 때문이라기보다는 장사가 안 돼서 생업을 내팽개치고 거리로 나왔을 가능성이 높다.

바르다김선생의 예를 보자. 점주들은 가맹본사가 시중 가격 대비 너무 비싼 식재료를 써서 힘들다고 말한다. 그런데 바르다김선생은 '프리미엄' 김밥이다. 당연히 좋은 식재료를 써야 하고, 그러다 보면 원가가 비싸질 수밖에 없다. 점주들도 이 사실을 모르고 창업했을 리 없다. 가맹본사가 갑자기 원가를 높여서 공급한 것도 아니고, 이 정도는 창업설명회나 계약 전에 다 설명을 하는 내용이다. 그런데 점주들은 왜 그동안 아무런 문제 제기를 하지 않다가 2016년 들어서 집단행동을 하게 된 걸까.

바로 '요즘 바르다김선생의 수익성이 예전 같지 않아서'라는 게 업계 분

바르다김선생 매장

석이다. 프리미엄 김밥은 2015년 상반기에 인기가 대단했다. 당시 TV 예능 프로에서 탤런트 송일국 씨가 세 쌍둥이(삼둥이) 아들과 바르다김선생 매장에 가서 갈비만두를 자주 사먹는 모습이 전파를 타면서 '삼둥이 만두' 열풍이 불었다. 유명세를 타게 된 바르다김선생은 가맹점의 평균 월매출이 기존 7,000만 원에서 금세 1억 원으로 수직상승했다고 한다. 전국 어느 매장을 가나 가맹점이 잘되니까 바르다김선생의 신규 가맹점 개설 문의가 빗발쳤다.

그러나 유행은 언젠가 지나가기 마련. 삼둥이 만두 열풍이 가라앉고 경쟁 브랜드도 늘어나면서 2016년 4월 현재 바르다김선생 가맹점의 평균 월 매출은 4,000만~5,000만 원 정도로 줄었다. 1억 원 매출을 기대하고 창업한 점주들로서는 예상 매출에서 반 토막이 났으니 이만저만 실망한 게 아니었을 터. 가맹본사가 "사실 이 정도가 일반적인 실적이다. 1억 원은 비정상적으로 과열된 매출이었다"라고 얘기하지만 점주들은 만족할 수 없었고, 결국 본사와 갈등을 빚게 됐다는 것이다.

미스터피자와 피자헛은 또 어떤가.

미스터피자, 도미노피자, 피자헛은 피자업계 '빅3'로 불린다. 세 브랜드는 한때 2만 원대 이상 고가 피자 시장에서 대등한 경쟁을 펼쳤다. 그런데 1~2년 전부터 빅3의 균형이 급격히 기울기 시작했다. 2016년 초 조사한 프랜차이즈 다점포율에서도 이런 분위기가 뚜렷이 감지됐다. 2015년 초 조사에선 미스터피자와 도미노피자, 피자헛의 다점포율이 각각 40.1%, 36.7%, 37.1%로 엇비슷했다.

하지만 1년 만에 재조사해보니 결과가 확 달라졌다. 도미노피자는 38.9%(2015년 조사 대비 +2.2%포인트)로 다점포율이 다소 오른 반면, 미스터피자와 피자헛은 32%(-8.1%포인트), 9.5%(-27.6%)로 급전직하한 것이다.

1인 가구 증가로 양이 적고 단가가 낮은 치킨 업종이 인기를 끌면서 대체재인 피자 시장이 상대적으로 침체됐다는 분석이다. 그나마 도미노피자는 배달전문매장 위주로 운영하면서 배달 시장 확대의 수혜를 누렸지만 홀 영업을 병행하는 미스터피자와 피자헛은 그렇지 못했다. 특히 미스터피자의 경우 배달을 하지 않는 것으로 잘못 알고 있는 소비자가 많을 만큼 배달 시장 특수를 누리지 못했다.

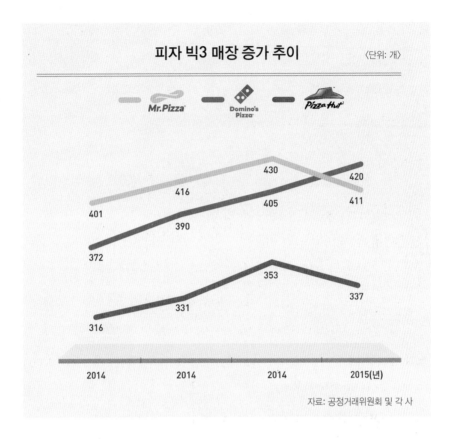

피자 빅3 매장 증가 추이
〈단위: 개〉

Mr.Pizza   Domino's Pizza   Pizza Hut

430
416
401
420
411
405
390
372
353
337
331
316

2014   2014   2014   2015(년)

자료: 공정거래위원회 및 각 사

이런 상황에서 유독 미스터피자와 피자헛 점주들만 거리로 뛰쳐나왔다는 건 의미심장하다. 역시 본사와 점주 간 갈등 문제의 핵심은 갑질이 아니라 수익성이라는 사실을 뒷받침한다.

생각해보자. 점주들이 가맹본사의 치부를 들춰내면 결국 양쪽 다 손해를 보게 돼 있다. 브랜드 이미지가 나빠지고 심한 경우 불매 운동이 일어나 장사가 더 안 될 가능성이 크기 때문이다. 그래서 어느 정도 먹고살 만한 프랜

배달을 전문으로 하는 도미노피자 매장

미스터피자 매장

피자헛 매장

차이즈의 점주들은 언론에서 가맹본사의 갑질을 파헤치려 하면 오히려 쉬
쉬하며 본사를 감싸게 된다. 장사가 잘되는데 굳이 긁어 부스럼을 만들 필
요는 없으니 당연한 반응이다. 본사 경영진이 상당한 비리를 저질러 검찰
조사를 받더라도 점주들이 나서서 이를 규탄하지 않는다면 '아 그래도 저

브랜드는 어느 정도 장사가 잘되나 보다'라고 생각해도 크게 틀리진 않을 듯하다.

이게 바로 점주의 '먹고사니즘'이다. 점주들은 그렇게 이념적인 존재가 아니다. 평범한 소시민이자 자영업자일 뿐이며, 어쩌면 가맹본사가 갑질을 하든 말든 크게 신경 안 쓰는 이들이 많을 것이다. 그저 장사가 잘돼서 자신과 가족이 먹고살 만하면 그게 장땡이다. 점주 입장에서 '착한 프랜차이즈'는 점주들을 먹고살게 해주는 회사고, 그렇지 않으면 그건 '나쁜 프랜차이즈'다. 생떼를 써서라도 나를 먹고살게 해달라고 졸라야 할 대상이 된다.

점주들이 거리로 뛰쳐나온 미스터피자, 피자헛, 바르다김선생은 그런 의미에서 나쁜 프랜차이즈였다. 장사가 잘될 때는 본사와 별다른 갈등이 없던 점주들이 장사가 안 되니까 본사에 등을 돌렸다. 이는 가맹본사들에 시사하는 바가 크다. 현재 점주들과 맺고 있는 동맹이 굳건해 보인다 해도, 수익성이 떨어지는 순간 언제 갑자기 등을 돌리고 본사의 치부를 들춰낼지 모르기 때문이다.

동업이란 게 그렇다. 장사가 잘돼야 같이 웃지, 안 되면 원수도 그런 원수가 없다. 친한 친구끼리 동업을 해도 앙금이 생기는데 하물며 생판 모르는 본사와 점주 사이임에야. 가맹본사들은 점주들이 계속 잘먹고 잘살 수 있도록 신제품 개발도 열심히 하고 마케팅도 잘해야 한다. 점주들이 등을 돌리지 않도록 각별히 신경 써주어야 한다. 그게 점주들을 위하는 길이고, 또 본사로 돌아올 수 있는 부메랑을 막는 길이다.

제조업 못잖은 고용 효과에도
무관심한 정부와 국회

⋮

프랜차이즈 산업 어떻게 발전시킬까

2016년 5월 30일 제20대 국회가 시작됐다. 국회의원 300명은 2016년 4·13 총선에서 각자 공약을 내걸고 국민의 선택을 받았다. 그런데 주요 정당들이 발표한 총선 공약집을 살펴본 나는 한 가지 아쉬운 점이 있었다. 서민을 위한 정책을 준비했다면서 프랜차이즈 창업에 대해선 이렇다 할 공약이 안 보였기 때문이다.

프랜차이즈는 국내 자영업 시장의 한 축을 담당하며 일자리 창출에 공헌하고 있다. 대기업에서 구조조정돼 쏟아져 나오는 비자발적 실업자들을 거두는 데 가장 큰 역할을 하는 것도 바로 프랜차이즈 업계다. 그럼에도 정부가 무관심하다 보니 가맹본사의 갑질이나 '묻지마 창업' 같은 악순환의 고리가 되풀이되고 있다. 프랜차이즈 시장 선진화를 위한 정부와 정치권의 관심이 필요한 시점이다.

자영업 시장 한 축으로 부상한 프랜차이즈

국내 프랜차이즈 산업은 1979년 10월 롯데리아 서울 소공동 1호점 오픈으로 시작되었다. 그간 국내 프랜차이즈 시장은 가파른 성장을 거듭했다. 공정거래위원회(이하 공정위)에 따르면 2014년 기준 국내 프랜차이즈 본사는 3,482개, 브랜드 4,288개, 가맹점은 19만 4,199개에 달했다. 전체 프랜차이즈 시장 규모는 약 150조 원 안팎으로 추산된다. 2016년 정부 예산(386조 7,000억 원)의 40%에 육박하는 규모다. 성장 속도를 감안하면 2016년 내로 가맹본사와 브랜드, 가맹점은 각각 4,000개, 5,000개, 20만 개를 가뿐히 넘을 전망이다.

이처럼 거대한 산업으로 발전했지만 프랜차이즈 산업에 대한 정부의 정책 지원은 아직도 미흡한 실정이다. 이번 20대 국회 출범을 계기로 향후 정부와 국회가 힘을 모아 추진해야 하는 정책들을 몇 가지 제시하고자 한다.

» 프랜차이즈 산업 육성 정책 절실

현 정부는 중소기업과 벤처 육성에만 열을 올릴 뿐, 프랜차이즈 산업에 대해선 투자를 거의 하지 않고 있다. 산업통상자원부(이하 산자부)의 프랜차이즈 산업 육성 사업에 예산 배정을 늘려도 모자랄 판에 오히려 전액 삭감했다.

산업통상자원부는 시장개척 경험 부족, 현지정보 부족, 전문인력 부족 등 국내 프랜차이즈 기업들이 해외진출 과정에서 겪는 애로사항을 해소하고 글로벌 전문기업으로 성장할 수 있도록 돕는 '프랜차이즈 세계화 지원 방안'을 지난 2013년 5월 발표했다. 맞춤형 종합정보 및 컨설팅 제공, 해외 파트너 네트워크 구축, 해외경영 전문인력 양성, 세계화 지원기반 구축 등을 골자로 한다. 그러나 당시 이 사업에 배정된 예산은 고작 20억 원에 불과했다. 그나마도 이듬해에는 10억 원으로 50% 삭감됐고 2016년 예산은 한 푼도 배정되지 않았다. "2015년 프랜차이즈 산업 육성 예산을 신청했지만 예산 편성 과정에서 전액 삭감됐다. 때문에 현재 산자부에서 추진 중인 프랜차이즈 산업 육성 사업은 딱히 없다고 보면 된다"는 게 전응길 산자부 유통물류과장의 전언이다. 프랜차이즈 산업에 대한 정부와 국회의 무관심이 어느 정도인지 단적으로 보여주는 사례다.

프랜차이즈가 한국경제에 기여하는 바는 적지 않다. 프랜차이즈 가맹점과 브랜드가 한 개씩 생길 때마다 고용 창출 효과는 각각 평균 4.3명, 417명씩 늘어난다는 게 한국프랜차이즈산업협회의 조사 결과다. 지난 2013~2014년 한 해 동안 가맹점수가 3,469개 증가했으니 총 1만 4,916명의 일자리가 새로 생긴 셈이다. 이는 전국경제인연합회(전경련)가 조사한 같은 기간 제조업 부문 기업의 고용 순증규모(1만 6,445명)에 육박하고, 도소매업(7,064명), 숙박음식업(3,252명), 금융보험(3,008명) 부문 기업보다는 월등히 많은 수치다. 또 서울시에 따르면 2011~2014년 간 독립 점포와 프랜차이즈 점포의 3년 생존율 차이는 각각 58.4%, 73%로 역시 프랜차이즈가 훨씬 높았다. 신규 고용 창출 효과는 물론, 고용 유지(창업 안정성) 효과 측면에서도 프랜차이즈가 더 뛰어남을 알 수 있다. 정보도, 기술도, 노하우도 없고 정부 감독도 어려운 독립창업보다는 프랜차이즈 시장을 키워 정부 감독을 강화하는 것이 서민 경제 안정에 더 효과적일 것으로 본다.

≫ 임대료 상승 억제할 상가임대차보호법 개정 시급

2015년 5월 개정된 현행 상가임대차보호법에 따르면 임대인(건물주)은 임차인(점주)에게 계약 후 5년이 지나면 마음대로 임차인을 내쫓을 수 있다. 임차인이 공들여 상권을 활성화시켜 놓았어도 5년이 지나면 전혀 법적인 보호를 받지 못하는 것이다. 건물주의 무리한 임대료 인상으로 상권이 황폐화돼 인접 지역으로 상권이 이동하는 '젠트리피케이션(Gentrification)'이 심심찮게 일어나고 있다.

20대 국회가 출범하면 서둘러 상가임대차보호법을 개정, 상가임대차계약갱신 기간을 현행 5년에서 10년으로 대폭 늘려야 한다. 중장기적으로는 임차인의 결격 사유가 없다면 기간에 상관없이 임대계약 갱신이 가능하도록 법을 개정하는 것도 검토해볼 만하다.

상가 임대료 인상폭도 제한해야 한다. 현재 서울에선 '환산보증금=보증금+(월세×100)'이 4억 원을 넘으면 건물주가 임대료를 마음대로 올릴 수 있다. 임차 계약을 갱신할 때 건물주가 임대료를 한 번에 수백만 원, 수천만 원 올려도 막을 길이 없다. 서울시의 '2015년 상가임대차정보 및 권리금 실태조사'에 따르면 환산보증금이 평균 4억 원이 넘는 상권은 명동, 강남대로, 청담, 대학로(혜화), 압구정, 신사(가로수길), 사당 등으로 대부분의 주요 상권이 해당한다. 임대료를 5년 후 수백만 원, 수천만 원 올려줄 자신이 없는 점주는 주요 상권에는 들어갈 생각도 하지 말란 얘기다. 그럼 핵심 상권은 높은 임대료를 감당할 수 있는 대기업 차지가 될 수밖에 없다. 우리나라에 '100년 식당'은커녕, '50년 식당'도 찾아보기 힘든 이유다. 환산보증금 기준을 없애고 모든 상권에 임대료 인상폭 제한을 적용해야 한다.

현재 9%인 임대료 인상폭 상한선도 하향 조정해야 한다. 2014~2015년은 세월호, 메르스 등의 영향으로 내수 시장이 크게 위축됐다. 2015년 소비자 물가 상승률은 1%가 채 안 됐을 만큼 저성장·저물가 현상이 지속되고 있다. 점주 입장에선 상품 가격을 올리기 어려운 상황이다. 그럼에도 임대료가 10% 가까이 오른다면 결국 점주와 소비자 부담으로 이어질 수밖에 없다. 경기 상황을 고려하려면 도매·소매물가 인상률과 연동해 임대료 인상 상한선을 낮추는 게 바람직하다.

›› 외식업에 쏠린 프랜차이즈 구조 개선

국내 창업시장은 외식업에 너무 쏠려 있다. 외식업은 특별한 기술이나 차별화되는 아이템 없이도 쉽게 창업할 수 있기 때문이다. 공정위에 따르면 국내 프랜차이즈 가맹점 중 외식업 비중은 2011년 39.8%에서 2012년 41.3%, 2013년 44.1%, 2014년 45.8%로 계속 증가하는 추세다. 같은 기간 서비스업은 36.5%에서 31.6%로 감소했다. 정부가 서비스업 육성을 강조하면서도 정작 프랜차이즈 산업의 구조조정은 등한시한 결과다. 가맹점수가 아닌 브랜드 기준으로 보면 외식업 비중은 무려 73.3%에 달한다(2014년 기준). 역시 2011년 66.6%에서 꾸준히 증가했다. 외식업 창업 쏠림 현상은 우리나라에서만 발견되는 기형적인 구조다. 미국, 일본, 중국 등 해외 주요 나라들은 창업시장에서 외식업 비중이 20% 안팎에 불과하다.

시장은 한정돼 있는데 경쟁이 치열하니 쉽게 망하는 것도 외식업일 수밖에 없다. 산업통상자원부의 '프랜차이즈 산업 실태조사 결과'에 따르면 2014년 기준 가맹점의 평균 가맹기간은 외식업이 33.34개월로 도·소매업(33.46개월)과 서비스업(38.68개월)에 비해 가장 짧았다. 이처럼 외식업에 편중된 프랜차이즈 산업 구조를 다각화하기 위해 비(非) 외식업 창업에 대한 세제 혜택 등 지원책 마련이 필요하다.

≫ 유명무실 정보공개서 바로잡아야

정보공개서는 가맹본사가 예비창업자와 계약 체결 15일 전 의무적으로 제공해야 하는 '사업보고서'다. 연도별 매출과 가맹점수, 가맹 사업 시작연도, 임원 변동, 법률 위반 건수 등 가맹본사의 기본 정보가 수록돼 있다. 한데 현행법상 정보공개서는 직전연도 내용이 이듬해 7~8월에나 업데이트된다. 가맹본사가 공정위에 정보공개서를 제출해야 하는 기한이 4월 말이고, 공정위가 이를 검수해서 최종적으로 공개하는 데에는 또 3~4개월이 걸리기 때문이다.

결국 2016년 1~6월 사이에 창업을 준비하는 예비창업자는 2015년 말 기준이 아닌, 2014년 말 기준 정보만 확인할 수 있다. 트렌드가 6개월에 한 번씩 바뀌는 프랜차이즈 시장에서 1년 6개월 전 정보를 보고 창업하라는 것은 너무도 무책임한 처사다. 증권업계에선 3개월에 한 번씩 분기보고서를 발표, 투자자들에게 최신 정보를 제공한다.

프랜차이즈 업계 현황을 정부가 신속, 정확하게 파악하지 못한다면 관련 정책도 적기에 만들 수 없다. 일례로 공정위는 2016년 초 대통령 업무보고에서 2016년 핵심과제 추진계획의 일환으로 "가맹희망자의 창업 의사결정에 실질적 도움이 되는 업종·가맹본부·브랜드별 평균매출액 등 비교정보를 제공하겠다"고 밝혔다. 그리고 공정위 산하 공정거래조정원은 2016년 2월 상위 15개 치킨 프랜차이즈의 매출과 가맹점수, 창업비용 등을 비교한 자료를 발표했다.

그러나 이는 2014년 정보공개서를 기준으로 한 것이어서 2015년 업계 순위가 달라진 점을 반영하지 못했다. 또 정보공개서에는 브랜드별 평균 점포 크기나 물류 매출 포함 여부가 제각각인데도 이를 고려하지 않고 전체 매출로만 비교해 교촌치킨이 매출 1위라는 '근거 없는' 순위를 발표했다. 다른 치킨 브랜드들이 거세게 반발했음은 물론이다. 예비창업자한테 유용한 정보가 아닌, 잘못된 정보를 제공해 창업 준비에 오히려 혼동을 준 것이다.

공정거래조정원은 결국 3월 말 발표 예정이던 커피 업종 상위 15개 브랜드 비교정보를 8월에 발표하기로 연기했다. 2014년 말 기준으로 브랜드를 비교했다가 업계 반발을 산 시행착오를 되풀이하지 않기 위한 고육지책이다. 그러나 직전연도 사업보고서를 이듬해 8월에 발표하는 것도 너무 늦은 감이 있다. 공정위는 현재 수작업으로 이뤄지는 정보공개서 최신화 과정을 하루 속히 시스템화해 예비창업자에게 최대한 빨리 정보를 제공할 수 있도록 해야 한다.

≫ 프랜차이즈 산업에 대한 대(對)국민 신뢰 구축

프랜차이즈 시장이 급성장하고 있지만 여전히 한쪽에선 '타인 자본으로 손쉽게 매장을 늘리는 산업'이란 인식이 남아 있는 게 사실이다. 가맹점주에 대한 갑질 등 가맹본사의 부도덕한 경영 행태가 도마 위에 오르기도 한다. 단 최근 프랜차이즈 산업이 점점 성숙해지면서 이런 문제점은 눈에 띄게 감소하고 있다. 공정거래조정원 가맹사업거래분쟁조정협의회에 따르면, 가맹본사와 가맹점주 간 연도별 분쟁조정 접수건수는 2007년 172건에서 2009년 357건, 2011년 733건으로 증가했지만 이후 2012년 578건, 2014년 572건으로 다시 감소했다. 지난 10년간 전국 가맹점수가 두 배 가까이 증가했음에도 프랜차이즈 분쟁은 오히려 줄어든 것이다. 가맹본사의 갑질 행위가 사회적 문제로 떠오르고 본사들도 자정 노력을 기울이면서 프랜차이즈 산업이 점점 선진화되고 있음을 보여준다.

하지만 창업 수요자인 점주들이나 예비창업자가 체감하는 수준은 그렇지 않을 것이다. 여전히 프랜차이즈 업계 일선에선 가맹본사 갑질이나 정보의 비대칭성 등 여러 가지 문제가 상존하기 때문이다. 창업은 어쩌면 대부분의 점주들에게 평생 한 번 하는 일일 수도 있다. 아무리 가맹본사 갑질이 몇 % 줄었다고 강조한다 한들, 점주가 단 한 번이라도 프랜차이즈에 대한 실망을 느낀다면 그것은 그 점주에게 100%의 일이 되고 만다. 점주들이 프랜차이즈 산업의 변화를 체감하고 신뢰가 형성되려면 가맹본사의 경영 시스템이 체계적이고 투명해지도록 정부의 지속적인 관심이 필요하다.

사회적 기능과 역할이 분명한 프랜차이즈 산업에 대한 정부와 국회의 관심이 매우 부족한 실정이다. 벤처보다 창업 안정성이 뛰어난 프랜차이즈의 장점을 알려 은퇴기를 맞은 베이비붐 세대는 물론, 실업난에 허덕이는 청년들에게 새로운 일자리를 제시해야 한다. 프랜차이즈 산업의 '골든 타임(Golden Time)'을 잘 활용할 수 있게 정부와 국회가 적극적인 관심을 기울여 주기 바란다.

나오는 글

　요즘 유행어 중에 '인생사진'이란 말이 있다. '인생에 한 번 나올까 말까할 정도로 굉장히 잘 찍힌 사진'이란 뜻이다. 그런 의미에서 내게 '인생기사'가 뭐냐고 묻는다면, 나는 주저 없이 2016년 2월에 〈매경이코노미〉 커버스토리로 보도한 '다점포 비율로 알아보는 2016 프랜차이즈 트렌드'를 꼽을 것이다.

　이 기사는 취재에 처음 착수한 2016년 1월 초만 해도 보도 여부조차 결정되지 않은 상황이었다. 취재가 과연 되긴 할지, 결과가 얼마나 의미 있게 나올지 아무도 확신할 수 없었기 때문이다. 한 달여 간 취재한 결과는 다행히 기대 이상이었다.

　최근 프랜차이즈 시장 트렌드를 그 어떤 데이터보다 선명하게 반영하고 있다고 판단돼 바로 커버스토리로 배정됐다.

　강행군이 시작된 건 그 때부터다. 매경출판에서 이와 관련한 책을 내기로 한 데 이어 KBS라디오 〈성공예감 김원장입니다〉 '노기자의 창업트렌드'에 고정출연하기로 했다. 또 〈한국프랜차이즈산업신문〉 특임기자가 되어 매달 장문의 기사를 기고하게 됐다. 〈매경이코노미〉 기자라는 본업 외에 부업이 세 개나 더 생긴 것이다. 본업을 소홀히 하지 않으려면 시간을 쪼개고 또 쪼개야 했다. 주말도 휴가도 없이 잠도 줄여가며 일했다. 이런 노력으로 〈매경이코노미〉에서도 기자들의 투표로 주어지는 우수기사상을 여러 번 받는 등 네 마리 토끼를 다 잡을 수 있었다.

문제는 체력이었다. 그렇게 2~3개월 지나니 몸이 비명을 질렀다. 퇴근길마다 집 근처 한의원에 들러 침이든 뜸이든 보약이든 링겔이든 다 해달라고 했다. 그리고 깨달았다. 내가 누려온 주말의 온전한 휴식이 얼마나 소중했는가를.

나는 어쩌다 몇 달, 주말을 잃었을 뿐이다. 그런데 원래 주말 없이 사는 이들이 있다. 바로 대한민국 자영업자다. 이들의 일주일은 '월화수목금금금'이다. 어머니도 그랬다. 별 보고 나가서 별 보고 들어오는 생활의 연속이었다. 재래시장에서 늘 만났던 상인 아저씨와 아주머니들도 마찬가지였다. 휴일도 명절도 없이 1년 365일 장사를 하러 나오는 게 당연한 것처럼 보였다. 이제와 생각하면 참 억척스러운 분들이다. 자식이 있으면 책임감 때문에 그런 초인적인 체력이 생기는 걸까. 미혼인 나는 그렇게 주말도 없이 쉬지 않고 일할 용기가 아직 없다. 자영업이란 단어가 내게는 '자유'보다 '두려움'에 가까운 의미로 다가오는 이유다.

이 책을 쓰게 된 동기도 두려움 때문이었다. 나는 직장에서 한창 힘들어하는 친구들이 "확 그만두고 가게나 차릴까?" 물을 때마다 뜯어 말린다. 자영업자의 고단함을 너무 잘 알기 때문이다. 꼬박꼬박 나오는 '월급'이란 비빌 언덕도, '퇴직금'이란 패자부활전도 없다. 자칫 잘못 창업했다간 괜히 수천만 원, 수억 원의 종잣돈만 날리고 심신도 상한다. 그래서 나는 주위 사람들에게 "월급이 좀 적고 상사가 아니꼽더라도, 가능하면 직장에서 버티라"고 권한다. 이 생각은 지금도 변함이 없다. 나는 그렇게 모험적인 성향의 사람은 아니다.

그래도 언젠가는 창업을 해야 할 때가 올 것이다. 더 이상 직장을 다닐 수 없거나 취업이 안 돼서, 또 이런저런 이유들로 인해 불가피하게 창업을 해야 할 때 말이다. 나 또한 언젠가는 직장을 그만두고 다른 일자리를 못 구하면 먹고살기 위해 창업을 해야 할 것이다. 그렇다면 정말 잘해야 한다. 여기서 '잘'은 대박보다는 생존에 더 가깝다. 큰돈을 못 벌어도 어떻게든 먹고살 정도만 되면 그 가게는 성공한 것이다. 주식투자에서 돈을 벌기는커녕 잃지 않는 것도 어려운 것처럼 말이다. 자영업자 태반이 3년을 못 버티고 망하는 상황에서 대박은 언감생심이다. 꾸준히 생존만 해도 요즘 같은 시절엔 충분히 대박이라고 믿는다.

트렌드에도 종류가 있다. 몇 달 못가 바뀌는 마이크로(Micro) 트렌드, 몇 년씩 가는 매크로(Macro) 트렌드, 수십 년씩 가는 메가(Mega) 트렌드, 그리고 수백 년 이상 가는 메타(Meta) 트렌드까지. 이 책에서 기자가 분석한 건 마이크로 트렌드와 매크로 트렌드 사이의 어디쯤일 것이다. 1인 가구 증가, 모바일화 같은 메가 트렌드도 고려했다.

그럼에도 책을 쓰는 지난 4개월 동안 창업시장 트렌드는 계속 바뀌었다. 그래서 다 써놓았다가 통째로 지우고 다시 쓴 내용도 많다. 2016년 6월 중순 기준으로 최대한 최신화된 내용을 담기 위해 마지막까지 원고를 다듬었다. 그래도 세월이 유수 같듯, 시장 트렌드 역시 유유히 계속 바뀔 것이다. 이를 위해 프랜차이즈 다점포율 조사를 매년 새로 해 적어도 1년에 한두 차례는 개정판이나 증보판을 낼 생각이다. 책을 읽으며 기자가 잘못 생각해서 쓴 부분이 있다면 언제든 지적해주시길 부탁드린다.

노기자의 **창업 트렌드**

초판 1쇄 2016년 7월 10일

지은이 노승욱
펴낸이 전호림 **편집2팀장** 권병규 **펴낸곳** 매경출판㈜
등 록 2003년 4월 24일(No. 2 - 3759)
주 소 우)04557 서울시 중구 충무로 2(필동1가) 매일경제 별관 2층 매경출판㈜
홈페이지 www.mkbook.co.kr
전 화 02)2000 - 2610(기획편집) 02)2000 - 2636(마케팅) 02)2000 - 2606(구입 문의)
팩 스 02)2000 - 2609 **이메일** publish@mk.co.kr
인쇄 · 제본 ㈜M - print 031)8071 - 0961

ISBN 979 - 11 - 5542 - 497 - 1(03320)
값 14,800원